동양사상과
새로운 유토피아

"본 연구는 2007년도 계명대학교 비사연구기금으로 이루어졌음"

동양사상과 새로운 유토피아

홍승표 저

계명대학교 출판부
Keimyung University Press

책을 펴내며

이 책은 동양사상을 바탕으로 인류의 미래에 대한 새로운 비전을 찾고자 하는 저의 네 번째 저서입니다. 저는 죽는 날까지 이 작업을 계속해나가려고 합니다. 사실 동양사상이 제 학문 인생에 이렇게 큰 영향을 미치게 될 줄은 저 자신도 전혀 생각지 못했던 일입니다.

대학 시절을 돌이켜보면, 저는 동양사상에 무관심했을 뿐만 아니라 가벼운 반감마저 갖고 있었습니다. 사회학과 1학년 때, 저에게 학문의 열정을 불어넣어준 사회학과 강정호란 친구를 만났습니다. 우리는 '한국문화의 르네상스'를 준비하겠다는 부푼 꿈을 안고, 철학과 남현 등 몇몇 마음에 맞는 친구들과 함께 공부모임을 결성했습니다.

그 때, 우리가 텍스트로 삼은 책은 크레인 브린튼(Crane Brinton) 등이 쓴 『세계문화사』였고, 실제 내용은 서양문화사였습니다. 우리가 지도교수로 모시고 싶어 했던 분도 고대 그리스 역사를 전공한 지동식교수님이었습니다. 정치외교학과 선배들이 '한국학연구회'를 결성하고자 우리 모임에 합류를 요청했을 때에도, 우리는 그들을 국수주의자로 치부하며 단호하게 거절했었습니다.

대학시절 들었던 강의도 마찬가지였습니다. 당시 김충렬교수님의 노장철학강의가 학생들에게 인기가 있었지만, 저는 신일철교수님의 서양철학강의만을 재미있게 들었습니다. 저는 우리 고유의 사상이건 문화건 간에 그 속에서 어떤 인류의 미래도 볼 수 없었고, 그것이 단지 고리타분하게 느껴질 따름이었습니다.

미국 유학시절에도, 통계와 사회조사를 중심으로 실증적인 미국사회학을 공부했습니다. 귀국 후에도 저의 서구편향적인 공부는 계속되었습니다. 그러던 어느 날, 전혀 예기치 못했던 일이 일어났습니다. 그 때 저는 미국에서 학위를 받고 돌아왔지만, 대학에 취직이 안 되어 좌절감을 느끼고 있었습니다. 더구나 마음에 두고 있었던 대학에 취직이 좌절되면서, 저는 심한 고통에 빠져 들었습니다.

그 때는 많이 괴롭기만 했었는데, 돌이켜보니 그것이 제 인생에 극적인 전환의 계기가 되었습니다. 만일 그 때 순조롭게 취직이 되었다면, 아마 저는 지금도 미국 사회학을 계속하고 있을 것입니다. 하지만 괴로움이 저와 『노자(老子)』와의 예기치 못했던 만남을 이루어주었습니다.

당시 동양사상의 문외한이던 저에게 노자는 많은 위로를 주었습니다. 외적인 상황이 변한 것은 아무 것도 없었지만, 제 마음은 훨씬 안정되고 평화로워 졌습니다. 그래서 사회학자인 저는 이렇게 생각했습니다. 노자가 현대인으로서 제가 겪는 고통을 치유할 수 있다면, 분명 고통을 겪고 있는 현 인류에게도 위안을 줄 수 있으리라는 확신이 들었습니다.

그래서 저는 '노자사상에 기초한 현대문명 비판'과 '노자의 음적(陰的) 세계관'이라고 하는 두 편의 논문을 발표했습니다. 이것이 지금으로부터 17년 전쯤 있었던 일입니다. 그 날 이후, 제 가슴 속에는 언제나 '동양사상에 바탕한 새로운 문명의 비전 탐구'라는 불꽃이 타오르고 있습니다. 그리고 저는 무척 행복한 사회학자가 되었습니다.

그 때 이후 저는 혼자서 동양사상 텍스트를 읽고, 그것을 현대사회 문제를 치유하는데 활용하고자 노력했습니다. 몇 년간 이런 암중모색의 시기가 끝나고, 저를 동양사상의 길로 이끌어준 사람은 이영찬교수님(『유교사회학』의 저자)이었습니다. 이영찬교수님은 오래 전부터 사회학자로서는 드물게 유학사상에 깊고 지속적인 관심을 갖고 있었습니다. 이영찬교수님은 저에게 이갑규선생님께 가서 유학(儒學)을 공부할 것을 권했습니다.

이갑규선생님에게 사서(四書)를 배우게 되면서, 저는 진정으로 동양사상에 입문하게 되었고, 그 맛을 알게 되었습니다. 이 시대 진정한 유학자인 이갑규선생님께 공부를 배우며, 저는 유가(儒家)의 성인을 만나게 되었을 뿐만 아니라 유학 정신에도 눈뜨게 되었습니다. 그리고 이것은 우리 시대 속에 새롭게 태어나야할 새로운 정신임을 자각하게 되었습니다.

이영찬교수님의 소개로 조호철선생님께 『주역(周易)』을 배우게 되었는데, 이 공부를 통해서 『주역』의 의미를 알게 되었을 뿐만 아니라 그 속에서 무궁무진한 사회학적 상상력을 계발할 수 있었습니다. 지금도 공부모임에서 『주역』을 함께 공부하고 있지만, 공부를 하면 할수록 『주역』은 정말 놀라운 책이라는 생각이 듭니다.

사회학도로서 동양사상에 대한 관심이 깊어가면서, 1996년 대구지역의 뜻을 같이 하는 몇몇 사회학자들이 경전을 윤독하는 공부모임을 결성했습니다. 이영찬님, 김재범님, 황현숙님, 윤병철님, 박병래님, 이종일님 그리고 저, 이렇게 일곱 명의 사회학자들이 함께 사서(四書) 공부를 시작으로 사회학적인 경전강독을 시작했습니다. 이 공부 모임은 제 학문 인생에 큰 영향을 주었습니다. 그리고 저는 이 공부 모임에서 그 때까지 몰랐던 학문하기의 희열을 느끼기 시작했습니다. 그 때까지도 공부를 싫어했던 것은 아니었지만, 그때부터 공부에서 저는 큰 기쁨과 행복을 느끼게 되었습니다.

특히 김재범님(『주역사회학』의 저자)과 함께 한 시간은 저에게 소중한 것이었습니다. 김재범님은 그 때 이미 동양사상에 대한 깊은 이해를 갖고 있었고, 이를 인류의 새로운 학문과 문명 건설에 활용할 수 있다는 비전을 갖고 있었습니다. 또한 김재범님은 자유로운 정신의 소유자였습니다. 우리는 의기투합했고, 정말 즐겁고 행복하게 공부했습니다. 함께 공부를 한다는 것이 얼마나 좋은가를 깊이 느꼈습니다.

1997년 여름, 대구 공부 모임이 모태가 되어 <동양사회사상학회>가 창립되었습니다. 1997년 영남대학교에서 열렸던 전기 한국사회학대회에서 최석만님, 정일균님, 우실하님, 이동일님 등과의 감격적인 만남이 있었고, 이것이 학회결성의 직접적인 계기가 되었습니다. 이 네 분 선생님들은 그날 학회장에서 처음 만났는데, 각자 동양사상에서 새로운 사회학의 비전을 본 사람들이었습니다. 자신과 뜻을 함께하는 사람이 있다는 것을 알고, 우리는 기뻤고, 사기충천했습니다. 특히 이날 이후 최석만님과는 형제와 같은 깊은 연을 맺게 되었습니다.

이후 학회와 대구 공부모임인 <동양사회사상연구회>는 저의 사상을 키워가고 학문을 제련하는 행복한 용광로가 되었습니다. 공부 모임이 계속되면서, 우리는 많은 경전을 읽고 토론했습니다. 우리의 학문도 그 속에서 성장했습니다. 정재걸님, 장윤수님, 이현지님, 이승연님, 백진호님, 신종화님 등 훌륭한 선생님들이 공부 모임을 함께 하게 되면서, 공부 모임은 활기와 열기를 더해갔습니다.

노자로부터 사회학적인 영감을 받고, 동양사상의 기반 위에서 새로운 사회학을 구성하고자 하는 노력을 기울인지 10년이 되던 해에 첫 번째 저서인 『깨달음의 사회학』(예문서원, 2002)을 출간했습니다. 『깨달음의 사회학』은 제가 앞으로 평생 동안 추구하고자 하는 새로운 사회학 선언과 같은 책이었습니다. 그 후 출간된 『동양사상과 탈현대』(예문서원, 2005), 『노인혁명』(예문서원, 2007), 그리고 이 책 『동양사상과 새로운 유토피아』, 지금 저술 중인 『동양사상과 탈현대적 삶의 양식』 등, 제가 쓴 모든 책과 제가 쓸 모든 책은 『깨달음의 사회학』을 구체적으로 발전시켜나가는 책들입니다.

공부가 계속되면서, 동양사상에서 '새로운 인류문명의 비전을 찾을 수 있다'는 최초의 직감은 점점 강한 확신으로 바뀌어갔습니다. 3년 전부터, 이런 신념을 공유하는 몇 사람이 함께 모여서 <동양사상과 탈현대 연구회>를 결성했습니다. 정재걸님, 이현지님, 이승연님, 백진호님, 신종화님이 새로운 모임의 참여자입니다. 우리는 동양사상을 바탕으로 인류문명의 신기원을 찾고자 하는 공감대를 형성했습니다.

정재걸님은 뜻을 함께 하는 소중한 동지이자 저를 이끌어주고 품어주는 마음씨 넉넉한 형님 같은 분입니다. 제가 이 세상에서 가장 존경하는 한 분입니다. 뱃골*이 무척 큼과 동시에 우리 모임에서 '눈치 없는 사람 1위' 로 선정되었습니다. 이현지님은 한 때는 저의 제자였지만, 이제는 세계관을 공유하는 소중한 도반이 되었습니다. 센스가 넘치고, 아름다운 마음씨를 갖고 있습니다. 이승연님은 높은 지성과 깊은 학식을 갖춘 모임의 양념과 같은 분입니다. 눈치는 조금 없으시지만 '마음씨 따뜻한 사람 1위' 로 선정되었습니다. 백진호님은 마음공부와 웃김의 영역에서 일가를 이루고 있습니다. 스승을 닮아 뱃골과 눈치 없음 두 개 부문에서 두각을 나타내고 있습니다. 신종화님은 깊은 학식과 학문에 대한 열정을 갖고 있는 존경하는 후배 학자입니다. 프랑스적인 멋과 무눈치를 겸비하고 있지요. 이제 우리는 하나의 가족과 같이 되어, 많은 웃음 속에서 지금도 열심히, 그리고 즐겁게 공부하고 있습니다. 지금 이 책은 우리가 함께 했던 공부와 토론의 산물입니다.

이 책의 집필에 직접적인 도움을 주신 분은 김기태선생님입니다. 저는 2년 여 전부터 매주 김기태선생님께 계명대학교 한학촌에서 마음공부를 배우고 있습니다. 김기태선생님으로부터 공부를 배우면서, 저는 '사랑' 이란 무엇인가에 대해 조금씩 이해하게 되었습니다. 새로운 유토피아는 '사랑의 사회' 이기 때문에, 김기태선생님의 사랑의 가르침이 책의 곳곳에 많은 영향을 주었습니다.

제가 몇 년째 진행하고 있는 <유토피아사회론> 강의 수강자들도 이 책의 집필에 많은 도움을 주었습니다. 수강생들은 생생한 상상력으로 저에게 새로운 유토피아에 대한 좋은 아이디어를 제공해 주었습니다.

마지막으로 이 책의 수정과 보완에 많은 도움을 주신 세 분께 깊이 감사드립니다. 이현지님은 두 번이나 꼼꼼하게 책의 교정을 봐 주었습니다. 백진호님은 집에서 30여개의 어항을 관리하는 등 정말 바쁜 와중에서도 의미있는 코멘트를 포함해서 많은 수정을 해주었습니다. 정재걸님은 할 일이 없어 너무 심심하다고 하면서도 끝까지 교정을 도와주지 않으려고 하다가 마지막에 저의 협박에 못 이겨 책을 깊이 읽어 주시고 교정을 봐 주었습니다. 제가 세상에서 가장 사랑하는 사람들이기도 한 이들 세 분의 수고에 깊이 감사드립니다.

요즘 건강이 부쩍 나빠지신 어머님과 사랑하는 아내를 훌륭하게 키워주신 장인 · 장모님께 이 책을 바칩니다.

---

* '뱃골'이란 단어는 국어사전에도 나오지 않는 상주 지역 사투리입니다. 정재걸님이 어린 시절(8살 무렵) 앉은 자리에서 주먹 크기의 송편 30개를 꿀꺽 먹는 장면을 지켜보신 옆집 할아버지께서 "아따, 그 놈 뱃골도 크다."라고 하신 말씀이 전래되어, 우리 공부모임에서 상용하게 되었음을 밝힙니다.

목차

들어가는 글

왜 지금 새로운 유토피아를 모색해야할까요?

들어가는 글

왜 지금 새로운 유토피아를 모색해야할까요?

현재의 긴급한 요청은
'지구호의 노를 어떻게 빨리 저을 것인가?' 하는 것이 아니라,
'지구호가 어디를 향해 나아가야할 것인가?' 하는 것입니다.

이 책의 저술 목적은 인류의 삶과 문명이 지향해야할 새로운 목표를 제시하는 것입니다. 왜 지금 우리는 새로운 유토피아를 모색해야하는 것일까요? 현 인류의 상태는 비유하자면 만삭이 된 임산부의 태안에 있는 아기와 같습니다. 아기가 어렸을 때, 아기에게 자궁 안은 더 없이 편안한 곳이었습니다. 하지만 부쩍 커버린 아기에게 이젠 자궁이 너무 좁습니다.

아기에게는 두 가지 선택이 있습니다. 하나의 선택은 자궁 안에 그냥 머물며 더 큰 고통을 받다가 죽는 것이고, 다른 하나의 선택은 창조의 고통을 감수하고 자궁을 벗어나 새로운 세상으로 나오는 것입니다. 물론 후자의 선택이 창조적인 것인 것이겠지요.

현 인류도 똑같은 선택을 강요당하고 있습니다. 이제 우리는 더 이상 현대문명이라는 자궁 안에서 편안하고 행복한 삶을 영위할 수 없습니다. 이것은 인류에게 주어진 선택이 아닙니다. 그래서 우리는 현대문명의 자궁을 벗어나 열리게 될 새로운 세상에 대한 구상을 해야만 합니다.

인류는 지난 수백 년 동안 현대화 프로젝트의 달성에 매진해 왔습니다. 현대화 프로젝트는 두 개의 중심축을 갖고 있습니다. 하나는 욕망 충족적인 사회 건설이고, 다른 하나는 합리적인 사회 건설입니다. 인류가 절대 빈곤으로 인해 고통 받고 있었을 때, 자연의 위협에 무력한 존재였을 때, 그리고 부자유와 불평등, 자의적인 권력의 횡포에 무력한 존재였을 때, 무지와 미신으로 인해 고통 받고 있었을 때, 현대화 프로젝트의 추진과 달성은 인간 해방의 메시지였습니다. 그리고 이를 통해, 인류사회는 현실적인 의미에서 비약적인 발전을 이룰 수 있었습니다.

하지만 오늘날에 이르러서 현대화 프로젝트의 지속적인 추진은 인류에게도 지구환경에게도 재앙이 되고 있습니다. 어떤 사람이 절대적으로 빈곤할 때, 그가 배고픔을 해결하기 위해 노력을 기울이는 것은 정상적인 노력입니다. 하지만, 그 사람이 배고픔을 해소하고 난 뒤에도 끊임없이 먹을 것만을 생각하고 추구한다면, 이것은 비정상적입니다. 한 개인과 마찬가지로 문명의 차원에서도 똑같은 논리가 적용될 수 있습니다. 인류의 현 문명은 바로 이런 비정상적인 상태에 빠져 있습니다.

배고픔을 해결하는 것이 인간다운 삶을 위한 첫걸음이기는 합니다. 하지만, 배가 부른 상태에 도달하는 것이 삶의 궁극적인 목표가 될 수는 없습니다. 이와 마찬가지로, 욕망 충족적이고 합리적인 사회 건설이 인간답고 행복한 삶을 영위할 수 있는 사회 건설의 첫걸음일 수는 있습니다. 하지만, 이것에 도달하는 것이 문명의 궁극적인 목표가 될 수는 없습니다.

바로 여기에 현대가 안고 있는 거대한 착각이 있습니다. 현대는 이상사회 건설의 수단을 목적으로 착각하고 있습니다. 현대화 프로젝트가 어느 정도 달성되었다면, 그 다음 단계는 탈현대화 프로젝트의 달성에 인류의 열정을 쏟아 부어야 합니다. 그러나 현대는 현대화 프로젝트 자체를 궁극적인 목적으로 삼고 있기 때문에 지금보다 더 완전한 현대화의 달성을 향해서만 매진하고 있습니다. 이런 노력의 결과로 결국 인류가 도달하게 되는 곳은 유토피아가 아니라 디스토피아입니다. 아무도 살 수 없는 세상, 인류뿐만 아니라 지구상의 어떤 생명체도 살 수 없는 지구, 그것이 현대화 프로젝트의 종착점에서 우리가 직면하게 될 미래입니다.

자살율, 정신병발병율, 약물중독율, 범죄발생율 등과 같은 수치들은 그 사회의 고통지수이며 불행지수입니다. 그런데 이 모든 지수들이 범세계적으로 높아지고 있습니다. 세계는 현대화 프로젝트를 지속적으로 추구하고 더 높은 수준에서 달성해 가고 있는데, 현대인의 삶은 점점 더 고통스럽고 불행해지고 있습니다. 전반적으로 미국, 일본, 독일, 한국 등과 같이 현대화 프로젝트를 더 많이 달성한 나라일수록, 고통지수와 불행지수는 더 높게 나타납니다.

인류는 현대적인 관점에서 열심히 행복을 추구하지만, 그 목표에 가까이 다가설수록 더욱 불행해지는 역설적인 상황을 맞고 있습니다. 이런 고통을 받고 있는 것은 인류뿐만이 아닙니다. 현대화 프로젝트를 맹렬하게 추구한 결과로 지구상에 살고 있는 모든 생명체들이 고통 받고 있습니다. 많은 생명체들이 급속히 멸종되고 있고, 환경오염도 심화되고 있습니다. 대기나 물마저도 오염되고, 자원은 급속히 고갈되고 있습니다.

문명의 현 상태는 비유하자면 낭떠러지를 향해서 맹목적으로 돌진하고 있는 배와 같습니다. 지구호가 현대문명이 지향하는 목표에 가까이 다가갈수록, 문명 위기도 깊어지는 역설적인 상황에 현 인류는 직면해 있는 것입니다. 현 인류에게 긴급한 과제는 더 빨리 지구호의 노를 젓는 것이 아니라 인류를 진정한 인간다움과 행복으로 이끌어줄 새로운 좌표를 설정하는 것입니다. 이 책이 수행하고자 하는 작업은 바로 이것입니다.

제 1차 세계대전 이후, 현대문명 위기에 대한 인식이 본격화되기 시작했습니다. 19세기까지만 하더라도 과학기술 발달과 사회혁명을 통해서 인류의 장밋빛 미래를 만들어 갈 수 있다는 현대적인 신념이 끝없이 고양되었습니다. 제 1차 세계대전은 이런 시대사조에 근본적인 반성을 불러일으킨 사건이었습니다. 전쟁에서 과학기술은 전투기와 독가스 등 대량 살상무기 생산에 이용되었습니다. 그 결과, 전쟁 기간 동안 천만 명이 넘는 사망자가 발생했습니다. 전쟁을 통해 드러난 서구문명의 야만성은 '문명화된 서구'라는 그들의 자부심에 큰 상처를 주었습니다.[1)]

20세기 말에 이르러, 현대문명 위기는 전 지구적인 차원에서 전면적으로 확산되었습니다. 생태계 붕괴, 환경오염, 자원고갈 등 환경문제는 나날이 심화되어 문명의 존속 자체를 위협하는 수준에 이르렀습니다. 개인 · 집단 · 국가 등 모든 행위 주체들 간의 상호 적대와 갈등이 나날이 증가하고 있습니다. 사회구성원들이 겪고 있는 고통과 불행의 양도 증가하고 있습니다.[2)]

현대적인 의미에서 발전을 추구하고 달성하는 것이 실제로 사회발전을 의미했던 역사의 특정 시점이 있었습니다. 중세 말의 빈곤, 무지, 미신, 불합리한 사회 관행, 전제 정치 등을 타파하고, 인간답고 행복한 삶이 가능한 새로운 사회를 건설하는데 있어서 현대는 놀라운 성취를 이루었습니다. 한국사회의 경우를 보면, 1960년대까지만 하더라도 빈곤은 심각한 사회문제였습니다. 1980년대에 이르기까지 독재정치는 인간다운 삶을 위협하는 현실적인 요인이었습니다. 그런 역사적인 상황에서, 과학과 기술 발전, 수출 증대, 새마을 운동, 경제성장, 민주화 운동 등은 한국사회 발전에 기여하는 현실적인 노력이었습니다.

하지만 오늘날에 이르러서, 현대적인 의미에서 발전을 추구하고 달성하는 것은 그 결과로서 저발전을 심화시키는 비합리적인 노력이 되어버렸습니다. 오늘날 지구촌의 상황을 살펴보면, 가난한 국가들은 물론이고 가장 부유한 국가들도 경제성장에 모든 힘을 쏟아 붓고 있습니다. 아니 오히려 부유한 국가들일수록 경제성장의 광기가 팽배해 있습니다. 현대가 구축한 거대한 망상의 세계에 고착되어 있음으로 말미암아, 지구촌은 집단 정신병동과 같은 특징을 갖게 되었고, 대파국은 빠른 속도로 우리에게 다가오고

1) 홍승표, 「동양사상과 대안사회의 구상」, 『東洋社會思想』 제 17집(동양사회사상학회, 2008), p. 60 참조.

2) 홍승표, 「華嚴思想의 탈현대적 함의」, 『철학논총』 제 48집 2권(새한철학회, 2007), p. 409 참조.

있습니다.

현 인류가 진정으로 행복을 얻고자 한다면, 그리고 인류로 인해서 지구상의 수많은 생명체들이 행복해지기를 바란다면, 지금 우리는 어떻게 해야 할까요? 그 답은 명백합니다. 현대적인 성취의 바탕 위에서, 인류의 존재 수준을 수직적으로 상승시키는 탈현대적인 새로운 삶과 문명의 목표를 향해 나아가야 합니다. 하지만 현실을 돌아보면 이런 당위와는 정반대의 상황이 전개되고 있습니다. 현 인류는 낡아버린 현대를 꼭 끌어안고서, 끊임없이 '더욱 더 욕망 충족적인 세계건설' 을 향한 우매한 행진을 계속하고 있습니다.

만일 인류가 이 어리석은 행진을 멈추지 않는다면 어떻게 될까요? 인류와 지구상의 생명체 모두 참담한 재앙을 맞게 될 것입니다. 이미 재앙은 기미나 징조를 넘어서 우리들이 잠들어 있는 방의 문턱을 넘어서고 있습니다. 현대적인 추구가 더 맹렬하고 현대적인 목표를 더 많이 달성한 국가일수록, 그 국민들은 더 고통스럽고 불행한 삶을 호소하고 있습니다.

그렇다면 인류는 왜 고통과 재앙을 향한 이 무모한 노력을 멈추지 않는 것일까요? 그 답은 명백합니다. 과거 역사를 돌이켜보면, 중세로부터의 탈피와 근대로의 진입 역시 순탄치 않았습니다. 천년 동안 지속된 중세의 고정관념을 벗어나는 것이 중세 말을 살아가던 그들에겐 너무나도 어려운 일이었기 때문입니다. 현 인류가 처해 있는 상황도 역시 마찬가지입니다. 수백 년 간 지속되었고, 지금도 우리를 지배하고 있는 현대의 고정관념을 벗어나는 것이 참으로 어렵기 때문에, 우리는 이 무모하고 위험한 노력을 계속하고 있는 것입니다.

현재 인류가 겪고 있는 고통의 본질은 무엇일까요? 그것은 새로운 문명 탄생을 위한 창조적인 고통입니다. 하지만 자궁 속의 아기가 산도(産道)를 일정 시간 내에 통과해야만 하듯이, 새로운 문명 탄생을 위해서 인류에게 허용된 시간이 아주 짧습니다. 인류의 힘이 그 동안 엄청나게 커졌기 때문입니다. 우리는 현 인류가 자신의 열정을 쏟아 부을 수 있는 새로운 이상향을 시급히 모색해야 합니다. 이것이 제가 이 책을 쓰는 이유입니다. 이 책의 목적은 동양사상의 바탕 위에서 현 인류가 추구해야할 새로운 유토피아를 설계하는 것입니다.

현대 유토피아는 지난 수백 년 간 인류에게 새로운 삶과 문명에 대한 비전을 제시했습니다. 그리고 이에 기반 해서, 현대사회는 놀라운 문명의 성취를 이루었습니다. 하지만 이제 현대 유토피아는 역사 속에서 자신의 소명을 다하고 물러나야할 때가 되었습니다. 유토피아 사상의 기능은 그 시대의 삶과 문명에 대해 창조적인 비판의 시각을 제공하고, 새로운 삶과 문명에 대한 비전을 제시하는 것입니다. 하지만 현대 말 · 탈현대 초라고 하는 문명 대전환기를 맞이해서, 현대 유토피아는 유토피아 사상으로서의 기능을 상실했습니다.

현대 유토피아는 현대 유토피아를 추구하고 달성한 현대사회와 동일한 것이 되어버렸습니다. 그래서 현대사회가 심각한 문제를 안고 있음에도 불구하고, 현대 유토피아의 관점에서 보면 현대사회의 문제 자체를 인식할 수 없고, 미래의 새로운 발전방향을 제시할 수는 더군다나 없습니다. 그러므로 문명의 대전환기에 처해 있는 현재 사회가 새로운 유토피아를 모색하는 일은 참으로 시급하고 중대한 일이 되었습니다.

과거 중세 말 · 현대 초 문명 대전환기의 사회가 중세사회의 완성을 통해서 현대로 진입하는 것이 불가능했듯이, 오늘날 현대 말 · 탈현대 초 문명 대전환기의 사회가 현대사회의 완성을 통해서 탈현대로 나아가는 것은 불가능합니다. 바로 이런 이유에서, 중세 말 · 현대 초 사회에서는 수많은 유토피아 사상이 출현했습니다. 그것은 현대를 열어가기 위한 새로운 문명의 판짜기 작업이었습니다.

오늘날도 형식적으로 동일한 이유에서 동일한 작업이 요청됩니다. 지금 이 시대는 삶과 문명이 지향해야 할 새로운 목표의 설정이 필요합니다. 이것이 바로 이 책이 새로운 유토피아에 대한 연구를 수행하고자 하는 근본적인 이유이며, 이 시대가 새로운 유토피아에 대한 연구를 간절히 필요로 하는 이유이기도 합니다.

새로운 유토피아에 대한 비전이 현 인류에게 절실하게 요구된다면, 그 작업을 위해서는 무엇이 전제되어야 할까요? 그 답은 나와 세계를 바라보는 새로운 세계관이 필요하다는 것입니다. 인류가 현대 세계관에 고착되어 있는 한, 우리는 현대로부터 한 발자국도 벗어날 수가 없습니다.

새로운 유토피아에 대한 비전을 갖기 위한 세계관 전환의 핵심은 '나는 누구인가?'에 대한 관점의 대전환입니다. 현대문명은 '분리된 개체로서의 나'를 전제로 건설된 문명입니다. '나는 누구인가?'에 대한 현대의 대답은 이런 것입니다. 나의 성격, 외모, 이념, 성장배경, 인기, 직업, 소비, 소유, 감정, 욕망, 생각, 지위, 인종, 종교, 국가, 지역 등과 같은 것이 바로 '나'라는 것이지요. 이런 '나'에 대한 현대의 대답은 모두 현대 세계관에 바탕을 두고 있습니다.

불교에서는 무아(無我)를 말합니다. 즉 '분리된 실체로서의 자아'는 존재하지 않는다는 것입니다. 불교적인 관점에 의하면, 위에서 언급한 '나'의 정체성을 구성하고 있는 모든 것들은 '진정한 나'가 아닙니다. 이것들은 '나에 대한 망상(妄想)'이며, 진짜 내가 누구인지 아는 것을 어렵게 만드는 장애물입니다. '진정한 나'를 태양에 비유한다면, 이런 현대적인 나의 정체성은 모두 태양을 가로막고 있는 짙은 구름입니다. '진정한 나'는 영원한 시간과 맞닿아 있고, 무한한 공간을 품고 있는 '우주적인 존재'입니다.

바로 이런 '우주적인 존재'로서의 나에 대한 새로운 인식이 탈현대 세계관의 핵심입니다. 과거 전현대에서 현대로의 전환을 이룬 것이 과학기술혁명과 사회혁명이었다면, 현대에서 탈현대로의 전환을 이룰 수 있는 것은 '존재의 혁명'입니다. 현대에서 우리를 가두고 있었던 '분리된 자아[ego]'의 감옥으로부터 벗어나 사랑의 존재로의 재탄생, 이것이 전환의 핵심입니다.

이와 같이, 새로운 유토피아에 대한 비전을 갖기 위해서는 새로운 세계관을 구축해야만 합니다. 저는 현대 이후의 탈현대 세계관을 '통일체적 세계관'이라고 명명했습니다. 저는 주로 고대 동양사상에 내재해 있는 통일체적 세계관의 요소들을 제련해서 통일체적 세계관을 구성했습니다. 바로 이런 이유에서 이 책은 『동양사상과 새로운 유토피아』란 이름을 갖게 되었습니다.

저는 왜 주로 동양사상에 의거해서 통일체적 세계관을 구축했을까요? 통일체적 세계관이 동양사상 속에 풍부하게 내장되어 있고, 역사적으로 정밀하게 다듬어왔다는 것이 그 이유입니다. 현대의 선구자들이 고대 서구사상에 의거해서 새로운 세계관을 구축하고자 했듯이, 저는 탈현대의 새로운 세계관의 구축을 위해 주로 고대 동양사상에 의거했습니다.

지금 현 인류는 새로운 문명의 구상을 위해 새로운 세계관을 필요로 하며, 새로운 세계관은 현대 세계관의 근본적인 문제를 해소시킬 수 있어야합니다. 현대 세계관은 인간의 자기초월적인 측면을 철저하게 억압하고 외면함으로써 탈현대적인 의미에서의 인간 소외를 심화시키고 있습니다. 또한 '모든 존재들 간의 근원적인 분리'를 전제함으로써 모든 대립물 간의 분리와 갈등을 증폭시키고 있습니다. 이런 현 시대의 필요에 부응할 수 있는 세계관의 원형을 저는 고대 동아시아인들의 세계관에서 찾을 수 있었습니다.

유불도(儒佛道)로 대표되는 동양사상은 한결같이 '참된 자기'를 내재하고 있는 존재로서의 인간을 전제하고, 이를 자각하고 즐기는 것을 삶의 궁극적인 목적으로 간주했습니다. 또한 동양사상에는 '시공을 초월해서 모든 존재들 간의 근원적인 통일성'에 대한 전제가 풍부하게 내장되어 있습니다. 이것이 본 연구가 주로 동양사상에 의거해서 새로운 세계관을 구성하고자 하는 이유이며, 또한 동양사상에 의거한 새로운 세계관의 구축이 필요한 이유이기도 합니다.

'현대로부터 탈피해서 새로운 유토피아에 대한 비전을 갖는 것', 이 시대가 현 인류에게 요청하고 있는 것이 바로 이것입니다. 이 책은 이런 시대의 요청에 부응하고자 합니다. '통일체적 세계관의 기반 위에서 새로운 유토피아에 대한 비전을 제시하는 것', 이 작업을 지금부터 시작하도록 하겠습니다.

I

새로운 유토피아의 세계관적 기초

I

새로운 유토피아의 세계관적 기초

**우주는 분할할 수 없는 하나의 전체이며,
그 안에서 모든 존재가 서로 연결되어 있고
어떤 것도 따로 분리되어 존재하지 않는다.**[3)]

각각의 문명은 특정 세계관의 바탕 위에 건설됩니다. 새로운 유토피아의 세계관적 기초는 통일체적 세계관[4)]입니다. 새로운 유토피아인은 통일체적 세계관의 기반 위에서 삶을 영위하며, 문명을 구축하고 있습니다. 통일체적 세계관의 핵심은 '시간적으로 그리고 공간적으로 모든 존재들은 밀접히 연결되어 있으며 궁극적으로 하나' 라고 간주한다는 점입니다.

통일체적 세계관의 관점에서 보면, '분리된 자아' 로서의 '나' 는 비어 있습니다[無我]. 동시에 '나' 는 '나' 아닌 모든 것으로 가득 차 있습니다. 까마득한 과거로부터 끝을 알 수 없는 미래에 이르기까지의 모든 존재가 내 안에 들어 있습니다. '분리된 자아' 로서의 '나' 를 벗겨내고 나면 드러나는

3) E. Tolle, 류시화 옮김, 『NOW – 행성의 미래를 생각하는 사람들에게』(조화로운 삶, 2008), p. 232.

4) 통일체적 세계관에 대한 서술은 홍승표의 『노인혁명』(예문서원, 2007) 2부 1장 「노인혁명의 세계관적 기초: 통일체적 세계관」을 주로 참조해서 서술했습니다.

'진정한 나'를 옛 성인들은 '도(道)', '불(佛)', '인(仁)', '사랑' 등과 같은 여러 가지 이름으로 불렀습니다. 이름은 다르지만 그것이 가리키는 것은 하나입니다. '분리된 자아'가 태양을 가리는 구름이라고 한다면, '도', '불', '인', '사랑'은 모두 구름 뒤에서 빛나고 있는 태양입니다.

〈그림 1〉 나는 에고로서의 구름이 아니라 참된 자기로서의 태양임.

그 태양은 나의 태양임과 동시에 수억 년 전 아기 공룡의 태양이기도 하고, 빅뱅 이후 대우주를 떠돌던 먼지의 태양이기도 합니다. 길가에 피어있는 예쁜 민들레의 태양이기도 하고, 수천 년 후 내 자손의 태양이기도 합니다. 그러므로 '거죽의 나'를 벗어버렸을 때, '나'는 지금 바로 '너'이고, '너'는 지금 바로 '나'인 새로운 세계인식이 출현합니다. 이것이 바로 통일체적 세계인식이며, 이런 관점에서 나와 세계를 바라보는 것이 통일체적 세계관입니다.

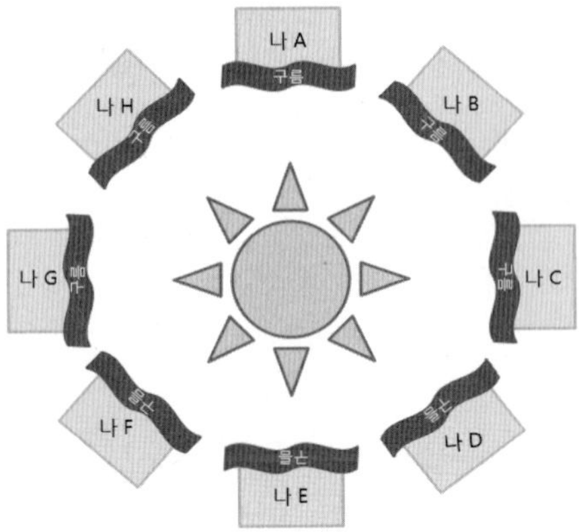

〈그림 2〉 우리 모두는 하나임.

통일체적 세계관의 특성을 전체적으로 요약하면 아래 그림과 같습니다.

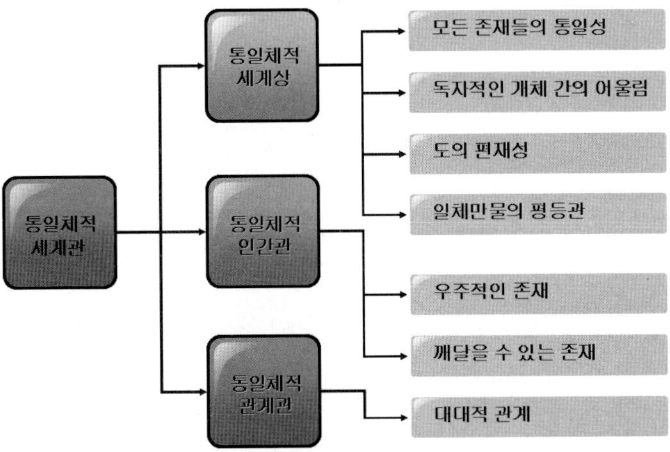

〈그림 3〉 통일체적 세계관의 특징

위의 그림에 따라서, 통일체적 세계관의 특징을 하나하나 설명해보도록 하겠습니다.

1 통일체적 세계상

새로운 유토피아인이 갖고 있는 세계의 실제 모습에 대한 견해를 통일체적 세계상이라고 이름 할 수 있습니다. 아래에 인용한 윌리엄 블레이크(William Blake)의 시 「순수의 전조」[Auguries of Innocence] 첫 구절을 읽어보면, 새로운 유토피아인이 공유하고 있는 통일체적 세계상을 한 눈에 알 수 있습니다.

한 알의 모래 속에 세계를 보며	To see a World in a grain of sand,
한 송이 들꽃에서 천국을 본다.	And a Heaven in a wild flower,
그대 손바닥 안에 무한(無限)을 쥐고	Hold Infinity in the palm of your hand,
한 순간 속에 영원을 보라.	And Eternity in an hour.[5)]

블레이크의 시를 통해 느낄 수 있듯이, 통일체적 세계는 온 우주가 시간적 · 공간적으로 상즉(相卽, mutual identity) · 상입(相入, mutual penetration)하는 세계입니다. 통일체적 세계는 한 떨기 들꽃을 통해서 온 우주를 바라보고 온 우주의 향기를 맡으며 온 우주의 율동을 느낄 수 있는 세계입니다. 통일체적 세계는 시간의 한 점 속에서 까마득한 과거로부터 그 끝을 알 수 없는 먼 미래까지 영원을 만날 수 있는 세계입니다.

새로운 유토피아인이 바라보는 세계는 다음과 같은 모습을 띠고 있습니다. 첫째, 모든 존재들의 통일성을 가정합니다. 즉, 이 세상 모든 존재는 공간적 · 시간적으로 연결되어 있으며, 근원적으로 하나입니다. 둘째, 독자적인 개체들 간의 어울림을 가정합니다. 개체는 자신의 독자성을 갖고 있으며, 개체들의 개성은 한 데 어울려 조화를 이룹니다. 셋째, 도(道)의 편재성을 가정합니다. 이 세상 모든 존재 속에는 대우주의 도(道)가 흐르고 있습니

5) W. Blake, 김종철 옮김, 『天國과 地獄의 結婚』(민음사, 1974), p. 83.

다. 넷째, 일체만물의 평등관을 갖고 있습니다. 이 세상 모든 존재는 절대적으로 평등합니다. 이렇게 네 가지로 나누어 통일체적 세계관을 설명해보면 다음과 같습니다.

1.1. 모든 존재들의 통일성

새로운 유토피아인은 시공간적으로 이 세상 모든 존재들 간의 근원적인 통일을 기본 전제로 하여 자신과 세계를 인식하려 합니다.[6] 그들이 보았을 때, 이 세상 모든 존재는 서로 상즉 · 상입하여 통일체적 존재 양식을 취하고 있습니다. 이 세상 어떤 것도 분리된 실체로 존재하지 않습니다. 모든 존재는 서로 연결되어 있을 뿐만 아니라 궁극적으로 하나입니다. 우주 속의 어떤 사물이든지, 전체 우주를 반영하고 있습니다.[7] '부분은 전체를 포함하고 있으며, 부분과 전체는 하나' 입니다.

새로운 유토피아인이 갖고 있는 '모든 존재들 간의 통일성' 이란 생각을 역사적으로 가장 정교하게 발전시킨 이론은 화엄(華嚴) 사상입니다. 화엄 사상가들은 '일즉다(一卽多) 다즉일(多卽一)', '일중다(一中多) 다중일(多中一)' 의 논리 구조를 갖고서, 이 세상 모든 존재들이 서로 연결되어 있으며 궁극적으로 하나임을 서술했습니다.

화엄의 상즉(相卽) 사상에는 통일체적 세계상이 잘 드러납니다. 상즉이란 '색즉시공(色卽是空) 공즉시색(空卽是色)', '일즉다(一卽多) 다즉일(多卽一)', '일즉일체(一卽一切) 일체즉일(一切卽一)' 이라고 말할 때와 같이, 외견상 상이한 범주들 간의 통일성을 지시하는 개념입니다.

상즉 사상의 한 가지 표현인 '일즉다 다즉일' 의 사유 체계를 예로 들어 설명해보도록 하지요. '일즉다 다즉일' 의 사유 체계에는 통일체적 세계관에

---

6) 蒙培元, 『中國哲學主體思惟』(北京: 東方出版社, 1993), p. 1 참조.

7) 김재범, 『주역사회학』(예문서원, 2001), p. 126 참조.

서 말하는 개체와 전체의 통일성에 대한 관념이 담겨 있습니다. '일즉다'란 '일(一)이 다(多)를 포함하고 있고, 다가 일을 포함하고 있어서', 지금 바로 이 순간에 있어 '일이 곧 다요 다가 곧 일임'을 말하고 있습니다.[8)]

이것은 형식논리학에서 말하는 'A는 not A가 아니다.'라거나, 변증법적 논리학에서 말하는 'A는 not A로 되어간다.'라고 하는 인식 틀과는 근본적으로 상이한 세계인식원리입니다. 'A'는 지금 이 순간 바로 'not A'인, 다시 말하자면, '내 안에 네가 살고 있고, 네 안에 내가 살고 있으며, 내가 바로 너이고, 너는 바로 나'인 통일체로서의 세계인식인 것이지요. 이와 같이, 나와 세계는 근원적인 통일체이기 때문에, 나는 세계 속으로 그리고 세계는 나 속으로, 끊임없이 서로 들어갑니다[相入].

새로운 유토피아인이 공유하고 있는 이 세상 모든 존재들 간의 통일성에 대한 관념은 『노자(老子)』와 『장자(莊子)』를 중심으로 하는 도가 사상에서도 풍부하게 찾아볼 수 있습니다. 장자(莊子, B.C. 362~286)의 만물일체(萬物一體) 사상은 그 하나의 예입니다. 장자는 특히 인간과 자연의 통일성을 강조했습니다. 도(道)의 관점에서 보면, 모든 존재는 하나입니다. 인간은 자신의 육체적인 한계를 벗어나서 자연과 교감을 나누며, 우주와 일체가 됩니다.

장자의 만물일체 사상은 『노자』에서도 본체계와 현상계의 신비한 합일을 뜻하는 '현동(玄同)'이란 형태로 이미 등장했습니다. 도가의 만물일체 사상은 불교와 신유학을 포함하여 후대 동아시아 사상에 폭넓은 영향을 미쳤

---

8) 『화엄경』, 「보현보살행품普賢菩薩行品」에서는 '개체와 전체'의 통일성을 다음과 같이 표현하고 있습니다.
"일체 세계를 한 털구멍에 들이고 한 털구멍에서 불가사이한 세계를 내며, 일체 중생의 몸을 다 한 몸에 들이고 한 몸에서 한량없는 몸을 내며, 말할 수 없는 겁을 다 한 찰나에 들이고 한 찰나를 말할 수 없는 겁에 들게 하며, 일체의 불법을 다 한 법에 들이고 한 법을 일체의 불법에 들게 하며, 일체의 받아들임을 한 받아들임에 들이고 한 받아들임을 일체의 받아들임에 들게 하며, 일체의 감관을 한 감관에 들이고 한 감관을 일체의 감관에 들게 하며, 일체의 감관을 감관 아닌 법에 들이고 감관 아닌 법을 일체의 감관에 들이며, 일체의 모양을 다 한 모양에 들이고 한 모양을 일체의 모양에 들이며, 일체의 말을 한 말에 들이고 한 말을 일체의 말에 들이며, 일체 삼세(三世)를 다 한 세상에 들이고 한 세상을 일체의 삼세에 들이는 것 등입니다."(『한글대장경 華嚴經(六十卷本) 2』, 「普賢菩薩行品」, pp. 209~210.)

습니다. 이런 의미에서 도가의 만물일체 사상은 우주만물의 통일성을 강조하는 동아시아 전통 사상의 근원이 되고 있습니다.

송대 신유가(新儒家)의 한 사람인 장재(張載, 1020~1077)도 '만물은 한 몸'이라는 만물일체(萬物一體) 사상을 발전시켰는데, 이는 모든 존재들 간의 근원적인 통일성에 대한 주장을 담고 있습니다. 노사광(勞思光)은 장재의 주저인 「서명(西銘)」의 요지를 "만물은 한 몸이라는 것[萬物一體]과, '이치'는 하나인데 나뉘어 다르게 되었다[理一分殊]는 뜻을 논한 것"[9]이라고 했습니다.

통일체적 세계관에서 말하는 모든 존재들 간의 통일성은 공간적인 측면뿐만 아니라 시간적인 측면에서도 그대로 적용됩니다. 순간과 영원은 상즉·상입하면서 통일체적 존재 양식을 취합니다. 통일체적 세계관은 '시간을 초월하여 모든 존재들은 하나'라고 하는 우주만물 간의 근원적인 통일성을 가정합니다. 그래서 새로운 유토피아인은 과거·현재·미래 간의 시간적인 통일성을 기본 전제로 하고서, 나와 세계를 이해하고자 합니다.

1.2. 독자적인 개체 간의 어울림

새로운 유토피아인은 시간과 공간을 넘어서 '이 세상 모든 존재는 궁극적으로 하나'라고 생각합니다. 하지만, 이런 모든 존재들 간의 통일성에 대한 강조가 개체의 개성과 자유에 대한 억압으로 이어지는 것은 아닙니다. 오히려, 통일체적 세계관에서는 개체가 갖고 있는 독자성이 강조됩니다. 각 개체가 갖고 있는 독자성은 전체의 통일을 위한 전제가 됩니다. 왜냐하면, 개체가 갖고 있는 독자성의 바탕 위에서만 진정한 통일이 이루어질 수 있기 때문입니다.

개인의 자유, 자율성, 개성 등에 대한 존중은 현대사회[10]에서 어렵게 성취

---

9) 勞思光, 정인재 옮김, 『中國哲學史』(탐구당, 1987), p. 205.

한 것들입니다. 이것들은 새로운 유토피아사회를 만들어가는 한 가지 초석이 됩니다. 통일체적 세계관은 개체들 간의 분리를 현대사회가 만들어낸 망상이라고 보고 이를 부정합니다. 이런 점에서, 통일체적 세계관은 현대 세계관을 극복 대상으로 삼습니다. 하지만, 통일체적 세계관은 각 개체가 갖고 있는 독자성을 존중한다는 측면에서 현대 세계관을 계승합니다.

얼핏 생각하면, 새로운 유토피아인이 갖고 있는 이 세상 모든 존재들의 '통일성'이란 개념은 전현대사회에 팽배했던 집단 중심적인 관점에서 말하는 모든 존재들의 '일체성(획일성이란 의미에서)'이란 개념과 외관상 유사해 보입니다. 그러나 통일체적 세계관에서 말하는 '통일성'과 집단 중심적인 관점에서 말하는 '일체성'은 근본적으로 다를 뿐만 아니라 반대입니다. 양자 간의 차이를 명백하게 인식하는 것은 통일체적 세계관을 올바르게 인식하는데 있어서 중요합니다.

집단 중심적인 관점에서 '일체성'을 말할 때, 집단 구성원들 각자가 갖고 있는 개별자로서의 독자성은 존중되지 않습니다. 집단 중심적인 관점에서 말하는 '일체성'이란 전체만을 중시하는 가운데, 개체의 개성이 인정되지 않는 획일화된 '동(同)'의 상태를 가리킵니다. 예를 들어서, 똑같은 군복을 입고서, 똑같은 걸음으로 행진하는 나치 군대의 모습을 상상해보십시오. 그것이 바로 획일화된 '동'의 상태로서 '일체성'이 확보된 모습입니다.

그러므로 집단 중심적인 관점에서 말하는 '일체성'을 강조할 경우, 각 개체가 갖고 있는 개성은 반드시 억압되고 부정됩니다. 집단 구성원 각자는 개별자로서의 독자성을 갖지 못합니다. 그들은 오직 집단에 종속되었을 때

10) 현대사회[modern society]는 두 가지 의미가 있습니다. 하나는 현재[contemporary]의 사회라는 의미이고, 다른 하나는 전현대나 탈현대사회와 구분되는 역사의 특정 시점에서의 사회를 의미합니다. 이 책에서는 후자의 의미로 현대사회를 사용합니다. 특히 새로운 유토피아를 기술하는 부분에서는 새로운 유토피아가 이루어진 시점을 현재로 삼고 있습니다. 이 때문에, 이 책에서 언급하는 '현대사회', '현대인', '현대문명' 등은 과거의 특정 시점에 존재했던 사회, 사람, 문명 등을 가리키는 것임을 독자 여러분들께서는 고려해주시기 바랍니다.

만 자신의 존재 의미를 찾을 수 있습니다. 집단 중심적인 관점에서 전체가 하나 되기 위해서는, 개체가 갖는 특성이 소멸되어야만 합니다.

이에 반해서, 통일체적 세계관에서는 각각의 개인이 자신만의 색깔과 향기를 갖고 있는 독자적인 존재라고 간주하며, 이를 존중합니다. 통일체적 관점에서 말하는 '통일성'의 구현은 전체를 구성하고 있는 개체가 갖고 있는 자유와 개성 그리고 자율성의 실현에 바탕을 둡니다. 새로운 유토피아인이 생각하는 '통일성'이란 각각의 개체가 자신의 개성을 실현하는 가운데, 다양한 것들 간의 어울림이 이루어진 '화[和]'의 상태입니다. 이처럼 통일체적 세계란, 획일성이 강조되는 '동'의 세계가 아니라, 서로 다른 것들 간의 어울림이 강조되는 '화'의 세계인 것입니다.[11)]

그러므로 통일체적 관점에서 말하는 '통일성'에 이르기 위해서는, 각자가 갖고 있는 개체성에 대한 존중과 개성 실현이 반드시 전제되어야 합니다. 이질적인 것들이 모여 하나가 되기 위해서는, 각각의 개체가 갖고 있는 고유한 특성이 실현되어야 하는 것입니다. 그래서 새로운 유토피아사회에서는 각 부족이 갖고 있는 방언이나 독특한 관습, 요리, 음악, 사회적 성격 등을 포함해서 모든 개체나 집단의 개성을 존중합니다.

다문화사회는 '동'과 '화'의 차이를 이해하는데 있어서 좋은 예입니다. 현대사회에서와 같이, 문화제국주의가 팽배했던 시기에 있어서, 문화 강대국은 약소국의 문화를 존중하지 않았습니다. 그 결과로, 전 세계적인 차원에서 '서구문화의 세계화'라는 문화변동이 일어났습니다. 문화 간에는 심각한 분리와 반목이 있었습니다. 이런 와중에서, 약소국의 문화는 소멸되고 강력한 서구문화로의 획일화[同]가 이루어졌습니다. 그러나 새로운 유토피아는 각각의 문화가 자신만의 아름다움을 꽃피우는 사회입니다. 각각의 문화는 서로 상대편 문화를 깊이 존중합니다. 이런 가운데 문화 간의 어울림

---

11) 바로 이런 이유에서, 공자는 『論語』, 「子路篇」에서 "君子和而不同, 小人同而不和."이라고 말했습니다.

[和]과 진정한 소통이 이루어집니다.

이와 같이 통일체적 세계관의 관점에서 볼 때, 전체 세계의 통일성과 부분이 갖고 있는 개성은 서로 모순되지 않습니다. 뿐만 아니라, 전체를 이루고 있는 각각의 부분은 자신이 갖고 있는 개성을 유지하고 발전시켜 나가는 과정에서 전체의 조화로운 발전에 참여합니다. C. G. 융(Carl Gustav Jung)이 '참된 자기'를 실현해 가는 과정을 '개성화[individuation] 과정'이라고 명명한 것도 이와 같은 맥락에서 이해할 수 있습니다.

다만 여기에서 주의해야 할 점이 있습니다. 우리는 '통일체적 세계관에서 말하는 개체의 개성'과 '개인 중심적인 관점에서 말하는 개체의 개성'이 가리키는 바가 다른 것임을 잊지 말아야 합니다. '개인 중심적인 관점에서 말하는 개체의 개성'이란 세계와 분리되고 단절된 개체가 갖고 있는 특수한 성질을 가리킵니다. 이에 반해서, '통일체적 세계관에서 말하는 개체의 개성'이란 개체가 갖고 있는 고유한 특성이기는 하지만, 그것은 시간과 공간을 넘어 이 세상 모든 존재와 연결되어 있으며, 궁극적으로는 하나인 것입니다.

1.3. 도(道)의 편재성

여기에서 도(道)란 시공을 초월해서 모든 존재 안에 내재해 있는 '참된 자기[眞我]'를 가리킵니다. 이 책의 앞부분에서 이야기한 '구름'과 '태양'의 비유를 떠올린다면, '도'란 바로 태양에 해당하는 것입니다. 도가의 도(道), 불가의 불(佛), 유가의 인(仁), 예수가 말한 사랑 등은 그 표현을 달리하지만 모두 '참된 자기의 태양'을 가리킵니다.

통일체적 세계관의 관점에서 볼 때, 대우주의 '도'는 모든 것에 편재해 있습니다. 사람이나, 동물, 식물, 무생물, 그리고 원자에서 대우주에 이르기까지, 모든 존재는 우주적인 '도'가 여러 가지 형태로 나타난 것입니다.[12] 새

12) J. S. Bolen, 이은봉 옮김, 『道와 人間心理』(집문당, 1994), pp. 12~13 참조.

로운 유토피아인은 이 세상 어떤 존재에도 대우주의 '도'가 흐르고 있다고 봅니다.

'도는 모든 곳에 편재(遍在)해 있다.'는 생각을 노자는 이렇게 표현했습니다. "대도(大道)가 넘쳐남이여! 그 좌우로 넘치는구나."[13] '도'는 흘러 넘쳐서 이르지 않는 곳이 없다는 말입니다. 통일체적 세계관의 관점에서 보면, 이 세계의 모든 존재들은 우주적인 대생명과 하나하나 연결되어 있습니다.[14] 그러므로 아무리 미물이더라도 모든 존재에는 대우주의 '도'가 흐르고 있습니다. '도는 어디에나 없는 곳이 없는'[15] 것이지요.

이와 같이, '도'는 모든 곳에 편재해 있기 때문에, 삶에서 마주치는 어떤 경험을 통해서나 우리는 '도'를 만날 수 있습니다. 『장자』에 보면, 포정(庖丁)이 소를 잡는 과정에서 '도'를 깨우치게 되는 이야기나, 바퀴 만드는 장인이 작업 과정을 통해서 '도'를 깨닫는 이야기가 나옵니다. 이런 우화가 전달하고자 하는 메시지는, 우리는 무엇을 통해서나 '도'를 만날 수 있다는 것입니다. 그러므로 '도'의 편재성이란 관점에서 보면, 우리가 인생에서 '무엇과 만나는가?'가 아니라 그것과 '어떻게 만나는가?' 하는 것이 중요한 것입니다.

송대(宋代) 신유가의 대표자인 주희(朱熹)의 '리일분수론(理一分殊論)'은 '도'의 편재성이라고 하는 통일체적 세계상을 담고 있습니다. '리일분수'란 우주만물의 이치가 모든 사물에 나누어 부여되어 있는 것을 말합니다. 그러므로 이 세상 모든 존재는 그 안에 '리(理)'를 내재하고 있습니다.

주희는 제자들과의 문답에서, '리란 모든 곳에 편재해 있다.'고 말했습니다. 주희는 비유를 들어 다음과 같이 설명했습니다. "'리'는 마치 커다란 호수에 담긴 물과 같은 것입니다. 그것이 하나의 국자에 떠지건, 커다란 통에

---

13) 『老子道德經』, 34장, "大道氾兮! 其可左右." 왕필王弼(226~249)은 이 구절을 주석하기를 "도는 흘러 넘쳐서 가지 않는 곳이 없습니다."(言道氾濫無所不適)라고 했습니다.

14) 陳鼓應, 최진석 옮김, 『老莊新論』(소나무, 1997), p. 293 참조.

15) 『莊子』, 「齊物論」, "道惡乎往而不存."

담기건, 작은 그릇에 채워지건, 이 모두가 같은 물이라는 사실에는 변함이 없습니다."[16]

'도'의 편재성에 대한 관념은 동아시아 전통 사상뿐만 아니라, 기독교 신비주의 사상이나 아메리카 원주민들의 글을 통해서도 확인할 수 있습니다. 기독교 신비주의 사상가들은 이 세상 모든 존재에 신이 깃들어있다고 말합니다. 그러므로 이들의 관점에서 보면, 모든 존재는 성스러운 것입니다. 마이스터 에크하르트(Meister Eckhart, 1260~1327)는 이렇게 말했습니다. "우리가 성스러운 한, 그리고 내면에 신적 존재를 갖고 있는 한, 우리는 우리가 하는 모든 일들 곧 먹고 자고 철야하는 일과 그 외의 모든 일들을 성스럽게 하는 것이다."[17] 에크하르트의 이 말은 당나라 시대의 유명한 선사 마조(馬祖, 709~788)의 제자 방온거사(龐蘊居士)가 읊었던 "내 마음 공부는 물 긷고 땔나무 줍는 일이로다."[18]와 상통하는 말입니다.

아메리카 원주민들도 '도'의 편재성에 대한 관념을 갖고 있었습니다. 수콰미쉬 족과 두와미쉬 족의 추장 시애틀의 다음 말은 모든 존재가 신성하다고 생각했던 아메리카 원주민의 의식세계를 잘 보여줍니다. "햇살 속에 반짝이는 소나무들, 모래사장, 검은 숲에 걸려있는 안개, 눈길 닿는 모든 곳, 잉잉대는 꿀벌 한 마리까지도 우리의 기억과 가슴속에서는 모두가 신성한 것들이다."[19]

새로운 유토피아인은 '도'가 모든 곳에 편재해 있다고 생각합니다. 그래서 자신을 포함해서 이 세상 모든 존재는 지극히 귀하고 성스러운 존재라고 인식합니다. 그들은 외적으로 보면 단조로워 보이는 일상 속에서도 신비를 만나며, 늘 새로움을 느낍니다.

---

16) 『朱子語類』, 「理氣上」, "如一海水. 或取得一杓, 或取得一擔, 或取得一椀, 都是這海水."

17) M. Eckhart, 이민재 옮김, 『마이스터 에크하르트 1』(다산글방, 1994), p. 37.

18) 吳經熊, 류시화 옮김, 『禪의 황금시대』(경서원, 1986), p. 91.

19) 류시화, 『나는 왜 너가 아니고 나인가』(김영사, 2003), p. 17.

1.4. 일체만물의 평등관

바로 위에서 논의한 '도의 편재성'은 지금 여기서 설명하는 '절대 평등관'의 기초가 됩니다. 새로운 유토피아인은 통일체적 세계관의 관점에서 이 세상 모든 존재들이 절대 평등하다고 봅니다. 현대 세계관에서도 평등을 주창하였지만 그것은 지극히 한정된 범위 내에서의 평등이며, 근본적인 면에서 보면 모든 존재들 간의 불평등관을 기조로 삼고 있습니다.

현대 세계관의 관점에서 보면, 모든 존재는 근원적으로 분리되어 있습니다. 그래서 각각의 존재가 갖고 있는 능력이나 특성에 따라 존재의 위계가 매겨집니다. 생명체는 무생물에 비해 우월하고, 동물은 식물에 비해서 우월하며, 인간은 여타 동물에 비해서 우월합니다.

인간 간에도 그들이 갖고 있는 돈, 직업, 교육, 외모, 권력 등에 따라서 불평등이 존재합니다. 현대 세계관의 관점에서 보면, 모든 차이는 불평등입니다. 그러므로 모든 존재들 간의 근원적인 분리를 전제하는 현대 세계관이 평등을 강조하게 되면, 필연적으로 사람들 간의 모든 차이를 없애는 획일적인 평등으로 치닫게 됩니다.

현대적인 의미에서 평등의 추구는 각자의 자유와 개성을 존중하고 다양성을 인정하는 것과 양립할 수 없습니다. 결국, 평등의 추구는 전체주의로의 퇴행을 초래합니다. 과거 공산 중국이 경험했던 문화혁명은 현대의 획일적인 평등관에 내재해 있는 폭력성과 파괴성이 여지없이 드러난 역사적인 사건이었습니다.

새로운 유토피아인이 갖고 있는 통일체적 세계관에서 말하는 평등관은 현대 세계관의 평등관과는 전혀 다릅니다. 통일체적 세계관의 관점에서 보면, 나와 너를 포함해서 이 세상 모든 존재는 영원한 대우주의 '도'를 내재하고 있는 '우주적인 존재'입니다. 그러므로 인간을 포함해서 모든 존재들은 절대적으로 평등하며 존귀한 것입니다. 이것이 바로 장자가 말하는 '제물(齊物)의 세계'이며, 통일체적 세계의 모습입니다. 그래서 장자는 "만물은 한 결 같이 평등합니다."[20]라고 말했습니다.

통일체적 세계관의 평등관은 이 세상 모든 존재가 지극히 존귀하다는 의미에서의 평등입니다. 그래서 새로운 유토피아인은 이 세상 어떤 존재에 대해서도 존경하는 마음을 품고 있으며 공경하는 마음을 갖고 대합니다. 새로운 유토피아인은 자기 자신, 자신의 가족, 친구, 선생님이나 제자를 존경하고, 다른 지역의 사람들, 다른 종교를 갖고 있는 사람들, 피부색이 다른 사람들 모두를 존경하며, 외경심을 갖고 자연을 대합니다. 통일체적 세계관의 관점에서 볼 때, 인간과 자연 사이에 그리고 인간과 인간 사이에 존재하는 온갖 종류의 차이는 다양하고 조화로운 통일체적 세계를 이루는 전제가 됩니다. 이것은 어떤 경우에도 차별의 근거가 되지 않습니다.

2 통일체적 인간관

통일체적 세계관의 관점에서 볼 때, 인간이란 어떤 존재일까요? 통일체적 세계관의 관점에서 바라보는 인간은 이 세상 다른 모든 존재들과 마찬가지로 대우주의 '도'를 자신에 내재하고 있는 위대하고 존귀하며 아름다운 존재입니다. 뿐만 아니라 인간은 이 세상 다른 존재들과는 달리 '우주적인 존재'로서 자신과 이 세상 모든 존재를 자각할 수 있습니다. 이런 점에서, 인간은 아주 특별한 의미를 갖고 있는 존재입니다.

2.1. 우주적인 존재로서의 인간

통일체적 세계관에서 바라본 인간은 영원한 시간과 무한한 공간을 자신 안에 담고 있는 '우주적인 존재'입니다. 그러나 현대사회에서는 인간을 시공간적으로 분리된 유한한 개체라고 보았습니다. 인간을 '분리된 자아'라

---

20) 『莊子』, 「秋水」, "萬物一齊."

는 측면에서 보았을 때, 인간은 이 세상 다른 모든 존재들과 마찬가지로 텅 비어 있는 무상(無常)한 존재입니다. 불교에서는 '분리된 자아'로서 인간의 모습은 실상이 아니라고 보았습니다. 그래서 이를 공(비어있음)이라고도 하고, 무아(無我)라고도 표현했습니다.

통일체적 세계관의 관점에서 볼 때, 현대사회의 많은 사람들이 대단한 것이라고 생각했던 것들, 예컨대 돈, 권력, 지식, 인기, 지위, 명예, 외모 등과 같은 것들은 사실 아무 것도 아닙니다. 살면서 온갖 영화를 누렸던 솔로몬은 만년에 이렇게 말했습니다. "헛되고 헛되며 헛되고 헛되니 모든 것이 헛되도다."[21] 대우주의 광활한 공간과 영원한 시간 앞에 선 '분리된 자아'로서의 나는 누구일까요? 나는 무(無)라고 밖에 할 수 없는 극히 작고 덧없는 존재에 불과합니다. 새로운 유토피아인은 '분리된 자아'의 공(空)함을 자각하고 있습니다.

그러나 공의 관점에서 볼 때, 인간은 다른 모든 존재들과 마찬가지로 더없이 존귀하며 경이로운 존재입니다. 내 안에는 까마득한 과거로부터 먼 미래에 이르기까지 우주적인 시간이 내재해 있습니다. 내 안에는 아주 작고 미세한 것에서부터 아주 크고 거대한 것에 이르기까지 우주적인 공간이 내재해 있습니다.

달리 표현하자면, 통일체적 세계관의 관점에서 본 '우주적인 존재'로서의 '나' 속에는 나(분리된 자아) 아닌 모든 것이 들어있습니다. '너' 속에도 그리고 이 세상 어떤 존재에도 이런 우주적인 시간과 공간이 내재해 있습니다. 그러므로 새로운 유토피아인은 인간을 이 세상 다른 모든 존재와 마찬가지로 지극히 위대한 존재라고 봅니다.

분리된 작은 자아를 넘어서, 내 안에 살고 있는 이런 '우주적인 자기'를 가리키는 이름들이 많이 있습니다. 유가에서 말하는 '성인(聖人)', '성(性)', '명덕(明德)', '인(仁)', 불가에서 말하는 '불성(佛性)', '진여(眞

---

21) 『베스트 성경』(성서교재간행사, 1995), 「전도서」 1장, p. 947.

如)', '여래장(如來藏)', 도가에서 말하는 '신인(神人)', '진인(眞人)', '대인(大人)' 등이 모두 '우주적인 나'에 대해 붙여진 이름입니다. 융은 '우주적인 자기'를 가리켜서 자아[ego]와 구분되는 '자기[self]'라고 말했으며, 기독교 신비주의자들은 '우리 안에 살고 있는 신'이라고 표현했습니다. 비록 다른 표현을 쓰고 있지만, 이들 모두가 궁극적으로 말하고자 하는 것은 '분리된 자아'를 넘어선 '참된 자기'입니다.

동서양의 많은 사상가들은 이런 궁극적인 자기를 구름 뒤편에서 언제나 밝게 빛나는 태양에 비유하곤 했습니다.[22] '분리된 자아'가 태양을 가리고 있는 구름이라면, '우주적인 자기'는 언제나 거기서 빛나고 있는 태양이라는 것이지요. 통일체적 세계관이 주목하는 것은 바로 이렇게 영원한 시간과 무한한 공간을 자기 안에 품고 있는 '우주적인 존재로서의 인간'입니다. 새로운 유토피아인은 자신이 이런 '우주적인 존재'임을 잘 알고 있습니다.

2.2. 자각할 수 있는 존재로서의 인간

통일체적 인간관의 관점에서 보았을 때, 인간을 다른 존재와 구분 짓는 가장 중요한 특징은 '인간은 우주적인 존재로서의 자신과 세계를 자각할 수 있는 존재'라는 점입니다. 통일체적 세계관의 관점에서 보면, 인간을 포함해서 이 세상 어떤 존재도 어느 것 하나 '우주적인 존재'가 아닌 것이 없습니다. 하지만, 유독 인간은 '우주적인 존재'로서의 나와 너를 자각할 수 있는 능력을 갖고 있습니다.

통일체적 세계관의 관점에서 보면, 장엄한 통일체로서의 세계는 인간이 이를 자각하건 자각하지 않건 언제나 존재하고 있습니다. 예를 들면, 빅뱅 직후의 대우주와 같이, 어떤 의식도 어떤 생명체도 존재하지 않는 세계라고

22) 예컨대, 에크하르트는 이렇게 표현했습니다. "태양은 끊임없이 비치고 있지만, 구름이나 안개가 우리와 태양 사이를 가릴 때 우리는 빛을 받을 수 없습니다."(Eckhart, 1994: 141~142)

하더라도 통일체로서의 세계는 존재합니다.

그리고 인간은 통일체로서의 세계를 자각할 수 있는 잠재적인 능력을 갖고 있습니다. 하지만 이 말이 의미하는 것은 인간이 태어나면서부터 곧바로 통일체로서의 세계를 자각할 수 있다는 것도 아니고, 모든 사람이 저절로 통일체로서의 세계를 자각하게 된다는 것도 아닙니다. 실제로 통일체로서의 세계를 깨닫기 위해서는 열심히 노력해야만 합니다.

통일체로서의 자신과 세계를 깨닫기 위해 기울이는 노력을 수행(修行)이라고 합니다. 수행이란 다른 말로 하면, '자신과 세계의 참된 모습을 자각할 수 있는 능력을 키우기 위한 연습' 입니다. 나 자신을 만나고, 깊이 이해하며, 믿고, 따뜻하게 품어주는 연습이 수행입니다. 또한 너를 만나고, 깊이 이해하며, 믿고 따뜻하게 품어주는 연습이 수행입니다. 이 때, 나와 너의 자아를 만나고, 이해하며, 믿고, 따뜻하게 품어주는 그 사람이 바로 '사랑의 존재로서의 나' 입니다. 수행은 '사랑의 존재로서의 나' 를 깨어나 활동하게 하기 위한 연습인 것입니다.

수행을 통해 '사랑의 존재로서의 나' 를 자각하게 되었을 때, 새롭게 깨어난 내가 활동하는 것을 낙도(樂道)라고 합니다. 낙도란 사랑의 즐거움을 누리는 삶을 살아가는 것입니다. 그는 마음속 욕망의 응어리를 다 녹여서, 어떤 욕망이나 희망 · 공포 · 불안 등의 영향도 받지 않고, 현실의 가장 깊은 층을 또렷하게 볼 수 있습니다. 그는 열등감이나 우월감으로부터 해방되어 대자유의 삶을 살아갑니다. 그는 자신과 세계를 깊이 사랑합니다. 그래서 그는 행복하고, 또 그의 존재로 인해서 이 세상은 큰 혜택을 입습니다. 새로운 유토피아인은 '자각할 수 있는 존재' 로서의 인간을 굳게 믿고, 수행과 낙도로서의 삶을 살아갑니다.

3 통일체적 관계관

통일체적 관계관이란 어떤 것일까요? 통일체적 관계관이란 마주하고 있는 대립물 간의 관계를 '서로 이루어주는 관계'로 인식하는 관점입니다. 모든 대립물 간의 관계를 바라보는 이런 관점을 대대적(對待的) 관계관이라고 합니다. 통일체적 세계관과 현대 세계관을 구분 짓는 중요한 기준의 하나는 '모든 존재들 간의 관계'에 대한 가정의 차이점입니다.

현대 세계관은 '시간과 공간 속에 존재하는 모든 존재들 간의 근원적인 분리'를 전제합니다. 모든 존재들 간의 분리를 전제하면, 적대적(敵對的) 관계관이 생겨납니다. 이에 반해서, 통일체적 세계관은 '시간과 공간을 넘어서 모든 존재들 간의 근원적인 통일성'을 전제합니다. 모든 존재들 간의 근원적인 통일성을 전제하면, 대대적(對待的) 관계관이 생겨납니다. 그러므로 새로운 유토피아인은 모든 관계를 '대대(對待)'의 관점에서 바라봅니다. 대대란 문자적인 의미에서 보면 마주하고 있는 것을 기다린다는 뜻입니다.

통일체적 대립관인 대대적 관계관의 특징을 정리하면 다음과 같습니다.

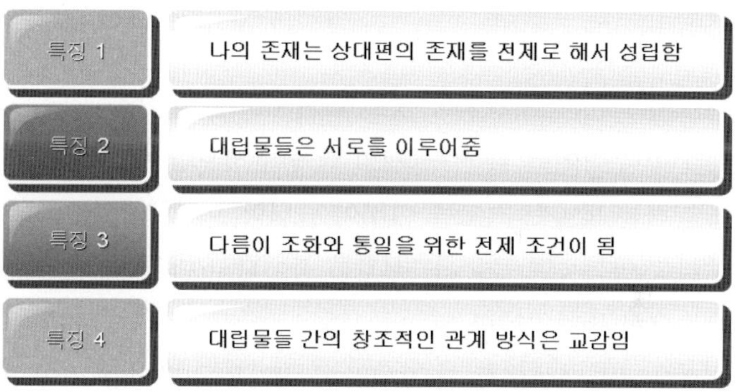

〈그림 4〉 대대적 관계관의 특징

첫째, 새로운 유토피아인은 '내가 존재할 수 있는 것은 상대편이 존재함으로써 이다.'라고 생각합니다. 틱낫한 스님의 책 『평화로움』에 나오는 '풀과 땅'에 대한 시는 대대로서의 관계를 잘 보여주는 예입니다.

나는 내 자신을 땅에 맡기고, I entrust myself to earth,

땅은 그 자신을 나에게 맡깁니다.　　Earth entrusts herself to me.[23)]

이 시에서 나는 풀입니다. 나(풀)와 땅은 서로 마주하고 있는 대립물입니다. 땅이 없이는 내가 존재할 수 없고, 내가 없이는 땅이 존재할 수 없습니다. 나는 땅의 도움을 받아서 나 자신의 생명을 키웁니다. 나는 죽어서 땅으로 돌아가고, 땅은 나로 인해서 더욱 비옥해집니다.

그러므로 땅이 없이는 내가 있을 수 없듯이, 자연이 없이는 인간이 있을 수 없고, 여자가 없이는 남자가 있을 수 없으며, 너희가 없이는 우리가 있을 수 없습니다. 통일체적 관계관의 관점에서 보면, 모든 대립물들은 상대편의 존재를 전제로 해서만 자신의 존재가 성립합니다.

둘째, 새로운 유토피아인은 대립물들은 서로를 이루어 준다고 봅니다. 『주역』, 「중택태괘(重澤兌卦)」에 보면 '이택(麗澤)'에 대한 이야기가 나오는데, '이택'은 서로를 이루어주는 대대적 관계의 적절한 사례입니다.[24)] '이택'이란 두 개의 연못이 연이어 있어서 서로 물을 윤택하게 해 주는 모양을 가리킵니다. 이는 '동문수학하는 벗끼리 서로 도와서 학문과 덕을 닦음'을 비유한 것입니다. 연이어 있는 두 개의 연못이 서로를 풍부하게 하듯이, 함께 학문을 익히는 벗들이 서로를 이루어 줍니다. 이 두 개의 연이은 연못과 같이, 마주하고 있는 대립물들이 '서로를 불어나고 더하게 하는 것'은 대대적 관계의 중요한 측면입니다.

셋째, 새로운 유토피아인은 서로 다름이 대립물들 간의 조화와 통일을 위한 전제 조건이 된다고 봅니다. '하늘과 땅'이나 '남성과 여성' 등과 같이, 서로 다른 성질을 가진 것들이 만났을 때만 교감이 이루어질 수 있는 것입니다. 이때, '하늘과 땅'이나 '남성과 여성'이 갖고 있는 서로 다른 성질이 조화와 통일을 이루는 기반이 됩니다. 또한 서로 간의 교감과 통일성의 회

---

23) N. H. Thich, *Being Peace*, Berkeley, California: Parallax Press, 1987, p. 22.

24) 『周易』, 「兌卦」, "象曰, 麗澤, 兌, 君子以朋友講習."

복은 각자의 개성을 더욱 온전한 형태로 발현시키는 데 기여합니다. 그러므로 통일체적 세계에서는, 대립물들 간의 이해관계의 반목이나 갈등은 존재하지 않습니다. 그래서 『중용』에서는 다음과 같이 말했습니다.

만물이 함께 길러져 서로 해치지 않으며, 도가 함께 행하여 서로 위배되지 않습니다.[25)]

넷째, 새로운 유토피아인은 대립물들 간의 창조적인 관계 방식이 교감이라고 봅니다. '감(感)'은 '함(咸)'과 '심(心)'이 합해진 글자입니다. '감'이란 마주보고 있는 두 존재가 서로 느껴서 하나의 마음이 되는 것을 의미합니다.[26)] 그러므로 '감'이란 곧 사랑입니다. 이와 같이, 대대적 대립관은 사랑과 조화의 관계를 정상적이며 이상적인 관계로 간주합니다. 이것은 적대적 대립관이 경쟁과 갈등, 지배와 복종의 관계를 자연스럽게 받아들이는 것과는 큰 차이가 있습니다. 대대적 대립관의 관점에서 볼 때, 각자가 자신의 개성과 주체성의 바탕 위에서 마주 하고 있는 상대편과 사랑과 조화의 관계를 이룰 때, 창조적인 변화가 일어나는 것입니다.

---

25) 『中庸』, 30장, "萬物竝育而不相害, 道並行而不相悖."

26) 이완재, 「易學的 認識과 表現方法에 關하여」, 韓國周易學會 편, 『周易의 現代的 照明』 (범양사 출판부, 1992), p. 205 참조.

Ⅱ

새로운 유토피아의 기술적 기초

Ⅱ 새로운 유토피아의 기술적 기초

새로운 유토피아의 과학기술자는
과학과 기술밖에 모르는 편협한 전문인이 아닙니다.
그는 시인이고 예술가이기도 하며 삶을 사랑하는 사람입니다.

과학과 기술의 측면에서 본다면, 새로운 유토피아는 고도 과학기술에 기반하고 있는 사회입니다. 그러나 새로운 유토피아사회에서는 현대사회와는 달리 과학기술적인 측면 그 자체가 사회의 핵심적인 특징은 아닙니다. 우리는 교회를 통해 현대사회의 핵심적인 측면을 이해할 수 없는 것과 마찬가지로, 과학기술을 통해 새로운 유토피아사회의 핵심적인 측면을 이해할 수 없습니다.

하지만 새로운 유토피아사회를 서술하는데 있어서, 과학기술적인 측면을 가장 먼저 언급하는 데는 이유가 있습니다. 그것은 새로운 과학기술이 새로운 유토피아사회의 출현을 가능하게 했고, 또한 지속을 가능하게 하는 물질적인 기반을 제공해주기 때문입니다. 그러나 과학기술은 새로운 유토피아의 핵심적인 풍경은 아니기에 간략하게 묘사하도록 하겠습니다.

1 새로운 유토피아에서 과학기술의 의미

현대사회에서 과학기술은 비약적인 발달을 이루었습니다. 대우주는 때로 인간이 도저히 짐작할 수 없는 계획을 갖고 있는 듯이 보입니다. 과학기술의 발달이 그 하나의 예입니다. 현대인에게 있어서 과학기술은 그들이 희구했던 현대 유토피아를 이룰 수 있게 해줄 가장 강력한 힘이었습니다. 그래서 그들은 경쟁적으로 과학기술의 발전을 추구했습니다. 하지만 과학기술 발달의 궁극적인 목적은 현대가 꿈꾸었던 유토피아에 도달하는 것이 아니라, 새로운 유토피아를 건설하는 기반으로 활용되는 것이었던 것 같습니다.

현대인은 '욕망 충족적인 사회 건설'을 위해 과학기술 발전에 매진했습니다. 하지만 과학기술의 진정한 쓰임은 '사랑의 사회 건설'을 위한 기술적인 기초를 제공하는 것이었습니다. 이제 새로운 유토피아사회에서 과학기술의 발전은 더 이상 자기목적으로 간주되지 않습니다.

현대사회에서는 욕망 충족적인 문명 건설이 핵심적인 사회발전 가치였습니다. 과학기술은 자연을 인간의 욕망 충족에 적합한 형태로 변형시키는 강력한 힘이었기에, 욕망 충족적인 문명 건설을 가능케 하는 핵심적인 요소였습니다. 그러므로 현대문명에서 과학기술은 그 의미가 끝없이 고양되었고, 높은 지위를 누렸습니다.

통일체적 세계관의 관점에서 보면, 과학기술에 대한 평가는 전혀 달라집니다. 통일체적 세계관의 관점에서 볼 때, 인간답고 행복한 삶이란 사랑의 존재로 재탄생을 이루고 사랑의 즐거움을 누리는 삶입니다. 그리고 좋은 세상이란 평화롭고 사랑이 넘치는 사회입니다. 과학기술은 이런 새로운 삶과 문명의 목표에 도달하는데, 직접적으로 기여할 수 없습니다. 그러므로 통일체적 세계관에 기반하는 새로운 유토피아사회에서 과학기술이 갖는 의미는, 이상적인 삶과 문명 형성을 위한 물질적인 기반을 제공해주는 수단적인 것에 국한됩니다.

예를 들어서, 새로운 유토피아사회에서는 자신이 원하는 대로 사용할 수 있는 자유로운 시간[여가]이 삶의 중심을 차지합니다. 과거 어떤 사회에서도 대중적인 차원에서 여가 중심의 삶을 향유한 사회는 없었습니다. 전현대 사회의 지배계급만이 그런 특권적인 삶을 누렸을 따름입니다. 하지만 새로운 유토피아에서는 여가 중심의 삶이 보편화됩니다.

새로운 유토피아에서 여가 중심적인 삶과 사회를 가능하게 하는 것이 바로 현대 말에 급속히 발달한 자동화 기술입니다. 과학기술은 여가시간의 창조적인 사용에 직접적으로 기여할 수는 없습니다. 하지만, 여가 중심적인 삶의 형태가 보편화될 수 있는 것은 오직 자동화 기술이 확산된 고도 과학기술사회에서 뿐입니다. 그러므로 새로운 유토피아에서도 과학기술의 긍정적인 의미는 큽니다.

하지만 새로운 유토피아에서, 과학기술의 발달이 무제한적으로 추구되는 것은 아닙니다. 현대사회에서는 과학기술의 무제한적인 발달이 추구되었습니다. 그 이유는 현대문명이 욕망 충족적인 사회 건설을 궁극적인 목표로 삼았기 때문입니다.

새로운 유토피아사회에서도 물론 '욕망 충족'이란 필요한 것이기는 합니다. 하지만, 과거와는 달리, 이것은 궁극적인 것도 아니고 또한 무한히 추구되어야 할 것도 아닙니다. 새로운 유토피아에서 '욕망 충족'은 필요에 따른 적정 수준에서의 충족을 목표로 삼습니다. 그러므로 과학기술의 발달도 적정 수준에서의 발달이면 충분한 것입니다. 더군다나 현대사회에서 인류와 생태계 그리고 지구환경에 파괴적인 영향을 미쳤던 과학기술은 새로운 유토피아에서 완전히 자취를 감춥니다.

예를 들자면, 새로운 유토피아에서는 총, 탱크, 원자폭탄, 전투기, 독가스 등과 같은 인명살상을 위한 무기 개발과 생산이 전면적으로 중단됩니다. 또한 경쟁심이나 공격성을 부추기는 컴퓨터 게임 같은 것이나 성욕을 기형적으로 자극하는 포르노사이트들도 더 이상 존재하지 않습니다. 대기를 오염시키는 기름을 사용하는 자동차도 자취를 감춥니다. 또 유전공학과 같이 생명을 변형하는 과학기술 같은 경우에는 그 윤리성이나 환경에 미치는 영향

등에 대해서 엄밀하고 신중한 판단이 선행됩니다.

새로운 유토피아에서 인류에게 유용한 과학기술은 더 이상 소수의 손에 독점되지 않습니다. 새로운 유토피아인은 현대사회에서 과학기술에 특허와 같은 지적재산권이 존재했다는 사실에 의아함을 느낍니다. 새로운 유토피아에서 새로 개발된 유용한 과학기술은 인터넷을 통해 즉시 공개되며, 누구나 자유롭게 이용할 수 있습니다. 그러므로 과학기술은 더 이상 소수의 사람들이나 특정 집단의 이익을 위해 봉사하지 않으며, 전체 인류와 지구생태계의 번영에 이바지합니다.

새로운 유토피아에서는 과학기술이 중앙에 집중되지 않습니다. 새로운 유토피아사회에는 거대 기업이나 중앙 집중화된 연구소 등은 더 이상 존재하지 않습니다. 과학기술의 개발이나 사용은 가족마을[27]을 중심으로 이루어집니다. 물론 사람들은 인터넷을 통해 새로운 과학기술의 개발과 유통을 위해 서로 교류하고 협력합니다.

예를 들어서, 전기 발전을 생각해 보도록 하지요. 현대사회에는 대규모 발전소가 있었고, 거기에서 전기를 생산해 여러 지역에 공급했습니다. 하지만, 새로운 유토피아에서는 가족이나 가족마을을 단위로 전기를 스스로 생산하고 사용합니다. 가족마을에 따라 태양력, 풍력, 조력, 수력 등 다양한 자연의 힘을 이용해서 소규모로 그리고 환경 친화적인 방법으로 전기를 생산합니다.

새로운 유토피아사회에서 과학기술자의 모습도 크게 달라졌습니다. 현대사회에서 과학기술자는 협소한 분야에 대한 지식을 갖고 있는 전문인이었습니다. 새로운 유토피아의 과학기술자는 과학과 기술밖에 모르는 편협한 전문인이 아닙니다. 그는 시인이고 예술가이기도 하며 삶을 사랑하는 사람입니다. 그는 인생과 세상에 대한 지혜를 갖고 있습니다. 과학기술에 대한

27) 새로운 유토피아사회에서 가족과 마을은 둘이 아닙니다. 새로운 유토피아사회에서는 몇몇 대가족이 한데 모여 하나의 마을을 구성해서 살아갑니다. 새로운 유토피아인은 이 사회를 가족마을이라고 부릅니다.

연구는 생계를 위한 그의 직업이 아닙니다. 새로운 유토피아에서 생계를 위한 직업이란 어떤 영역에도 존재하지 않습니다. 새로운 유토피아의 과학기술자들은 자신의 사익을 위해서 과학기술을 개발하는 것이 아니라, 공익을 위해 연구하며 연구 활동 그 자체를 즐깁니다. 그러므로 새로운 유토피아사회의 과학기술자는 일반인들로부터 존경받습니다.

2 새로운 유토피아의 과학기술적인 특징

새로운 유토피아의 과학기술적인 특징은 어떠할까요? 새로운 유토피아의 과학기술은 한편으로는 현대사회의 과학기술을 계승합니다. 하지만, 다른 한편으로 보면, 그것은 현대사회의 과학기술과는 근본적인 차이를 갖고 있습니다. 새로운 유토피아사회의 과학기술적인 특징을 중요한 부분만 몇 가지 살펴보도록 하겠습니다.

2.1. 환경 친화적인 과학기술의 발전

새로운 유토피아에서 과학기술은 더 이상 자연과 적대하지 않으며 조화를 이룹니다. 자연환경에 해로운 영향을 주는 과학기술은 더 이상 연구되거나 이용되지 않습니다. 뿐만 아니라, 과학기술 연구의 한 가지 방향은 현대문명에 의해 파괴된 자연환경과 생태계를 복구하는 과학기술을 개발하는 것입니다.

예를 들면, 새로운 유토피아의 과학기술자들은 다음과 같은 연구의문을 갖고 있습니다. '오염된 공기를 어떻게 맑게 회복시킬 것인가?', '파괴된 오존층을 회복시킬 수 있는 방안은 없는가?', '오염된 지하수를 어떻게 정화할 것인가?', '바다 밑에 축적된 오염물질을 어떻게 제거할 것인가?', '오염된 하천을 어떻게 맑게 할 것인가?', '멸종되어가고 있는 종을 어떻게 회생시킬 것인가?', '파괴된 생태계 균형을 복구할 수 있는 방법은 없는가?',

'사막화를 방지할 수 있는 방법은 무엇일까?' 등.

새로운 유토피아의 과학기술자들은 이런 문제들에 대한 연구를 진행합니다. 그들에게는 각자 자신의 주된 관심분야가 있습니다. 관심을 함께 하는 사람들 간에는 전 지구적인 차원에서 정보의 교류와 협력이 이루어집니다. 그들이 보다 나은 해결방법을 찾았을 때에는 즉각 전 세계에 새로운 정보를 전달합니다. 지구촌의 모든 가족마을은 새로운 정보를 활용해서 실제적으로 환경회복을 위한 실천적인 노력을 기울입니다.

환경 친화적인 과학기술 발전의 또 하나의 예는 에너지 분야입니다. 현대사회에서 화석 에너지의 사용은 환경오염의 주된 원인이었습니다. 새로운 유토피아사회에서는 더 이상 화석 에너지가 사용되지 않습니다. 환경에 해가 없고 재생 가능한 에너지들이 가족마을에서 자체 생산됩니다. 태양열, 풍력, 수력, 수소에너지 등 그 지역 특성에 부합하는 발전이 이루어집니다. 과거 대기 오염의 주범이었던 자동차 역시 수소자동차나 태양열자동차가 보편화됩니다.

2.2. 인터넷의 확산

인터넷의 사용은 현대사회에서 시작되었지만, 새로운 유토피아에서 인터넷은 더욱 확산되고 보편화됩니다. 인터넷은 가족마을이 중심이 되는 탈 중심적인 새로운 유토피아사회의 형성과 유지를 가능하게 하는 중요한 기초입니다. 새로운 유토피아인은 누구나 언제 어디서나 인터넷을 자유롭게 사용하며, 많은 활동이 인터넷을 통해 수행됩니다.

새로운 유토피아에서는 인터넷의 발달로 공간적인 이동은 거의 불필요해졌습니다. 앉은 자리에서 먼 곳에 있는 사람과 옆에 있는 듯이 만나고 대화를 즐길 수 있습니다. 또 인터넷의 확산으로 종이 사용량은 급격히 줄어들었습니다. 신문, 책 등은 모두 인터넷을 통해 유통되고, 사람들은 편안하게 필요한 정보를 습득합니다.

그리고 인터넷은 수행을 위한 중요한 도구로 활용됩니다. 새로운 유토피아인은 인터넷을 통해 지구촌에서 가장 뛰어난 영적인 스승을 만납니다. 스승은 인터넷을 통해 강의를 행하고, 수많은 지구촌 사람들이 그들의 강의에 귀를 기울입니다. 또한 인터넷에는 우리 자신과 세계의 경이로움을 알려주는 값진 자료가 많이 저장되어 있어서, 어느 누구나 쉽게 그것을 이용할 수 있습니다.

새로운 유토피아에서 인터넷은 지구촌 사람들이 친교를 이루는 중요한 장(場)입니다. 지역이나 인종, 민족과 종교를 달리하는 사람들이 함께 만나서 깊은 그리고 즐거운 대화를 나눕니다. 그들은 때로는 상대편의 문화나 사회를 배우기도 하고, 때로는 마음의 고민을 털어놓고 상담하기도 합니다. 취미나 관심을 같이 하는 사람들은 시간가는 줄 모르고 그들의 공통된 관심사에 대해 대화를 나눕니다.

새로운 유토피아에서 인터넷은 거대한 학교입니다. 거기에는 지구촌 모든 지역의 문화, 종교, 사상, 음악, 요리, 건축, 기후 등에 관한 모든 지식이 내장되어 있습니다. 그래서 사람들은 자신의 필요에 따라서 자신이 원하는 지식을 습득합니다. 또한 인터넷은 새로운 지식을 만드는 연구소 역할도 합니다. 연구 분야를 함께 하는 사람들은 인터넷을 통해 서로 정보를 교류하면서 함께 새로운 지식을 창출합니다.

Ⅲ

새로운 유토피아사회의 특징

Ⅲ 새로운 유토피아사회의 특징

우리는 다른 모든 것이고, 거기에는 어떤 차별도 없다.
우리가 자신을 위해 하는 모든 일들은 남을 위한 일이고,
우리가 남을 위해 하는 모든 일들은 곧 우리들 자신을 위한 일이다.[28)]

새로운 유토피아사회는 어떤 특징을 갖고 있을까요? 새로운 유토피아에는 새로운 삶과 문명의 목표가 있습니다. 새로운 유토피아인의 삶의 목표는 사랑의 존재가 되어 사랑의 삶을 살아가는 것입니다. 새로운 유토피아 문명의 목표는 평화롭고 사랑이 넘치는 세상을 건설하는 것입니다.

새로운 유토피아에는 새로운 사회구성 원리가 작동합니다. 새로운 유토피아사회는 부분이 전체를 포함하는 통일체적 사회구조를 갖고 있습니다. 새로운 유토피아사회는 중심이 따로 없으면서, 모든 부분이 중심이 되는 탈중심적인 사회구조를 갖고 있습니다. 새로운 유토피아는 인간 중심주의로부터의 탈피, 중심으로서의 도시와 주변으로서의 농촌이라는 사회구조로부터의 탈피, 지구촌의 중심과 주변이라는 구조로부터의 탈피가 이루어져 있습니다. 또한 새로운 유토피아는 자기 바깥의 모두에게 열려 있는 개방성을

28) T. N. Hanh, 류시화 옮김, 『마음을 멈추고 다만 바라보라』(꿈꾸는 들, 2002), p. 69.

특징으로 합니다.

새로운 유토피아의 지구촌은 새로운 모습을 갖고 있습니다. 세계 공용어와 공용문자가 있어서, 새로운 유토피아인은 지구촌 누구와도 자유롭게 소통합니다. 새로운 유토피아에는 독립적인 정치 단위로서 국가가 사라지고 세계정부가 출현해 있습니다. 새로운 유토피아사회는 지구촌의 다양한 문화와 민족, 인종과 지역 등이 조화를 이루며 살아가는 다문화사회입니다.

1 새로운 삶과 문명의 목표

삶과 문명의 목표는 세계관에 따라 변화합니다. 새로운 유토피아에는 현대사회와 비교할 때, 삶과 문명의 목표에 있어서 코페르니쿠스적인 대전환이라고 할 만한 근본적인 변화가 일어났습니다. 새로운 유토피아는 통일체적 세계관에 기반 해 건설된 사회입니다. 그러므로 새로운 유토피아사회에서, 삶의 목표는 수행을 통해 '사랑의 존재로 재탄생' 하고 '사랑의 즐거움을 누리는 삶' 을 살아가는 것이고, 새로운 문명의 목표는 '사랑과 평화가 충만한 사회' 를 건설하는 것입니다.

1.1. 새로운 삶의 목표

새로운 유토피아인에게 "왜 태어났느냐?"고 물어본다면, 그들의 대답은 다음과 같습니다. "저는 사랑하기 위해서 태어났습니다." 새로운 유토피아인에게 있어서 삶의 궁극적인 목표는 사랑의 존재가 되어 사랑의 삶을 살아가는 것입니다. 자신과 세계를 깊이 이해하고, 사랑하는 것이야말로 새로운 유토피아인의 삶의 목표입니다.

현대인은 돈, 외모, 인기, 권력, 직업 등에서 더 많은 성취를 이루는데 삶의 목표를 두었습니다. 그들은 언제나 결핍감에 사로잡혀 있었고, 늘 지금보다 더 많은 것을 차지하기를 원했습니다. 하지만 새로운 유토피아인은 더 이상 자신의 바깥에서 무엇을 획득하거나 다른 사람의 인정을 받아야할 만큼 가난한 존재가 아닙니다. 그들은 이미 자신 안에 엄청난 보물이 내재되어 있다는 사실을 자각하고 있습니다.

그러므로 새로운 유토피아인은 외적인 성취에 큰 가치를 두지 않습니다. 자신에게 내재해 있는 엄청난 보물을 발견하기 위한 대탐험, 이것이 새로운 유토피아인의 삶입니다. '엄청난 보물' 은 구름에 가려 있어서, 얼핏 보면 그 존재를 확인할 수 없습니다. 그래서 새로운 유토피아인은 '분리된 자아' 의 구름을 걷어내는 작업을 수행합니다. 그리고 그들은 '분리된 자아' 가 걷어진 바로 그 자리에 언제나 그랬듯이 '참된 나' 의 태양이 빛나고 있음을 자각하게 됩니다.

그렇다면 '분리된 자아' 의 구름을 어떻게 걷어낼 수 있을까요? 그것은 '분리된 자아' 로서의 자신을 따뜻한 눈길로 바라봄으로써 가능합니다. 이때, 자신과 상대편을 따뜻하게 바라보고 품어주는 그 사람, 그가 바로 '사랑의 존재로서의 나' 입니다. 나는 사랑의 능력 키우기 연습을 통해, 조금씩 '사랑의 존재' 로 재탄생하게 됩니다. 그리고 '사랑의 존재' 로의 재탄생이 바로 새로운 유토피아인의 삶의 목표입니다.

'사랑의 존재' 로의 재탄생과 더불어 새로운 유토피아인이 삶에서 추구하는 목표는 사랑의 즐거움을 누리는 것입니다. '사랑의 존재' 로의 재탄생과 사랑의 즐거움을 누리는 것은 분석적으로 보면 둘이지만 실제로는 하나입니다. 그는 '사랑의 존재' 로 재탄생하는 만큼 사랑의 즐거움을 누리는 삶을 살게 됩니다. '사랑의 존재' 로의 재탄생을 이루어낸 사람에게 있어서, 사랑하는 것은 호흡을 하는 것과 같이 쉽고 자연스런 일이 됩니다.

사랑의 즐거움을 누린다는 것은 호흡의 즐거움을 누리는 것이고, 걷는 즐거움을 누리는 것입니다. 사랑하는 사람과의 만남을 즐기는 것이고, 따뜻한 가을 햇살을 즐기는 것이며, 하늘과 구름과 별을 즐기는 것입니다. '사랑의 존재' 로의 재탄생을 이룬 사람은 자신이 만나는 모든 것을 사랑할 수 있고, 거기에서 사랑의 즐거움을 누릴 수 있습니다. '사랑의 존재' 로 재탄생하고 사랑의 즐거움을 누리는 삶을 살아가는 것, 이것이 새로운 유토피아인이 추구하는 삶의 목표입니다.

1.2. 새로운 문명의 목표

새로운 유토피아사회에서 문명의 목표는 무엇일까요? '평화롭고 사랑이 넘치는 세상을 건설하는 것' 입니다. '평화롭고 사랑이 넘치는 세상을 건설하는 것', 이것은 아마 역사상 모든 사회가 갖고 있었을 인류의 오랜 꿈일 것입니다. 하지만 과거의 역사 속에서, 각 부족은 배타적으로 더 강하고 부유한 사회 건설을 추구하는 가운데 이 꿈을 달성하고자 했습니다. 그래서 이것은 다만 꿈으로 그쳤을 뿐, 인류의 현실이 될 수는 없었습니다. 하지만 새로운 유토피아에서 이것은 다만 꿈에 머물지 않고 찬란한 현실이 됩니다.

새로운 유토피아인은 더 이상 강하고 부유한 문명 건설을 추구하지 않습니다. 새로운 유토피아인은 행복이 더 많은 재화나 육감적인 쾌락 또는 상대편 위에 군림할 수 있는 힘에서 오지 않는다는 것을 분명하게 자각하고 있습니다. 그래서 새로운 유토피아에서는 희소자원을 차지하기 위한, 또는 상대편을 지배하기 위한 경쟁이나 갈등이 존재하지 않습니다. 새로운 유토피아인은 이웃집단이 갖고 있는 재화를 탐내지 않으며, 자신들이 이미 갖고 있는 것에 자족합니다.

그러므로 새로운 유토피아사회에서는 이웃에 대한 증오와 편견이 더 이상 존재하지 않습니다. 새로운 유토피아인은 자신과 다른 외모, 문화, 종교, 관습 등을 갖고 있는 지구촌 이웃마을들을 깊이 이해합니다. 그리고 자신과 다른 이웃의 특징을 깊이 존중하고 존경합니다. 이들은 서로를 예(禮)로써 대합니다. 그래서 진정한 평화와 사랑이 그들 속에 더욱 더 자라납니다. 이리하여 도달하게 되는 '진정한 평화와 사랑의 사회'가 새로운 유토피아사회에서 문명의 목표입니다.

2 새로운 사회구성 원리

새로운 유토피아사회에는 통일체적 세계상이 현실로 구현되어 있습니다. 거기에는 더 이상 분열과 갈등이 없습니다. 새로운 유토피아사회는 다음과 같은 사회구성 원리를 갖고 있습니다. 새로운 유토피아사회에서 개인은 자신만의 개성을 갖고 있으면서 동시에 전체를 자신 안에 품고 있습니다. 새로운 유토피아사회에는 중심이 따로 없는 탈중심적인 사회구조가 확립되어 있습니다. 새로운 유토피아사회는 모든 사회가 이웃에 활짝 열려있는 개방성을 특징으로 합니다. 이 원리들을 하나하나 간략히 설명해보기로 하겠습니다.

2.1. 개체와 전체의 통일성

새로운 유토피아사회는 '부분이 전체를 포함하고 있고 부분과 전체는 하나'라고 하는 통일체적인 사회구조를 갖고 있습니다. 그러나 전현대사회에는 집단 중심적인 사회구조가 존재했었습니다. 부분보다는 전체가 중시되었고, 집단으로부터 미분화된 개인의 집단에 대한 헌신이 강조되었습니다. 반면에 개인의 중요성은 경시되었고, 개성이나 자율성, 자유는 존중되지 않았습니다.

이와 반대로, 현대사회에는 개인 중심적인 사회구조가 지배하고 있었습니다. 전체보다는 부분이 중시되었고, 개인의 개성이나 자율성, 자유가 강조되었습니다. 반면에 전체의 중요성은 경시되었고, 집단에 대한 개인의 헌신은 중시되지 않았습니다.

전현대사회의 사회구성 원리는 개체가 전체로부터 미분화된 가운데 전체에 종속되는 형태를 띠었습니다. 현대사회의 사회구성 원리는 개체가 전체로부터 분화된 가운데 상호반목 했습니다. 이와는 달리, 새로운 유토피아사회에서는 개체의 개성과 자율성이 존중되는 가운데 부분과 부분, 부분과 전체가 조화로운 공존을 이루고 있습니다.

최근 세간의 관심을 끌고 있는 유전자 복제를 생각해보면, '새로운 유토피아의 통일체적인 사회구조가 어떤 것인지' 를 이해하는데 도움이 될 것 같습니다. 몸 안에는 수많은 세포가 있습니다. 각각의 세포는 전체 몸에 대한 유전 정보를 갖고 있습니다. 그래서 하나의 세포를 떼어내어 증식시키면 전체 생명체와 똑같은 모습으로 복제가 가능합니다.

이런 식으로 몸을 바라보는 유전 공학자의 관점은 통일체적 세계관의 관점과 유사합니다. 몸속의 수많은 세포들은 인드라망[29]에 달려있는 수많은 구슬들처럼 서로가 서로를 비추며 하나하나의 세포가 전체 몸을 포함하는 구조를 갖고 있습니다. 새로운 유토피아사회의 구조는 바로 이와 같이 부분이 전체를 포함하며, 개체와 전체가 통일성을 이루고 있습니다.

새로운 유토피아에서는 큰 단위의 사회가 작은 단위 사회의 자율성이나 개성을 억압하지 않으며 존중합니다. 뿐만 아니라 새로운 유토피아는 작은 단위 사회의 자유로운 발전을 통해서 전체 사회의 발전이 이루어지는 구조를 갖고 있습니다.

새로운 유토피아에서 작은 단위 사회를 중시한다고 해서 전체 사회의 중요성이나 조화를 간과하는 것은 아닙니다. 새로운 유토피아에서 작은 단위 사회와 전체 사회는 긴밀히 연결되어 있습니다. 뿐만 아니라 새로운 유토피아는 궁극적으로 작은 단위 사회 속에 전체 사회가 들어있는 통일체적 존재 양식을 갖고 있습니다.

2.2. 탈중심성

새로운 유토피아사회는 중심과 주변이 따로 없습니다. 새로운 유토피아

---

29) 인드라(Indra)망이란 제석천(帝釋天) 궁전에 드리워져 있는 무수한 구슬로 만들어진 장엄한 그물을 뜻합니다. 그물코마다의 투명구슬에는 우주 삼라만상이 휘황찬란하게 투영되며, 삼라만상이 투영된 구슬들은 서로서로 다른 구슬들에 투영됩니다. 무궁무진하게 서로를 투영하는 인드라망은 통일체적 세계상을 상징합니다.(이상 내용은 인드라망생명공동체의 홈페이지 http://www.indramang.org를 참조해서 작성했습니다.)

사회는 모든 부분이 전체의 중심이 되는 사회구조를 갖고 있습니다. 새로운 유토피아사회의 기본 단위는 분권화되고 자율적인 가족마을입니다. 이들은 탈중심적인 방식으로 세계적인 연계망을 형성하고 있습니다. 또한 새로운 유토피아사회에서 인터넷은 지구촌 곳곳을 연결하는 신경망과 같은 역할을 합니다.

새로운 유토피아사회에는 지구촌 전체를 총괄하는 세계정부가 존재합니다. 하지만 새로운 유토피아의 세계정부는 현대국가가 그랬던 것처럼 막대한 권력을 갖고, 하위조직에 대해 강제력을 행사할 수 있는 기구가 아닙니다. 새로운 유토피아사회에서는 상위조직의 하위조직에 대한 강제는 존재하지 않습니다. 더군다나 큰 조직의 작은 조직에 대한 폭력과 같은 일은 새로운 유토피아에서는 상상할 수조차 없습니다.

새로운 유토피아의 지구촌에 힘을 모아서 해결해야할 어떤 문제가 발생하면, 그들은 어떻게 대응할까요? 새로운 유토피아에서 문제에 대한 대응방식은 상처 난 부위에 대한 몸의 대응방식과 유사합니다. 몸의 특정 부위에 상처가 났을 때, 온 몸은 상처의 회복을 위해 즉각적인 행동을 취합니다. 이와 마찬가지로, 누구의 명령이나 지시에 의해서가 아니라, 지구상의 수많은 가족마을들은 자연재해나 재난을 당한 마을의 상황을 곧바로 전달받고, 자율적으로 신속하게 문제에 대응합니다. 몸에 난 상처가 치유되고 나면 몸은 그 이전의 상태로 돌아가듯이, 문제가 해결되고 나면 지구촌의 각 가족마을들은 그 이전 상태로 돌아갑니다.

지금까지 설명한 새로운 유토피아에서 탈중심성은 다양한 방식으로 표출됩니다. 첫째, 새로운 유토피아사회에는 인간 중심주의로부터의 탈피가 이루어져 있습니다. 둘째, 중심으로서의 도시와 주변으로서의 농촌이라는 사회구조로부터의 탈피가 이루어져 있습니다. 셋째, 지구촌 차원에서 중심과 주변이라는 구조로부터의 탈피가 이루어져 있습니다. 그럼 지금부터 새로운 유토피아의 탈중심성에 대해 이 세 가지 측면을 중심으로 설명해 보도록 하겠습니다.

2.2.1. 인간 중심주의로부터의 탈피

현대사회에서는 인간 중심주의가 팽배했었습니다. 현대사회가 갖고 있었던 인간 중심주의는 서구 중세를 지배했던 신 중심주의에 대한 반발로 이루어진 것이었습니다. 하지만, 신에서 인간으로 그 내용물만 바뀌었을 뿐 '중심과 주변' 이라는 형식은 동일한 것이었습니다. 그래서 현대사회에는 인간 중심적인 사유가 팽배했습니다. 바로 이런 이유에서, 현대인은 자연을 인간 욕망 충족을 위한 도구로 바라보았습니다.

하지만, 새로운 유토피아사회에서는, 인간이 중심이 되고 자연이 주변이 되는 인간 중심주의로부터의 탈피가 이루어져 있습니다. 새로운 유토피아에서 인간과 자연은 절대적으로 평등합니다. 인간도 자연도 '우주적인 위대함' 을 자신 안에 갖추고 있는 존재이기 때문입니다. 그러므로 새로운 유토피아에서 인간은 자연을 존중하고 사랑합니다. 인간은 자연의 친구가 되어 사이좋게 어울립니다.

현대사회에서는 자연의 입장에서 보면, 인류 문명이야말로 자신들의 존재에 대한 최대 위협이었습니다. 하지만 새로운 유토피아사회에서는 더 이상 인간이 자신의 욕망을 채우고자 자연의 질서를 깨트리는 일이 발생하지 않습니다. 물론 새로운 유토피아인도 자연세계의 일원으로서 자신의 욕망을 채우기 위한 활동을 합니다. 그러나 그런 활동은 자연 속의 동물들이 자신의 욕망을 채우기 위한 활동과 같은 방식으로 이루어집니다. 즉, 새로운 유토피아인의 욕망 충족을 위한 활동은 생태계의 균형이나 환경을 파괴하지 않습니다.

인간은 다른 동물이나 식물 또는 무생물에 비해 우월합니다. 그들에 비해, 인간은 높은 지능, 섬세한 감정을 갖고 있을 뿐만 아니라, 우주적인 존재로서 모든 존재를 자각할 수 있는 능력을 갖고 있습니다. 하지만 새로운 유토피아인은 자연에 대해 우월할 뿐이며, 우월감을 갖고 있지 않습니다.

새로운 유토피아인은 자연의 경이로움에 깨어있으며, 자연에 대한 외경심을 갖고 있습니다. 하늘, 별, 산, 꽃, 바위, 사슴 등 자연 속의 모든 것은 새로운 유토피아인의 스승입니다. 새로운 유토피아인은 인간이 갖고 있는 우월한 힘을 자연을 지배하거나 파괴적인 용도로 사용하지 않으며, 자연을 돌보는데 사용합니다.

2.2.2. 중심으로서의 도시와 주변으로서의 농촌이라는 사회구조로부터의 탈피

현대사회에서는 중심으로서의 도시와 주변으로서의 농촌이라는 이원적인 사회구조가 존재했습니다. 과거 도시 거주자들은 농촌 거주자들에 대해서 우월감을 갖고 있었습니다. 과거 도시 거주자들의 우월감에 대해 새로운 유토피아인은 도저히 납득할 수가 없습니다.

새로운 유토피아사회에서는 중심과 주변이란 사회구조가 더 이상 존재하지 않습니다. 새로운 유토피아에서 도시는 해체되어 더 이상 존재하지 않습니다. 그리고 농촌지역의 가족마을이 주거의 보편적인 형태가 되었습니다.

만일 현대인이 새로운 유토피아사회를 방문한다고 하면, 그들에게 가장 놀라운 일의 하나는 도시가 사라져버린 새로운 유토피아의 풍경일 것입니다. 새로운 유토피아인은 조용한 시골에서의 생활을 좋아합니다. 비록 새로운 유토피아사회에서 도시는 사라졌지만, 과거 도시가 제공하던 기능들은 온전하게 이루어집니다.

예를 들어서, 과거 도시의 대학에서 이루어졌던 전문적인 지식을 전수하는 교육 기능을 생각해보도록 하지요. 커다란 건물을 가진 대학은 사라졌지만 새로운 유토피아인은 인터넷을 통해 그 분야의 세계에서 가장 탁월한 지식인으로부터 원하는 시간에 언제나 교육을 받을 수 있습니다. 이와 같이, 새로운 유토피아에서는 가족마을 속에 도시적인 기능과 농촌 마을에서의 조용하고 한가로운 삶이 통합되어 영위됩니다. 그리고 지구촌 가족마을들은 특별한 중심이 없는 가운데 모두가 중심이 되는 새로운 사회구조를 갖고 있습니다.

2.2.3. 지구촌의 중심과 주변이라는 구조로부터의 탈피

현대사회에서는 지구촌 차원에서도 중심과 주변의 구조가 존재했습니다. 경제적, 군사적으로 큰 힘을 갖고 있던 국가들이 지구촌의 중심을 형성하고, 힘이 약한 국가들은 지구촌의 주변을 형성했습니다. 중심에 속한 국가들은 주변 국가들 위에 군림했습니다. 중심에 속한 국가들은 경제적, 정치적으로 뿐만 아니라 문화적으로도 주변 국가들에 일방적인 영향을 주었습니다. 하지만 새로운 유토피아사회에서는 지구촌의 중심과 주변이라는 사회구조로부터의 탈피가 이루어져 있습니다.

새로운 유토피아사회에서 지구촌의 모든 지역사회는 절대적으로 평등하고, 평화롭게 공존하며, 사랑으로 결합해 있습니다. 새로운 유토피아에는 부유하고 강대한 사회와 빈곤하고 약소한 사회의 이분법은 더 이상 존재하지 않습니다. 새로운 유토피아사회에서는 부강한 사회가 빈약한 사회를 착취하고 그 위에 군림하는 일은 상상조차 할 수 없습니다.

새로운 유토피아사회에도 지역사회 간의 빈부와 강약에 다소간의 차이가 있을 수 있습니다. 하지만, 새로운 유토피아인은 이런 차이를 중요한 것으로 생각하지 않습니다. 뿐만 아니라, 부강한 사회는 빈약한 사회를 존중하고, 도움을 제공하는 가운데 서로 조화로운 관계를 발전시켜 나갑니다.

2.3. 개방성

현대사회는 개인, 가족, 마을, 민족, 인종 등 모든 행위 주체의 영역에서 '닫혀 있음'을 기본 원리로 해서 구성되었습니다. 모든 행위 주체들은 근본적인 의미에서 분리된 섬처럼 존재했으며, 개인 간, 가족 간, 마을 간, 민족 간, 인종 간의 진정한 소통이 없었습니다. 하지만 새로운 유토피아사회는 모든 행위 주체의 영역에서 '열려 있음'을 기본 원리로 해서 구성되어 있습니다. 그래서 모든 행위 주체들 간에는 진정한 소통이 이루어집니다.

새로운 유토피아에서 개인은 더 이상 분리된 개체가 아닙니다. '내' 안에는 '네'가 살고 있고, '네' 안에는 '내'가 살고 있습니다. 끊임없이 '너'는 '나' 안으로 들어오고, '나'는 '너' 안으로 들어갑니다. '나'는 '나' 대로 '너'는 '너' 대로 자신의 개성을 갖고 있고, 이를 키워나갑니다. 그런 가운데 '나'와 '너' 간에는 진정한 교류가 생겨납니다.

새로운 유토피아인은 항상 자기 자신에게 깊은 관심을 기울이며, 시선은 늘 자신을 향해 있습니다. 그리고 이런 자신에 대한 관심은 자연스럽게 상대편에 대한 진정한 관심으로 이어집니다. 자신에 대한 진정한 사랑과 상대편에 대한 진정한 사랑은 분석적으로는 둘이지만 실제로는 하나입니다. 그래서 새로운 유토피아인은 자신의 내면의 목소리에 귀 기울이듯이, 상대편의 말을 깊이 듣고, 이해하며, 그를 사랑합니다.

새로운 유토피아에서 가족은 더 이상 분리된 집단이 아닙니다. 현대사회에서의 가족도 내부적으로는 사랑을 결합원리로 삼았습니다. 하지만 현대사회의 가족은 자기 가족 바깥에 위치한 다른 가족들에 대해서는 그렇게 하지 않았습니다. 이기주의가 사랑으로 발전할 수 없는 것과 마찬가지로, 가족 이기주의는 가족 내에서조차도 진정한 가족 사랑으로 발전할 수 없었습니다.

새로운 유토피아의 가족은 이와 다릅니다. 새로운 유토피아의 가족은 가족 내에서도 물론 사랑을 결합원리로 삼지만, 가족의 바깥에 대해서도 깊은 관심을 기울이며 교류합니다. 새로운 유토피아의 가족원들은 자신의 가족을 진정으로 위하지만, 자신의 가족만을 배타적으로 위하지는 않습니다. 그들은 이웃의 가족들과 진정한 우의를 발전시켜나갈 뿐만 아니라, 어려움을 겪고 있는 지구촌의 이웃에 대해 늘 깊은 관심을 기울입니다.

새로운 유토피아의 기본단위이기도한 가족마을 역시 외부세계에 활짝 열려있는 집단입니다. 가족마을은 문화, 교육, 정치, 경제, 그리고 일상생활의 다양한 활동 등 삶의 모든 영역에서, 상당한 자율성을 갖고 있습니다. 하지만 새로운 유토피아의 가족마을은 결코 고립된 집단이 아닙니다. 가족마을은 이웃하고 있는 가족마을들이나 지구촌의 멀리 떨어져 있는 가족마을들과 많은 교류를 합니다.

새로운 유토피아인은 인터넷을 통해서 지구촌의 다양한 가족마을을 여행하며, 그들의 삶과 문화에 깊은 관심을 기울입니다. 또한 새로운 유토피아사회에서는 가족마을 간의 이동과 다른 가족마을에 가서 장기적으로 체류하는 일이 보편화되어 있습니다.

민족이나 인종과 같은 차원에서 보더라도, 새로운 유토피아는 외부 세계를 향해 활짝 열려있는 사회입니다. 새로운 유토피아사회에서는 상이한 민족 간 또는 인종 간의 친교와 결혼이 빈번하게 이루어집니다. 이런 일들은 새로운 유토피아사회에서 조금도 특이한 일이 아닙니다.

새로운 유토피아에는 상이한 민족과 인종으로 이루어진 가족이 아주 많습니다. 새로운 유토피아사회에서는 민족 간 · 인종 간 편견이나 차별이 존재하지 않습니다. 어떤 민족이나 인종도 다른 민족이나 인종에 대해 열등감이나 우월감을 갖고 있지 않습니다. 그들은 친구로서 만나서, 서로에게 관심을 기울이고, 사랑으로 결합합니다.

3 새로운 지구촌

새로운 지구촌의 모습을 한 마디로 요약한다면 '조화로운 다문화사회'라고 할 수 있습니다. 과거의 지구촌에서는 민족, 언어, 인종, 종교, 지역 등의 영역에서 강한 특수가 보편으로 군림했습니다. 이와는 달리, 새로운 지구촌에서는 어떤 특수도 상대편으로부터 자신의 입지를 존중받습니다. 또한 자신이 속한 집단 역시 자신과 이질적인 집단에 대해 깊은 존중의 마음을 갖습니다. 새로운 지구촌에는 특수와 특수의 소통을 위해 세계 공용어와 문자가 사용되며, 특수와 특수 간의 협력을 위해 세계정부가 존재합니다. 이런 가운데 지구촌에는 다양한 문화가 평화롭게 공존하며 조화롭게 발전합니다.

3.1. 방언과 세계 공용어

새로운 유토피아에서는 지역 방언과 세계 공용어가 동시에 사용됩니다. 만일 현대인이 새로운 유토피아를 방문한다면, 그들의 눈에 가장 먼저 띄는 것 중의 하나가 세계 공용어와 세계 공용문자가 아닐까합니다. 새로운 유토피아사회에서 모든 지구촌 사람들은 세계 공용어와 세계 공용문자를 자유롭게 사용합니다.

사실 세계 공용어와 세계 공용문자를 만드는 작업은 인류 역사상 최대의 프로젝트였습니다. 지구상에 존재하는 모든 언어집단을 대표하는 수만 명의 언어학자들이 오랜 세월에 걸쳐 그리고 많은 노력을 기울여 세계 공용어와 세계 공용문자를 창제했습니다. 인류가 세계 공용어와 세계 공용문자를 만드는 데 이렇듯 엄청난 노력을 기울인 것은 세계 공용어와 세계 공용문자가 없이는 '하나의 세계'를 만드는 것이 실질적으로 어렵다는 자각이 있었기 때문입니다. 누구나 사용할 수 있는 새로운 언어와 문자의 필요성에 대한 전 인류적인 공감대 위에서, 바로 이 인류 최대 프로젝트가 추진되었습니다.

지구촌 각 지역의 언어학자들은 지구상의 어떤 민족도 자연스럽게 발음할 수 있는 방식으로 세계 공용어를 만들었습니다. 그리고 누구나 쉽게 습득할 수 있는 합리적인 세계 공용문자를 창안했습니다. 또한 이들은 발음과 문자의 모양이 아름다운 느낌을 주도록 배려했습니다. 오랜 동안의 연구와 실험적인 사용과정을 거쳐서 세계 공용어와 세계 공용문자가 완성되었습니다. 그리고 이 날은 인류 모두가 기념하는 지구촌 축제일이 되었습니다.

지구촌 모든 민족의 아이들은 어려서부터 세계 공용어와 세계 공용문자를 배웁니다. 모든 책과 문서는 세계 공용문자로 작성됩니다. 어느 지역에서 방영되는 텔레비전이나 영화도 대사가 세계 공용어로 이루어지거나, 세계 공용문자로 자막이 나옵니다. 그래서 지구상의 모든 민족들은 자유롭게 소통할 수 있게 되었고, 그들은 하나의 세계를 만들어갈 수 있었습니다.

그러나 그렇다고 해서 새로운 유토피아에서 특정 민족이나 부족이 사용하던 언어나 문자가 사라진 것은 아닙니다. 오히려 민족 내부의 방언에 이르기까지 언어와 문자는 잘 보존되어 있고, 활발하게 사용됩니다. 텔레비전 방송이나 영화 대사도 지역 방언을 쓰는 경우가 많습니다. 새로운 유토피아인은 조상들이 사용해온 언어와 문자가 자신들의 문화의 보고임을 자각하고 있으며, 이를 소중히 여깁니다. 그래서 새로운 유토피아의 아이들은 어려서부터 두 개의 언어와 문자를 동시에 배웁니다. 하나는 그 지역 언어와 문자이고, 다른 하나는 세계 공용어와 문자입니다.

지구상에서 사용되는 모든 방언이나 문자는 똑같이 존중받습니다. 현대사회에서는 영어와 같은 강대국의 언어와 문자가 세계를 지배하고, 약소국의 언어와 문자는 위축되거나 소멸의 과정을 밟아가는 일이 많았습니다. 비영어권 지역 사람들은 영어를 익히는데 엄청난 노력과 비용을 들여야 했고, 그럼에도 불구하고 여전히 영어에 대한 콤플렉스를 안고 살았습니다. 하지만 이런 일은 새로운 유토피아에서는 상상조차 할 수 없습니다. 각 지역 주민들은 자신들 간에는 지역 언어와 문자를 사용하고, 다른 지역 사람들과는 세계 공용어와 공용문자로 소통합니다.

각 민족 문헌 중에서 가치 있는 것들에 대해서는 세계 공용문자로 대규모 번역작업을 수행합니다. 그래서 지구인 모두가 전 인류 문화유산을 향유할 수 있게 합니다. 새로운 책이나 논문 출판은 지역 문자와 세계 공용문자 두 가지 형태로 출판됩니다. 도로표지판도 지역 문자와 더불어 세계 공용문자를 반드시 병기합니다. 사람들은 세계 공용어를 통해서 지구촌 곳곳 사람들과 교제하고, 공동의 관심사를 함께 논의합니다.

3.2. 가족마을과 세계정부

새로운 유토피아를 방문하면 우선 눈에 띄는 것 중에 하나가 '현대국가의 소멸'입니다. 현대사회에서 국가는 정치의 중심이었습니다. 하지만 새로운 유토피아사회에는 분리 · 독립된 정치단위로서의 국가가 존재하지 않습니다.

새로운 유토피아사회에서 현대국가에 해당하는 조직을 찾는다면 세계정부가 되겠지요. 세계정부는 지구촌 전체를 총괄하는 기구입니다. 하지만 현대국가가 갖고 있었던 권한과 기능의 많은 부분은 지방정부와 가족마을로 이관되었습니다. 새로운 유토피아는 고도의 지방분권적인 체제를 갖고 있습니다. 새로운 유토피아사회에서 삶과 문명의 중심이 되는 곳은 가족마을입니다.

정치 · 경제 · 문화 · 교육 · 의료 등 새로운 유토피아인의 삶의 대부분은 가족마을 안에서 이루어집니다. 가족마을은 모든 영역에서 상당한 자율성을 갖고 있으며, 동시에 외부 세계와 밀접하게 연결되어 있습니다.

가족마을의 인구는 대략 300명 내외입니다. 보통 한 가족원의 수가 15명 내외이니까 대개 스무 가족이 하나의 마을을 이루며 살아가는 것이지요. 새로운 유토피아에서 가족원 구성은 꼭 혈연에 의거하지 않으며, 자녀 입양, 외로운 노인 영입, 독신 남녀 합류 등이 통상적으로 이루어집니다. 외부사회에서 와서 가족마을에 체류하고 있는 사람들도 가족마을의 일원으로 간주됩니다. 가족마을은 산간이나 농촌지역에 위치해 있으며, 경치가 아름다운 곳에 조성되어 있습니다. 가족마을은 넓게 흩어져 있으며, 새로운 유토피아에서 거주지로서의 도시는 자취를 감춥니다.

가족마을 사람들은 대를 이어 한 마을에 뿌리를 내리고 살아갑니다. 가족마을 내에서는 구성원 각자가 갖고 있는 개성과 자유가 존중됩니다. 이와 동시에, 가족마을 구성원들 간에 깊은 유대가 형성되어 있습니다. 가족마을 사람들은 서로의 기쁨과 슬픔을 함께 나눕니다. 가족마을에서 구성원들 각자는 자유로운 가운데서 자신의 개성을 실현하고, 이를 통해서 궁극적인 하나임에 도달합니다.

지구촌 전체에는 수많은 가족마을이 있습니다. 그리고 가족마을이 신경망과 같이 연결되는 방식으로 세계정부가 존재합니다. 가족마을은 고도의 자율성을 가진 사랑의 공동체입니다. 그러나 가족마을은 고립되어 있지 않습니다. 이들은 바깥세계에 열려 있으며, 범세계적으로 소통합니다. 마을 간의 교류도 활발합니다. 다른 마을로의 여행, 다른 마을 사람과의 결혼, 다른 마을에의 정주 등은 새로운 유토피아에서 보편적인 현상입니다.

3.3. 조화로운 다문화사회

새로운 유토피아는 조화로운 다문화사회입니다. 새로운 유토피아에는 다양한 인종, 민족, 종교, 지역, 문화가 한데 어울려 아름다운 화원을 이루고 있습니다. 현대사회에서도 교통과 통신의 발달로 외형상으로는 다문화사회를 이루었습니다. 하지만 내적으로 보면, 현대 다문화사회에는 인종, 민족, 종교, 지역, 문화 간의 편견, 차별, 적대, 갈등이 팽배해 있었습니다. 그래서 현대 다문화사회는 많은 고통을 양산했습니다. 겉모양만 다문화사회였을 뿐, 실제로 집단들은 서로 분리되어 반목하고 있었습니다. 현대 다문화사회에는 다양한 집단 간의 진정한 평화와 사랑, 상호 존중과 우애는 존재하지 않았습니다.

하지만 새로운 유토피아사회는 진정한 다문화사회를 이루고 있습니다. 현대인은 적대적 관계관의 관점에서 문화 간 관계를 인식했습니다. 이에 반해서, 새로운 유토피아인은 대대적(對待的) 관계관의 관점에서 문화 간 관계를 인식합니다. 새로운 유토피아인은 어떤 문화도 홀로 존재할 수 없다고 생각합니다. 각각의 문화는 '너의 문화'를 전제로 해서 '나의 문화'가 성립하는 상호의존 관계를 갖고 있다고 봅니다. 이런 관점에서 보면, '나의 문화'와 '너의 문화'는 서로를 풍부하게 합니다. 또한 각각의 문화가 갖고 있는 개성은 조화를 위한 전제조건이 됩니다. 이처럼 문화 간 창조적인 관계방식은 '화(和)'를 이루는 것이라고 봅니다.

새로운 유토피아인은 자신이 속한 인종, 민족, 종교, 지역, 문화에 대해 깊은 관심을 갖고 있으며 이를 사랑합니다. 동시에 그들은 자신이 속한 집단이나 문화와 차이가 있는 상대편 집단과 문화에 대해서도 깊이 존중하고 존경합니다. 새로운 유토피아인은 절대 평등의 관점에서 자신과 세계를 바라봅니다. 그러므로 자신이 속한 집단이 상대편 집단에 대해서 상대적으로 우월한 점이나 열등한 점이 있더라도, 자신이 속한 집단에 대한 우월감이나 열등감을 갖지 않습니다. 더욱이 상대편 집단에 대한 멸시나 맹목적인 추종은 있을 수 없습니다.

새로운 유토피아인이 갖고 있는 이런 건강한 관점의 바탕 위에서, 새로운 유토피아에는 다양한 집단과 문화 간에 진정한 평화가 뿌리를 내리고, 우애가 자랍니다. 이들 간에는 대등한 관계의 바탕 위에서 진정한 교류가 활발하게 일어납니다. 이리하여, 새로운 유토피아사회에서는 지구촌 전체가 사랑의 공동체로 거듭납니다.

Ⅳ

새로운 유토피아의 사회상

Ⅳ 새로운 유토피아의 사회상

여름날 부는 한 줄기 바람은 참으로 상쾌한 것이다.
그러나 그것을 깡통 속에 넣어
영원히 자신만의 것으로 간직하려 든다면
바람은 죽어버린다.[30)]

새로운 유토피아는 어떤 사회일까요? 새로운 유토피아사회는 통일체적 세계상이 구현된 사회입니다. 새로운 유토피아의 사회상을 한 마디로 요약한다면 그것은 '사랑의 사회'입니다. 평화, 평등, 자유, 믿음은 사랑의 다양한 얼굴입니다. 하나가 없으면 다른 넷이 있을 수 없고, 하나가 있으면 다른 넷도 반드시 있습니다. 그러므로 새로운 유토피아사회는 사랑의 사회임과 동시에, 평화로운 사회이고, 평등한 사회이며, 자유로운 사회이고, 믿음의 사회입니다. 이 장에서는 새로운 유토피아의 이런 사회상을 하나하나 그려 나가도록 하겠습니다.

30) N. H. Thich, 박혜수 옮김, 『틱낫한의 사랑의 가르침』(열림원, 2003), p. 22.

1 사랑의 사회

새로운 유토피아사회는 사랑이 충만한 사회입니다. 사람과 사람 사이이건 집단과 집단 사이이건, 새로운 유토피아에서 모든 행위 주체들은 사랑으로 결합합니다. 새로운 유토피아인은 상대편과 하나가 되어 그들을 깊이 이해합니다. 이들은 상대편이 겪고 있는 고통, 상처, 기쁨을 자신 안에서 느낄 수 있습니다. 이들은 자신과 상대편을 따뜻한 시선으로 바라봅니다. 이들은 자신과 다른 상대편의 특징에 관용적이며, 함께 사랑의 즐거움을 누립니다.

1.1. 사랑의 의미

'사랑'이란 새로운 유토피아의 키워드이기에, 사랑의 의미를 밝히는 것은 새로운 유토피아의 본질을 이해하는 지름길이라고 하겠습니다. 새로운 유토피아사회에서 사랑의 의미는 어떤 것일까요? 사랑이란, '태양으로서의 나'를 자각했을 때, 그 태양에서 퍼져 나오는 빛과 같은 것입니다. 현대인이 말하던 사랑이 '에고의 구름인 나'의 사랑이었던 반면에, 새로운 유토피아인의 사랑은 '참된 자기의 태양인 나'의 사랑인 것이지요.

현대사회에서는 많은 사람들이 남녀 간의 열정이나 자식에게 느끼는 강한 모성애나 부성애를 진정한 사랑이라고 생각했습니다. 하지만 이것은 새로운 유토피아에서 말하는 사랑과는 근본적으로 다른 것입니다. 생물학적인 본능에 기반을 두고 있는 이 두 가지 유형의 열정은 그 자체가 꽃처럼 아름다운 것입니다. 또한 잘 발전된다면, 이것은 진정한 사랑으로 이어질 수 있는 것도 사실입니다. 하지만 분명한 사실은 본능에서 유래하는 두 가지 유형의 열정 그 자체는 새로운 유토피아사회에서 말하는 사랑과 근본적으로 다른 것이라는 점입니다. 그렇다면 양자 간의 차이는 어떤 것일까요?

첫째, 현대인이 말하던 사랑은 특수한 대상에 대한 사랑인데 반해서, 새로운 유토피아에서 말하는 사랑은 모든 존재에 대한 사랑입니다. 남자가 여자를 사랑한다고 했을 때, 그는 특정한 여자만을 사랑하는 것입니다. 부모가 자녀를 사랑한다고 했을 때도, 그의 사랑은 자신의 자녀만을 향합니다. 하지만 새로운 유토피아에서의 사랑은 모든 존재를 향하는 보편적인 사랑입니다.

태양이 만물을 비출 때, 어떤 특정 대상만을 비추지 않습니다. 비가 대지를 적실 때, 어떤 특정한 장소만을 고집하지 않습니다. 바람이 불어올 때, 특정한 사물에만 부는 것이 아닙니다. 이와 마찬가지로, 새로운 유토피아인이 말하는 진정한 사랑은 그것이 닿는 어떤 존재에 대해서건 무차별적으로 발산됩니다.

둘째, 생물학적인 본능에서 연유하는 두 가지 종류의 열정은 한시적인 것인데 반해서, 새로운 유토피아에서 사랑은 지속적입니다. 동물들도 발정기가 되면 격렬한 교미의 충동을 느끼며, 어미들은 헌신적으로 새끼를 돌봅니다. 그러나 발정기가 끝나면, 언제 그랬느냐는 듯이 동물들은 상대편에 대한 열정을 상실합니다. 어미들도 새끼가 성장하고 나면 더 이상 새끼를 돌보지 않으며, 새끼들 역시 자신을 키워준 어미를 돌보지 않습니다.

인간 세상 역시 마찬가지입니다. 남녀 간의 열정이나 모성애 역시 동물들과 마찬가지로 생물학적인 본능에 기초를 두고 있습니다. 그래서 어떤 남녀 간의 열정도 평생 동안 지속되지 않으며, 어떤 자녀들도 부모가 갖고 있는 정도의 애틋한 마음을 부모에 대해서 갖고 있지 않습니다. 또한 자녀들이 장성하고 나면, 부모는 자녀가 어렸을 때 가졌던 강렬한 모성애나 부성애를 느끼지 않습니다.

이에 반해서, 새로운 유토피아사회에서 말하는 사랑은 영원한 것입니다. 사랑은 변덕스럽지 않습니다. 현대사회에서는 '사랑이 식었다' 라는 표현이 자주 사용되었습니다. 하지만 새로운 유토피아에서 말하는 진정한 사랑은 결코 식지 않으며, 식을 수 없는 것입니다. 사랑은 세월과 더불어 깊어가고 성장할 따름입니다.

셋째, 생물학적인 본능에 근거해서 발생하는 두 가지 열정은 누구나 때가 되면 저절로 경험하게 되는 것인 반면에, 새로운 유토피아인이 말하는 사랑은 누구나 저절로 할 수 있는 것이 아닙니다. 새로운 유토피아인이 말하는 사랑은 자연스럽게 발현되지 않습니다. 오랜 동안의 지속적인 운동을 통해서만 알통이 커지는 것과 마찬가지로, '사랑의 알통' 역시 오랜 동안의 연습을 통해서만 길러질 수 있는 것입니다. 새로운 유토피아인이 말하는 사랑은 오랜 노력을 통해 '분리된 자아'의 구름을 걷어낸 사람만이 할 수 있는 것입니다.

위에서 설명한 바와 같이, 새로운 유토피아인이 말하는 사랑은 현대인이 사랑이라고 생각했던 두 가지 종류의 열정과는 근본적으로 다른 것입니다. 이밖에도 새로운 유토피아인이 말하는 사랑은 현대인이 생각하던 사랑과는 여러 가지 차이가 있습니다.

현대사회에서는 많은 사람들이 자신이 갖고 있는 우월함에 근거한 우월감을 자신에 대한 사랑으로 착각했습니다. 또한 상대편이 갖고 있는 우월함에 대한 선망을 상대편에 대한 사랑으로 착각하기도 했습니다.

내가 갖고 있는 '멋진 외모', '좋은 성격', '훌륭한 가족적인 배경', '선망받는 직업', '높은 인기', '많은 돈', '큰 권력' 등을 생각하면서, 현대인은 자신에 대한 긍지를 가졌습니다. 그리고 이런 자신에 대한 긍지가 자신에 대한 사랑이라고 착각했습니다. 상대편에 대해서도 마찬가지였습니다. 상대편이 갖고 있는 '매력적인 용모', '좋은 성격', '훌륭한 가족적인 배경', '선망 받는 직업', '높은 인기', '많은 돈', '큰 권력' 등을 생각하면서 상대편에 대해 선망하는 마음을 갖는 것을 현대인은 상대편에 대한 사랑이라고 착각했습니다.

새로운 유토피아사회에서 말하는 사랑은 현대인이 그랬던 것과 같이 자신에 대한 우월감이나 상대편이 갖고 있는 우월함에 대한 선망을 의미하는 것이 아닙니다. 새로운 유토피아에서는 이런 것들을 사랑이라고 생각하지 않습니다.

새로운 유토피아인은 자신에 대해 열등감을 갖는 것이 자신을 사랑하는 것이 아닌 것과 마찬가지로, 자신에 대해 우월감을 갖는 것 역시 자신을 사랑하는 것이 아니라는 것을 압니다. 상대편이 갖고 있는 열등함에 대해 품고 있는 혐오감이 상대편에 대한 사랑이 아닌 것과 마찬가지로, 상대편이 갖고 있는 우월함에 대해 선망하는 마음을 갖는 것이 상대편에 대한 사랑일 수 없음을 이들은 알고 있습니다.

새로운 유토피아인은 우월감이나 우월함에 대한 선망이 사실은 사랑이 아닐 뿐만 아니라 사랑을 가로막는 장애물에 불과한 것이라고 생각합니다. 우월감이나 선망은 모두 나의 '분리된 자아' 나 상대편의 '분리된 자아' 에 대한 의식인데, 사랑의 기초는 무아(無我)에 대한 자각입니다. 그러므로 우월감이나 선망을 가지면 가질수록, 사랑하는 것은 점점 더 어려워집니다.

새로운 유토피아인이 생각하는 사랑이란 자신과 세계에 대한 그릇된 이해[망상]를 벗어나는 것입니다. 독립된 실체로서의 '나' 와 '너' 라는 망상으로부터 벗어나는 것입니다. 독립된 실체로서의 '나' 와 '너' 라는 망상에 사로잡혀 있는 한 사랑은 불가능합니다. 왜냐하면 사랑이란 '나와 네가 하나임에 대한 자각' 인데, '분리된 나와 너' 라고 하는 생각은 이런 자각에 도달하는 것을 불가능하게 하기 때문입니다.

'분리된 자아' 라는 의식을 기반으로 해서 생겨난 생각은 필연적으로 집착을 낳을 뿐 사랑을 낳을 수는 없습니다. 망상은 분리 · 독립된 실체로서의 '나' 를 반석 위에 올리기 위해서 수많은 집을 짓습니다. 돈, 건강, 인기, 지위, 외모, 권력 등을 쌓아서 행복과 안정에 도달하고자 합니다. 하지만 이것은 망상의 세계에서 지어진 집이어서, 우리는 결코 거기에서 지속적인 행복과 안정을 얻을 수 없습니다. '분리된 자아' 에 대한 집착은 정말 하잘것없는 것을 대단하게 여기게 만들고, 우리의 삶을 이런 것들을 얻는데 낭비하게 합니다.

새로운 유토피아인이 생각하는 진정한 사랑은 깊이 이해하는 것이며, 깊은 이해의 결과이기도 합니다. '분리된 자아' 라는 생각이 망상임을 깨닫는 순간, 우리 안에 잠들어 있던 '사랑의 존재' 가 깨어나 활동하게 됩니다. 그리고 이것은 그들에게 지속적인 행복과 평화를 가져다줍니다. '분리된 자아' 의 차원에서 생겨나는 어떤 실패나 좌절도 새로운 유토피아인의 사랑을, 행복을, 평화를 멈추게 할 수 없습니다.

여기까지 '새로운 유토피아에서 사랑의 의미' 에 대한 일반적인 설명을 했습니다. 그리고 지금부터는 새로운 유토피아에서의 사랑의 의미를 '나를 사랑함의 의미' 와 '너를 사랑함의 의미' 그리고 '사랑의 즐거움 누리기의 의미' 로 나누어 설명해보도록 하겠습니다.

1.1.1. 나를 사랑함의 의미

새로운 유토피아인이 말하는 '나를 사랑한다' 는 것은 무엇일까요? 새로운 유토피아사회에서 '나를 사랑한다' 는 것은 나의 사랑스런(우월한) 면을 사랑하는 것임과 동시에 나의 사랑스럽지 않은(열등한) 면도 사랑하는 것입니다. 내가 갖고 있는 선한 성격, 수려한 용모, 출중한 능력, 좋은 가족 배경, 부유함 등과 같은 면에 대해서만이 아니라 나의 악한 성격, 추한 용모, 부족한 능력, 나쁜 가족 배경, 가난 등을 모두 사랑하는 것이 나에 대한 사랑의 의미입니다.

이런 의미에서 볼 때, 현대인은 대부분 자기 자신을 진정으로 사랑하지 않았습니다. 그들은 외물에 마음을 빼앗긴 나머지 자신에게 깊은 관심을 기울이지 않았으며, 함부로 대했습니다. 또한 사랑스럽지 않은 자신을 사랑하지 않았지요. 그러나 새로운 유토피아인은 자신을 깊이 사랑합니다.

나를 사랑하기 위해서는 어떻게 해야 할까요? 나를 사랑하기 위해서는 일단 중독이란 형태의 시간 보내기를 중지해야 합니다. 이것은 나를 사랑하기 위한 전제조건에 해당하는 것입니다. 내 마음을 어떤 것에 빼앗긴 상태로는 나를 사랑하는 일이 근원적으로 불가능하기 때문입니다. 중독이란 습관적인 힘의 노예가 되어 자기소외가 증대되는 방식으로 시간을 사용하는 것을 말합니다.

현대인에게는 중독이란 형태의 시간 사용이 많았습니다. 예를 들면, TV

시청, 컴퓨터 게임, 인터넷 채팅, 인터넷 쇼핑, 쇼핑 등이 그것입니다. 이런 다양한 형태의 중독에서 해방되어야만 자신을 위해 쓸 수 있는 시간을 마련할 수 있습니다. 그러므로 '나를 사랑하기'의 전제는 중독이란 형태의 시간 사용을 과감하게 중단하는 것입니다.

이런 시간 사용을 중단하고 나서는 어떻게 해야 할까요? 과감한 중단 이후, 나를 엄습하는 금단현상을 대상으로 '나에 대한 관심 기울이기'를 시작해야 합니다. 이렇게 해서, 나는 특정 습관에 심하게 중독되어 있는 나 자신을 만나게 됩니다. 중독이란 형태의 시간 사용 중단은 단호하게 이루어져야 합니다. 하지만, 어떤 것에 중독되어 있고 중독이란 형태의 시간 사용 중단으로 인해 고통 받고 있는 나를 자비로운 마음으로 대해야 합니다.

새로운 유토피아인은 따뜻한 눈길로 고통 받고 있는 나를 바라보며, 이런 나를 품어줍니다. 이렇게 중독된 나를 따뜻한 눈길로 바라보는 '그 나'가 누구일까요? 그가 바로 새로운 유토피아인이 깨어나도록 애를 쓰고 있는 '우주적인 나', '위대한 나'이며, 그가 보내는 따뜻한 눈길이 바로 '사랑'인 것입니다. 이렇게 해서, '나를 사랑하기'의 첫 관문을 통과하게 됩니다.

중독의 힘으로부터 자유로워졌을 때, 새로운 유토피아인은 '나를 사랑하기'의 다음 단계로 나아갑니다. 그것은 나에 대해 '깊은 관심 기울이기'입니다. 현대인의 의식은 대부분 외부 대상을 향하고 있었습니다. 하지만, 새로운 유토피아인은 시선을 늘 자기 자신에게로 돌립니다.

예를 들어서, '저 사람은 참 치사해.'라는 생각이 들 때, 새로운 유토피아인은 얼른 '저 사람이 참 치사하다고 생각하는 나'를 만납니다. 이런 노력이 반복되면서, '태양으로서의 나'를 가리고 있는 '분리된 자아의 구름'과의 만남이 점차로 이루어지게 됩니다.

한 예로, '상대편이 치사하다.'는 생각을 자주 하는 어떤 사람 A를 분석해 보도록 하지요. A에게는 왜 다른 사람보다 '상대편이 치사하다.'는 생각이 많이 드는 것일까요? 독자들 중에서 과거 군인으로 복무했던 경험이 있는 사람은 그 때 당시에 길을 걷다보면 유난히 군인이 눈에 많이 띄었던 것을 기억할 수 있을 것입니다. 또 자신이나 자신의 부인이 임신한 경험이 있는 사람은 그 때 당시 길에서 많은 임산부를 만난 기억이 있을 것입니다. A가 치사함을 자주 만나는 이유도 이와 동일합니다. 그 이유는 A 자신 안에 치사함이 살고 있기 때문입니다.

융은 내 안에 살고 있는 이런 나를 그림자라고 명명했습니다. 자아발달 과정에서, 우리가 발달시키려고 하는 성격이 있으면, 그 반대편에 있는 성격은 억압됩니다. 그것은 강한 에너지를 가진 무의식 속의 내가 되는데, 그것이 그림자입니다. 예를 들어, 어떤 사람이 정숙한 사람이 되고자 노력을 기울였다면, 그의 내면에는 음탕함이라는 그림자가 자라게 됩니다.

'치사한 너'를 자주 만나는 A의 경우는 아마도 성장과정에서 대범한 사람이 되기 위한 노력을 기울였을 가능성이 큽니다. 부모나 주변 어른들로부터 대범한 사람이 되라는 교훈을 받고 자랐을 가능성이 많습니다. 그 결과로, A 안에는 '치사한 나'라는 그림자가 힘을 갖게 되었을 것입니다. 그래서 '치사한 나'의 그림자를 갖고 있는 A는 조금만 치사한 사람을 만나면 거기에 쉽게 걸려 넘어지고, 과도하게 흥분하게 되는 것입니다.

예전에는 A의 시선이 늘 '치사한 너'를 향해 있었습니다. 하지만 A가 자신에게 깊은 관심을 기울이게 되면서, A의 시선은 자신을 향하게 되고, 마침내 A는 A 안에 살고 있는 '치사한 나'를 만나게 됩니다. A는 그 때까지 A가 그토록 싫어하는 치사한 사람이 바로 A 자신이라는 생각은 꿈에도 해보지 않았을 것입니다.

이렇듯, A가 A 자신을 사랑하려고 했을 때, 첫 번째 작업은 사랑하려는 대상으로서 A 자신이 누구인가를 바로 아는 것입니다. A 안에 살고 있는 '치사한 나'를 알게 되는 것은 A가 자신에 대한 사랑을 시작하는 첫 걸음이 됩니다. '치사한 나'를 알게 되었을 때, A의 자신에 대한 사랑의 두 번째 작업이 시작됩니다. 그것은 A가 자신에 대해 깊이 이해하는 일입니다.

A는 왜 자신 안에 '치사한 나'를 갖게 되었을까요? 이 세상 어떤 존재도 이유 없이 존재하는 것은 없습니다. 그 이유를 깊이 찾아들어가 보면, A는

결코 '치사한 나'를 갖고 싶어서 '치사한 나'를 갖게 된 것이 아니라, 어쩔 수 없는 힘에 의해 '치사한 나'를 갖게 되었음을 알게 됩니다. '치사한 나'가 자신이 입은 상처임을 알게 됩니다.

A는 아마도 어린 시절부터 '남자는 쩨쩨해서는 안 돼.', '남자는 대범해야 돼.', 이런 말들을 많이 들으면서 자랐을 것입니다. 그래서 A는 대범한 사람이 되려고 많은 노력을 기울였을 것입니다. A가 대범한 사람이 되기 위해서 더 많은 노력을 기울일수록, A 안에는 이런 노력의 결과로 억압된 '치사한 나'가 점점 강한 에너지를 갖게 되었을 것입니다. 이것이 A 안에 '치사한 나'가 살게 된 과정입니다.

그렇다면 A는 자신 안에 살고 있는 '치사한 나'를 어떻게 대해야 할까요? 비난해야할까요? 아니면 억압해야할까요? 물론 둘 다 답이 아닙니다. A는 어쩔 수 없는 힘에 의해 떠안게 된 '치사한 나'를 측은한 눈길로 바라보아야만 하며, 따뜻하게 품어주어야만 합니다. 이것이 바로 A의 '나에 대한 사랑'입니다. 이렇게 나를 만나고, 깊이 이해하고, 사랑하는 연습이 계속되면서, A의 나를 사랑하는 능력은 점점 커지게 됩니다.

이제 A는 '치사한 나'뿐만 아니라, 자신이 갖고 있는 모든 열등함을 사랑할 수 있습니다. 작은 키, 뚱뚱한 몸매, 게으른 성품, 사악함, 낮은 지능, 나쁜 집안배경, 가난함, 무식함 등 이제는 그 어떤 자신의 열등함이나 자신이 싫어했던 자신의 어떤 모습도 사랑할 수 있습니다. 왜냐하면 이제 A에게는 자신을 사랑할 수 있는 능력이 커졌기 때문입니다.

A가 자신의 열등함을 이렇게 사랑할 수 있게 되었다면, 자신의 우월함에 대해서는 어떻게 사랑해야 하는 것일까요? 큰 키, 늘씬한 몸매, 부지런한 성품, 착함, 높은 지능, 좋은 집안배경, 부유함, 유식함 등과 같은 자신의 우월함에 대해서는 어떻게 대하는 것이 A가 자신을 사랑하는 것일까요? 그것은 영원의 빛에 이런 자신의 우월함을 비춰봄으로써 자신의 우월함에 우쭐거리는 자신을 비웃어주는 것이 자신을 사랑하는 방법입니다. 왜냐하면 영원의 빛에 비춰보면 이런 자신의 우월함이란 아무 것도 아니며, A 자신은 이

런 하찮은 우월함을 훨씬 넘어서있는 존재이기 때문입니다.

예를 들어서, A가 자신의 외모에 대해 커다란 우월감을 갖고 있다고 가정해보도록 하겠습니다. A가 갖고 있는 우월감을 영원과 무한의 눈으로 바라본다면 그것은 무엇일까요? 한 마디로 가소로운 것입니다. 한 마디로 도토리 키 재기와 같은 것이지요.

은하계에는 태양과 같은 항성이 2천에서 3천 억 개가 존재하고 있고, 대우주에는 은하계와 같은 소우주가 2천 억 개 정도 존재할 것으로, 천체물리학자들은 추산하고 있습니다. 이런 대우주 속에서 지구란 행성의 위치는 무엇일까요? 대우주를 지구의 크기로 가정했을 때, 지구는 그 속에 먼지 하나도 아닌 하찮은 것입니다. 대우주 속의 지구란 한 마디로 무(無)라고 밖에 말할 수 없습니다. 그렇다면 대우주 속에서 지구라는 행성에 살고 있는 사람의 하나인 A의 위치는 무엇일까요? 무(無)입니다. 영원의 눈을 통해본 A의 빼어난 외모도 마찬가지입니다.

물리학의 빅뱅 이론에 따르면 수백 억 년을 주기로 대우주는 팽창과 수축을 거듭한다고 합니다. 이 억 겁의 시간 속에서 50억 년이란 지구의 나이는 무엇인가? 그것은 찰나에 지나지 않으며, 한 마디로 무(無)입니다. 그렇다면 영원의 시간 속에서 지구인의 하나인 A의 일생이란 무엇일까요? 무(無)입니다.

이런 아무 것도 아닌 존재인 A가 자신의 빼어난 외모에 대해 우쭐거리는 마음을 갖고 있다면, 그것은 정말 가소로운 일입니다. 이렇게 해서, A는 자신의 우쭐되는 마음을 향해 호탕한 웃음을 보낼 수 있게 됩니다. 그 순간 A는 우월함의 노예상태로부터 해방됩니다. 이것이 자신의 우월함에 대한 사랑의 방식입니다.

'분리된 자아'를 '나'라고 생각했던 현대인은 열등감이나 우월감의 감옥으로부터 해방될 수 없었습니다. 이것이 '분리된 자아'의 감옥입니다. 현대인은 바로 그 '열등한 나' 또는 '우월한 나'가 바로 '나'라고 생각하면서, '분리된 자아'의 감옥 속에서 끊임없이 '열등한 나'를 '우월한 나'로 끌어

올리는 일에 삶을 허비했습니다.

반면에 통일체적 인간관의 관점을 갖고 있는 새로운 유토피아인은 '열등감에 사로잡혀 있는' 또는 '우월감에 사로잡혀 있는' 불쌍한 자기 자신을 사랑합니다. 자신의 열등감과 우월감에 따뜻한 미소를 보냅니다. 그래서 그들은 무아(無我)를 체득하며, '분리된 자아'의 감옥을 벗어나 대자유의 삶을 살아갑니다. 이것이 새로운 유토피아사회에서 말하는 '나에 대한 사랑'의 의미입니다.

1.1.2. 너를 사랑함의 의미

'너에 대한 사랑'은 '나에 대한 사랑'과 원리적으로 똑같습니다. '너를 사랑함'은 '나를 사랑함'과 그 대상만 바뀌었을 뿐, 위에서 설명한 '나를 사랑함'의 방식과 완전히 같은 것입니다. 사랑이란 태양이 만물을 빠짐없이 비추고, 비가 모든 대지를 적시며, 바람이 온갖 초목에 불어옴과 같은 것입니다. 나만을 사랑하고 너를 사랑하지 않는 사랑은 없습니다. 그러므로 '나를 사랑하는 힘'이 커지게 되면, 자연히 '너를 사랑하는 힘'도 자라게 됩니다.

'너를 사랑하기'는 '너에 대한 깊은 관심 기울이기'에서부터 시작합니다. 현대인은 자기 자신에 대해서와 마찬가지로 상대편에 대해 무관심한 경우가 많았습니다. 그들은 자기(분리된 자아) 중심적인 성향이 너무 강해서, 자신과 가장 가까운 부모, 자녀, 형제, 배우자, 연인, 친구 등에 대해서조차 무관심한 경우가 많았습니다. 그래서 자신과 가까운 사람들의 마음상태가 어떤지, 그들에게 무슨 걱정이 있는지, 그들이 어떤 것에 관심이 있고, 무엇을 좋아하고 무엇을 싫어하는지 알지 못하는 경우가 많았습니다. 현대인은 외물에 마음을 빼앗겨서 그저 돈이나 인기, 성공 등을 쫓는 불나비와 같은 삶을 살아가는 사람들이 많았습니다. 이렇게 해서는 행복한 사람이 될 수 없었으며, 더군다나 자신과 가까운 사람들을 행복하게 하는 존재가 될 수는 없었습니다.

그러므로 '너에 대한 사랑'의 출발은 상대편에 대해 진정한 관심을 기울이는 것에서부터 시작합니다. 상대편에 대해 진정한 관심을 기울이면, 상대편에 대한 진정한 이해가 생겨납니다. 예를 들어서, 어떤 사람 A에게 사악한 동료 B가 있다고 가정해보도록 하지요. A가 그 동료 B에 대한 관심이 깊어질수록, 그 동료 B 역시 사악하고 싶어서 사악한 것이 아니고, 어쩔 수 없는 힘에 이끌려 사악하며, 사악함으로 인해 그 자신도 고통 받고 있음을 알게 됩니다. 그리고 관심이 깊어질수록, B의 사악함은 B가 입은 상처임을 알게 됩니다.

그에게 무관심했던 시절, A는 B가 갖고 있는 사악함의 피해자가 되었을 때마다 B의 사악함을 증오했을 것입니다. 그리고 A 또한 B를 사악하게 대함으로써 보복하고자 했을 것입니다. 하지만 사악함이 B의 상처이며, B가 어쩔 수 없이 사악하다는 것을 알게 되고, B 역시 사악함으로 인해 고통 받고 있다는 사실을 알게 되면서부터, A의 B에 대한 마음에 변화가 생기기 시작합니다.

또 그가 절실히 필요로 하는 것은 증오나 보복이 아님을 알게 되면서, A의 마음에는 증오 대신에 측은함이 생겨납니다. B가 A에게 사악하게 대할 때마다, A의 귀에 들리는 소리는 '나는 아파요.' 라고 하는 그의 절규입니다. 이렇게 해서, A는 B의 사악함을 사랑하는 능력이 커지게 됩니다.

모든 종류의 '너의 열등함에 대한 사랑' 은 위에서 설명한 '너의 사악함에 대한 사랑' 과 같습니다. 너의 추한 외모, 치사함, 고집스러움, 낮은 지능, 나쁜 집안배경, 무식함, 가난함 등과 같은 너의 열등함을 바라보는 A의 눈길은 이제 따뜻해졌습니다. 열등함으로 인해 겪는 그의 아픔이 A에게도 아프게 느껴집니다. 그래서 A도 그도 그가 갖고 있는 열등함으로부터 해방됩니다. 네가 너의 열등함을 간직한 그대로 우리는 사랑을 나눌 수 있게 됩니다.

'너의 우월함에 대한 사랑' 은 '나의 우월함에 대한 사랑' 과 같은 방식으로 이루어집니다. 우월함에 기반을 둔 너의 오만함을 어떻게 대해야 할까요? 이것이야말로 우리의 사랑이 통과해야할 마지막 관문입니다. 자신의 잘난 외모에서, 좋은 집안배경에서, 유식함에서, 부유함에서 비롯되는 상대편의 오만함은 사랑의 화살이 관통하기 어려운 견고한 갑옷입니다. 동시에 그런 오만의 갑옷을 입고 있는 사람에게 사랑의 화살을 쏘는 것 역시 정말 어려운 일입니다.

누가 어떤 사람 B의 오만함을 사랑할 수 있겠습니까? 그것은 자신의 열등감과 우월감에서 완전히 해방된, 무아(無我)를 자각한, 그래서 진정으로 자신을 사랑하는 사람만이 오만한 B를 사랑할 수 있습니다. B의 오만함을 사랑하는 방법은 무엇일까요? B의 오만함을 '비웃어주기' 그리고 '측은하게 여겨주기' 입니다.

오만한 B가 생각하는 자신의 위대함의 소재가 사실은 텅 비어 있음[空]을 보고, 그의 오만함을 존중하지 않으며 비웃어주는 것이야말로 그를 사랑하는 것입니다. 성공하기 쉽지 않은 작업이기는 하지만, 이것은 B가 입고 있는 견고한 갑옷을 한 꺼풀씩 벗겨서 그를 벌거숭이로 만드는 작업입니다. 자신을 진정으로 사랑하는 사람만이 이 작업을 수행할 수 있습니다.

'오만한 B를 사랑하기' 의 또 다른 작업은 무거운 갑옷 속에서 고통 받고 있는 그를 '측은하게 여겨주기' 입니다. 오만한 B는 열등감의 감옥을 살아가는 사람보다 더 불쌍한 사람입니다. 왜냐하면 그는 사랑의 존재로의 재탄생에 더 불리한 조건을 갖고 있기 때문입니다.

예수는 "부자가 천국에 가는 것은 낙타가 바늘구멍을 통과하는 것보다 어렵다."고 말했습니다. 오만한 사람은 멋진 외모의 부자, '나다.' 라고 하는 생각의 부자, 좋은 성격의 부자, 좋은 집안배경의 부자, 학식의 부자, 돈과 권력의 부자입니다. '분리된 자아' 차원에서의 축복은 '우주적인 나' 의 차원에서 보면 저주입니다. 그러므로 사랑의 눈으로 보면, 오만한 B는 가장 불쌍한 사람입니다.

그래서 사랑의 힘이 커진 사람은 오만한 B를 측은한 눈으로 바라보며, 동시에 그를 측은한 눈으로 바라보는 연습을 통해 사랑의 힘은 더욱 커지게 됩니다. 사랑의 힘으로 충만한 사람의 이런 따뜻한 시선만이 오만한 B를 오만의 감옥으로부터 해방시킬 수 있습니다. 사랑의 힘만이 진정한 힘이며,

위대한 힘인 것입니다.

1.1.3. 사랑의 즐거움 누리기의 의미

위에서 설명한 과정을 통해서 사랑의 능력이 커지게 되며, 새로운 유토피아인은 사랑의 능력이 커진 사람들입니다. 그들에게 있어서 삶이란 사랑의 즐거움을 누리는 것입니다. '분리된 자아'의 감옥을 살았던 현대인에게 사랑이란 불가능한 것이었습니다. 그래서 T. S. 엘리엇(Thomas Stearns Eliot, 1888~1965)은 『황무지』에서 현대사회를 사랑이 메말라버린 사회라고 말했습니다. 이에 반해서, 참된 자기인 태양의 삶을 살아가는 새로운 유토피아인에게 있어서 사랑은 숨쉬기와 같이 자연스럽고 쉬운 것입니다.

사랑의 연습을 통해 사랑의 능력이 부쩍 커진 새로운 유토피아인은 어떤 두꺼운 에고의 갑옷도 뚫을 수 있는 강한 화살이 됩니다. 새로운 유토피아인의 사랑의 눈은 어디에서나 무엇에서나 참된 자기의 태양을 찾아내고 만납니다. 그래서 그는 늘 행복하고, 또 그의 존재로 인해서 세상은 더욱 아름다워집니다. 태양이 빛나기를 멈출 수 없듯이, 그의 사랑도 멈추지 않습니다.

새로운 유토피아인은 선선한 가을날 양지 밭에 앉아서 따스한 햇볕을 즐깁니다. 그는 어느 봄날 밤 아내와 손잡고 걸으며 아카시아향기를 즐깁니다. 그는 겨울밤 뜨뜻한 구들에 등지지기를 즐깁니다. 그는 더운 여름날 산책에서 돌아와 팥빙수 먹는 것을 즐깁니다. 그는 매일 아침 양치질을 즐깁니다.

그는 침대에 오래 누워 게으름을 즐깁니다. 그는 가만히 앉아 숨쉬기를 즐깁니다. 그는 푹신한 소파에 누워 낮잠을 즐깁니다. 그는 발바닥의 굳은살을 긁어내며 족욕을 즐깁니다. 그는 식구들이 먹고 남겨둔 그릇 씻는 것을 즐깁니다. 그는 텃밭에 나가 물주는 것을 즐깁니다. 그는 낮과 밤이 교차하는 시간 창밖 풍경을 즐깁니다.

그는 친구와 마주앉아 한가로이 차 마시기를 즐깁니다. 그는 손자가 좋아하는 사탕을 주머니 속에 감춰 두었다가 갑자기 그것을 꺼내주는 것을 즐깁니다. 그는 아내와 함께 매일 부르는 노래를 오늘도 부르는 것을 즐깁니다. 그는 아들과 둘이서 언덕에 올라 연날리기를 즐기며, 아버지의 등 긁어드리기를 즐깁니다.

이처럼 그의 사랑은 멈추지 않으며, 마르지 않는 샘에서 물이 솟아나듯이 그의 행복도 계속됩니다. 이렇게 사랑은 새로운 유토피아인의 손바닥 안에서 우주를 변화시켜 나갑니다.

1.2. 사랑의 관계

새로운 유토피아에서 사람들은 사랑으로 결합합니다. 현대사회에서 팽배했던 경쟁과 갈등, 지배와 복종의 관계는 사라져 버렸습니다. 거래와 계약관계도 자취를 감추었습니다. 가족마을에는 그들의 존재 자체가 사랑이 된 깨달음이 깊은 어른들이 많이 있으며, 그들은 자신의 삶을 통해 가족마을 사람들에게 사랑을 가르칩니다. 새로운 유토피아에서는 개인과 개인 간의 관계뿐만 아니라 집단과 집단 역시 사랑으로 관계를 맺습니다.

새로운 유토피아인은 자신과 세계를 사랑의 눈으로 바라봅니다. 마음에 들지 않는 '나'나 싫은 '너'를 만났을 때도, 그들은 자신과 상대편을 깊이 들여다봅니다. 그는 그런 '나'나 '너'가 사실은 우리들이 안고 살아가는 상처임을 알게 됩니다. 그래서 그는 분노하지 않으며, 상대편에 대한 적의를 품지 않습니다. 오히려 그는 그런 '나'나 '너'를 따뜻하게 품어줍니다.

새로운 유토피아인은 자신과 상대편을 비난하지 않습니다. 그의 시선은 늘 따뜻합니다. 그는 비난이 고통과 파괴만을 낳을 뿐이라는 사실을 잘 이해하고 있습니다. 자신 안에서나 상대편에게서 악을 발견했을 때, 그는 악을 비난하지 않으며, 마음 아파합니다. 그는 그 악이 '나'나 '너'의 진정한 얼굴이 아님을 알고 있습니다.

새로운 유토피아인은 사랑하는 사람을 자유롭게 합니다. 사디스트는 상대편에게 고통을 주며 쾌락을 느낍니다. 매조키스트는 상대편에게서 고통을 받으며 쾌락을 느낍니다. 이들 모두는 무력감에 시달리는 고통 받는 사람들입니다. 이들이 얻는 쾌락의 본질은 지배나 피지배를 통한 자아의 확장입니다. 이것은 사랑이 아닙니다. 하지만 현대인이 말하던 사랑에는 이런 것들이 많았습니다. 이것은 주체성의 소멸을 가져옵니다. 이와 반대로, 새로운 유토피아인은 사랑하는 사람을 자유롭게 하며, 각자가 자신의 존재로 살아갈 수 있도록 도와줍니다.

1.2.1. 부부간의 사랑

새로운 유토피아에서도 남녀 간에 느끼는 정열은 결혼에 이르는 출발점이 됩니다. 결혼을 하고나서 세월이 흐르면, 처음 만났을 때 느꼈던 강렬한 정열은 차츰 희미해집니다. 하지만 이것은 새로운 유토피아인에게 사랑의 끝이 아니라 진정한 사랑의 시작입니다. 정열이 퇴색해가는 그 자리에 새로운 유토피아인은 세월이 갈수록 더 깊어가는 사랑을 건설합니다.

새로운 유토피아에서 부부는 각자 자유롭습니다. 그들은 서로를 구속하려 하거나 소유하려 하지 않습니다. 소유와 사랑에 대해 틱낫한 스님은 다음과 같이 말씀하셨습니다.

> 여름날 부는 한 줄기 바람은 참으로 상쾌합니다. 그러나 그것을 깡통 속에 넣어 영원히 자신만의 것으로 간직하려 든다면 바람은 죽어버립니다. 우리가 사랑하는 존재 또한 마찬가지입니다. 그는 구름과 같고 한 줄기 시원한 바람과 같으며 꽃과 같습니다. 그런 그를 깡통 속에 집어넣어 가두려 든다면 죽고 마는 것입니다.[31)]

새로운 유토피아인은 이런 진리를 잘 알고 있습니다. 그래서 그들은 상대편을 자유롭게 합니다.

---

31) N. H. Thich, 박혜수 옮김, 『틱낫한의 사랑의 가르침』(열림원, 2003), p. 22.

새로운 유토피아의 부부는 서로의 개성을 존중합니다. 상대편이 갖고 있는 자신과 다른 성격이나 기호, 취미 등을 깊이 이해하고 배려합니다. 그들은 결코 자신의 개성을 상대편에게 강요하지 않습니다. 그리고 가능하면 상대편이 좋아하는 것을 자신도 좋아하려고 노력합니다.

새로운 유토피아의 부부는 서로 깊은 믿음을 갖고 있습니다. 어떤 상황에서도 이들의 믿음은 흔들리지 않습니다. 새로운 유토피아의 부부는 서로를 깊이 존경합니다. 부부 간의 존경과 믿음은 세월과 더불어 성장하며, 사랑도 깊어갑니다. 새로운 유토피아의 부부는 오랜 시간을 함께 하며, 함께함을 즐깁니다. 새로운 유토피아에서 부부는 도반(道伴)이기도 합니다. 부부생활은 사랑의 도량(道場)이며, 새로운 유토피아인이 누리는 사랑의 즐거움의 주요 원천입니다.

1.2.2. 부모와 자녀 간의 사랑

새로운 유토피아사회에서 부모와 자녀는 사랑으로 결합합니다. 부모는 자녀의 개성을 존중하며, 자유와 자율을 침해하지 않습니다. 부모는 자녀를 독자적인 존재로 대합니다. 부모는 진정한 사랑의 눈으로 자녀들을 바라보며, 그들의 성장을 도와줍니다. 자녀들이 실수를 했거나 잘못을 범했을 때도 부모는 그들을 비난하지 않습니다.

새로운 유토피아의 부모는 자녀에게 깊은 관심을 기울입니다. 그러나 부모는 자녀들을 간섭하거나 통제하려 하지 않습니다. 부모는 결코 자녀들을 자신의 소유라고 생각하지 않고, 자녀들을 통해 자신의 꿈을 실현하려 하지 않습니다. 부모는 자녀들에게 자기 스스로 존재할 수 있는 공간을 제공합니다.[32] 그래서 외관상으로 보면, 새로운 유토피아의 부모는 자녀에게 무관심한 듯 보입니다. 하지만 깊이 들여다보면, 그런 외관의 이면에는 깊은 관심

32) E. Tolle, 류시화 옮김, 『NOW – 행성의 미래를 생각하는 사람들에게』(조화로운 삶, 2008b), pp. 122~123 참조.

이 있습니다.

새로운 유토피아의 자녀들은 부모의 사랑과 도움을 받으면서, 자신 역시 부모와 같이 사랑의 능력을 키워나갑니다. 이런 과정에서, 자녀들은 자연스럽게 부모에 대한 감사와 존경의 마음을 갖습니다. 부모에 대한 감사와 존경의 마음은 자신이 성년이 되고난 후에도 계속해서 커갑니다. 부모와 자녀는 많은 대화를 나누며, 함께 산책을 즐깁니다. 부모는 자녀의 상담자이기도 합니다. 부모와 자녀 간의 화목한 관계는 이들이 누리는 행복의 주요 원천입니다.

새로운 유토피아에서 부모와 자녀 관계는 스승과 제자의 관계를 띠고 있습니다. 부모나 조부모들은 아이들의 삶의 스승입니다. 그들은 아이들이 본으로 삼고 따를 수 있도록 살아갑니다. 어른들은 아이들에게 자신과 상대편, 그리고 이 세상 모든 존재를 깊이 존중하고 사랑하는 능력 계발을 도와줍니다. 그들은 모두의 마음속에 아름다운 사람이 살고 있으며, 그 아름다운 사람이 깨어났을 때, 진정으로 행복하고 아름다운 삶을 살아갈 수 있음을 보여줍니다.

새로운 유토피아사회에서 조부모와 아이들의 관계는 밀접하며, 가장 창조적인 관계입니다. 성격적으로는 부모가 하는 역할과 똑같은 역할을 조부모나 집안 어른들이 담당합니다. 조부모는 부모들보다 사랑의 능력이 더 성숙해 있어 아이들에게 깊은 사랑을 베풀 수 있습니다. 집안 내에서 노인과 아이들은 함께 생활하며, 아이들은 조부모님을 무척 따릅니다. 아이들은 조부모님의 팔다리를 주물러 드리고, 조부모님은 손자들에게 옛날이야기를 들려주십니다.

1.2.3. 선생님과 학생 간의 사랑

새로운 유토피아사회에서 선생님과 학생은 사랑으로 결합합니다. 스승이 제자에게 전수하고자 하는 핵심은 사랑의 능력입니다. 그러므로 새로운 유토피아에서는 사랑의 능력이 큰 사람만이 스승이 될 수 있습니다. 대부분의 경우 아이들의 스승은 그 마을에서 존경받는 노인들입니다. 특히, 아이들의 할아버지나 할머니가 선생님이 되는 경우가 많지요.

스승은 제자를 사랑의 눈으로 바라봅니다. 스승은 제자에게 큰 가르침을 베풉니다. 하지만 제자의 자유와 자율, 개성을 억압하지 않으며, 존중합니다. 제자들은 스승에게 감사하며 스승을 깊이 존경합니다. 하지만 스승은 제자들에게 권위를 내세우지 않습니다. 그들의 관계에는 유머가 풍부하게 스며들어 있습니다. 특히 선생님들은 많은 우스개 얘기를 합니다. 그들은 많이 웃고 즐겁게 공부하지요. 그들은 오랜 시간을 함께하며, 서로를 깊이 신뢰하고, 사랑의 즐거움을 누립니다.

1.2.4. 이웃 간의 사랑

새로운 유토피아에서 이웃관계는 친밀하며, 깊은 유대감이 있습니다. 이들은 오랜 세월을 함께 살아왔기 때문에 가족과 다름없습니다. 아이들은 한데 몰려다니면서 놀고, 밥도 아무 집에서나 먹습니다. 그들은 소중한 어린 시절의 추억을 함께 하며 성장합니다.

김장이나 집수리와 같은 큰 일이 있으면, 이웃이 함께 합니다. 결혼이나 장례, 출산과 같은 일이 있을 때에도, 이웃은 서로 돕습니다. 이들은 함께 소풍을 가기도 하고, 모여서 노래하며 춤도 춥니다. 텃밭에서 작물을 거두어들이면, 이웃과 나누어 먹기를 잊지 않습니다. 이웃에 근심이 있을 때는 상담원이 되어 주기도 하고, 도움이 필요할 때면 기꺼이 도와줍니다. 또 이들은 햇볕이 잘 드는 곳에 앉아 많은 대화를 나눕니다. 슬픈 일, 기쁜 일, 고통과 환희를 함께 합니다.

이들은 이렇게 친밀하게 지내고 밀접하게 교류합니다. 하지만, 동시에 이들은 이웃의 개성과 자율성을 깊이 존중합니다. 가족마다 취미도 다르고, 즐기는 음악도 다르며, 좋아하는 음식도 다르고, 텃밭에 키우는 작물도 다릅니다. 하지만, 이들은 자신의 즐거움을 누릴 뿐 다른 가족을 간섭하지 않습니다.

예를 들어, 내성적인 성격을 가진 이웃사람이 있다고 가정해보도록 하지요. 그는 이웃사람들을 좋아하지만 한데 어울리는 것을 싫어하여, 혼자서 조용히 지내기를 원합니다. 이럴 경우, 그 사람이 마을행사 등에 참여하지 않더라도 아무도 그를 비난하지 않습니다. 모든 이웃이 그의 내성적인 성격을 존중해 줍니다. 그리고 이들은 또한 내성적인 성격을 가진 이웃에 대해 깊은 존경심을 갖고 있습니다. 그래서 자주 만나지 않더라도, 세월이 갈수록 이들의 관계는 더욱 튼튼해집니다.

1.2.5. 동호인 간의 사랑

동호인 활동은 많은 새로운 유토피아인에게 삶의 소중한 부분입니다. 새로운 유토피아에는 온라인이나 오프라인을 통해서 취미활동을 함께 하는 수많은 모임이 있습니다. 동호인 모임 회원은 마을내의 몇 사람에서부터 전 세계에 걸쳐서 수백, 수천 만 명에 이르기도 합니다. 많은 경우, 동호인 모임은 마을에서 전 세계에 이르기까지 유기적으로 연결되어 있습니다.

새로운 유토피아의 동호인 활동내용은 실로 다양합니다. 예를 들자면, 화석 연구회, 중국고전 연구회, 세계의 민요감상 모임, 도자기 만들기 모임, 이집트 상형 문자 연구회, 민속춤 동아리, 합창 동아리, 마을역사 연구회, 야생화 연구회, 연 날리기 동호회, 별자리 보기 동호회, 요리 만들기 동호회, 서예 동호회, 퉁소 동호회, 자전거 여행 동호회, 해양식물 연구회, 개구리 연구회, 바둑 동호회, 요가 동호회, 뜨개질 동호회 등 그 종류를 열거할 수 없습니다. 각각의 동아리는 모든 연령층과 성별의 사람들이 함께 활동합니다.

마을 내의 동호인들은 자주 모여서 서로 의견을 교환하고, 다양한 활동을 함께 합니다. 마을 밖의 사람들과는 주로 온라인을 통해서 소통합니다. 온라인으로건 오프라인에서건 이들의 대화에는 유머가 빠지지 않습니다. 이들은 활동을 함께 하면서 깊은 유대감을 형성합니다. 그리고 각자의 활동을 통해서 자기들의 방식으로 삶과 세상을 사랑하는 능력을 키우며, 사랑의 즐거움을 누립니다.

1.2.6. 집단 간의 사랑

새로운 유토피아에서 가족마을 간, 민족 간, 종교 간, 문화 간, 인종 간 등 모든 집단은 서로 사랑과 우정으로 맺어져 있습니다. 집단 간에는 평화가 상존합니다. 새로운 유토피아의 모든 집단이 추구하는 목표는 사랑이 넘치는 사회 만들기입니다. 그러므로 새로운 유토피아에서는 어떤 집단도 상대편 집단을 이용하거나 착취하려고 하지 않습니다. 또한 다른 집단 위에 군림하려는 집단도 없습니다.

과거의 사회에는 지역 간 또는 민족이나 인종 간 뿌리 깊은 반목이 있었습니다. 이스라엘인과 팔레스타인인 간의 반목은 전형적인 경우였지요. 그들은 서로에 대해 심한 편견을 갖고 있었고, 깊이 불신했습니다. 하지만 새로운 유토피아에서는 과거에 오랜 동안 반목했던 그들 간에 진정한 평화와 사랑이 뿌리를 내렸습니다.

새로운 유토피아인은 상대편 집단을 진정한 관심을 기울이며, 깊이 이해합니다. 그러므로 이들은 자신이 속한 집단과 다른 특징을 갖고 있는 집단을 존중합니다. 이들은 상대편 집단에 대해 깊은 존경심을 갖고 있습니다. 그래서 이질적인 집단 간에 평화로운 공존과 조화로운 번영을 이룹니다.

이들 집단 간에는 많은 교류와 진정한 소통이 있습니다. 그러므로 새로운 유토피아에는 집단 간 폭력이나 강제, 구속이 없습니다. 새로운 유토피아의 모든 집단들은 자유로운 가운데 자신의 개성을 실현하고, 서로 깊은 우애를 나눕니다.

2 평화로운 사회

새로운 유토피아는 항구적인 평화가 존재하는 사회입니다. 현대사회에서도 사람들은 평화를 추구했습니다. 하지만 그들의 마음속은 온갖 갈구로 가득 차 있어서 평화롭지 않았습니다. 그래서 현대사회는 평화롭지 않았습니다. 온갖 형태의 분쟁과 갈등이 끊이지 않았습니다.

새로운 유토피아 이전의 모든 사회에서 평화는 늘 불안정하며 불완전한 것이었습니다. 그것은 억제할 수 없는 욕망 주체들 간에 맺어진 일종의 휴전상태와 같은 것이었습니다. 과거의 불완전한 평화는 어쩔 수 없는 일이었습니다. 왜냐하면 영속적으로 평화로운 사회는 오직 마음이 평화로운 사람들에 의해서만 건설될 수 있기 때문입니다.

새로운 유토피아인의 마음은 평화로우며, 그러므로 새로운 유토피아사회는 평화롭습니다. 물론 새로운 유토피아인의 마음속에도 욕망, 분노, 고통, 불안, 초조가 깃들 때가 있습니다. 그러나 새로운 유토피아인은 이런 욕망이나 감정, 느낌의 노예가 되지 않습니다. 그들은 이런 종류의 욕망이나 감정, 느낌이 올라올 때, 이를 거부하거나 억압하지 않으며 따뜻하게 맞이하고 품어줍니다. 그래서 그들은 자신의 욕망, 분노, 고통, 불안, 초조의 한 가운데 있을 때라도 평화로운 마음을 잃지 않습니다. 그래서 새로운 유토피아인의 평화로움은 어떤 것에 의해서도 무너지지 않는 반석과 같은 것입니다.

새로운 유토피아인의 마음은 한가롭습니다. 왜냐하면 그들의 마음은 욕망에 부대끼지 않기 때문입니다. 현대사회에서 사람들은 나쁜 습관에 중독됨으로써 자신의 소중한 삶을 낭비했습니다. 현대인은 텔레비전 시청, 휴대전화 하기, 컴퓨터 게임 하기, 외모 가꾸기, 명품 소비 등 수많은 방법으로 시간을 헛되이 보냈습니다. 그래서 이런 것들에 속박 받는 현대인의 마음은 언제나 분주했습니다. 한가로움이나 여유는 찾아보기 힘들었습니다.

이에 반해서, 새로운 유토피아인은 현대인이 빠져 있었던 수많은 습관적인 중독으로부터 해방되었습니다. 그들은 이제 자신의 삶의 주인이 되었습니다. 그래서 시간이 많아지고, 삶에 여유가 생겼습니다. 그들은 자기 자신과 자신을 둘러싸고 있는 모든 것에 진정한 관심을 기울일 수 있으며, 경이로움을 느낄 수 있습니다. 그들은 일상의 모든 것과 깊이 접촉하고 매순간을 자각 속에 살아갑니다.

새로운 유토피아인의 마음에는 '여기'이 아닌 '저기'에 대한 갈구가 멈추었으며, '지금' 아닌 과거와 미래에 대한 생각도 사라졌습니다. 그래서 마음은 늘 평화롭습니다. 평화로운 그의 존재로 인해서 그의 아내, 자녀, 친구, 이웃 등 그 가까이에 있는 사람들이 혜택을 입습니다. 그들의 마음은 그로 인해서 평화로워지며, 그들이 사는 세상도 더욱 평화로운 사회가 됩니다.

새로운 유토피아인은 가만히 멈추어서 담 아래 피어있는 앙증스런 작은 꽃을 바라볼 수 있습니다. 그들은 뜨뜻한 구들에 등을 지지면서 쓸데없는 얘기를 하면서 노닥거릴 수 있습니다. 그들은 오랜 세월 함께 살아온 아내의 아름다움을 깊이 바라볼 수 있습니다. 그들은 느린 걸음으로 한가롭게 아름다운 가을 길을 산책할 수 있습니다. 그들은 온 마음을 다해 조용히 문을 열고 닫을 수 있습니다. 그들은 4월 새롭게 돋아난 작은 잎이 들려주는 봄노래를 들을 수 있습니다. 그들은 숲이 우리 몸 밖에 있는 허파임을 알며, 해가 나의 심장임을 압니다.[33]

3 평등한 사회

새로운 유토피아는 평등한 사회입니다. 현대사회 역시 평등을 추구했었습니다. 하지만 그들은 평등한 사회에 도달할 수 없었습니다. 더군다나 현대사회가 추구했던 평등 그 자체가 불구적인 것이었습니다. 현대사회가 추구했던 평등은 대립물 간의 모든 차이를 부정하는 획일화로서의 평등이었습니다.

예컨대, 과거 사회주의 국가들이 추구한 평등이 바로 이런 것이었습니다. 그 결과는 파괴적인 것이었습니다. 마오쩌뚱이 주도한 '문화혁명'은 광란에 가득 찬 획일화로서의 평등 추구였습니다. 이는 중국사회에 많은 고통과 깊은 상처를 남겼습니다.

이에 반해서, 새로운 유토피아 사회의 평등은 '절대 평등'입니다. 새로운 유토피아에서는 이 세상 모든 존재 간에 일체의 차별이 존재하지 않습니다.

---

33) N. H. Thich, *Being Peace*, Berkeley, California, Parallax Press, 1987, p. 68 참조.

새로운 유토피아인이 바라보는 이 세상 모든 존재는 그것이 비록 돌멩이나 지푸라기와 같은 미물이라고 하더라도 영원한 시간과 무한한 공간이 맞닿아 있는 위대한 존재입니다. 하물며, 인간과 인간이 만들어낸 문화나 사회는 말할 나위도 없습니다. '모든 존재는 위대하다'는 점에서, 이 세상 모든 존재는 절대적으로 평등하다고, 새로운 유토피아인은 인식합니다. 그러므로 새로운 유토피아인은 깊은 존경심을 갖고서 나 자신과 세계를 대합니다.

현대사회에서 추구되었던 평등이란 돈이나 권력, 지위 등과 같은 희소자원의 배분에 있어서의 평등을 의미했었습니다. 하지만 새로운 유토피아사회에서 현대적인 평등은 목적이 아니라 진정한 평등을 이루는 기초로서의 의미를 가질 따름입니다.

새로운 유토피아사회에서 돈이나 권력과 같은 희소자원의 배분은 현대의 어떤 사회와 비교하더라도 더욱 평등합니다. 경제적인 측면에서 보면, 새로운 유토피아사회에서는 절대 빈곤이 사라졌으며, 부자와 빈자 간의 소득 격차도 현저히 줄어들었습니다. 집단 간에도 경제적으로 상당히 평등합니다. 그리고 권력의 배분이란 측면에서 보더라도, 새로운 유토피아에서의 개인관계나 집단 관계는 완전히 평등합니다.

하지만 현대적인 평등은 명백한 한계를 갖고 있습니다. 예컨대, 외모에 있어서 평등한 사회가 있겠습니까? 성격이나 취미에 있어서 평등한 사회가 있겠습니까? 건강의 정도에 있어서 평등한 사회가 있겠습니까? 연령에 있어서 평등한 사회가 있겠습니까?

현대가 추구했던 평등한 사회는 도달할 수 없는 사회입니다. 이와 동시에, 현대적인 의미에서 평등을 추구하다보면, 서로의 차이를 존중하지 않는 획일적인 사회에 이르게 되고, 이는 서로에 대한 폭력을 낳습니다. 다시 말하면, 현대가 추구했던 평등한 사회는 도달할 수 없는 사회임과 동시에 도달하는 것이 바람직하지도 않은 사회입니다.

새로운 유토피아에서의 평등이란 현대에서 추구되었던 희소자원 배분에 있어서의 평등이 아닙니다. 그것은 절대 평등입니다. 새로운 유토피아인이 갖고 있는 절대 평등관의 관점에서 보면, 추한 외모와 아름다운 외모는 지금 있는 그대로 절대적으로 평등합니다. 부자와 가난한 자도 마찬가지입니다. 모든 존재하는 것은 측정할 수 없는 무한한 가치를 갖고 있어 절대적으로 평등합니다. 장자(莊子)가 말한 '제물(齊物)의 세계'가 구현된 곳이 바로 새로운 유토피아사회입니다. 새로운 유토피아사회는 사람들 간 · 집단들 간 · 문화들 간 · 인간과 자연 간에 존재하는 차이를 그대로 가진 채로 절대적으로 평등한 사회입니다.

4 자유로운 사회

새로운 유토피아사회는 '분리된 자아의 감옥'으로부터 해방된 자유인들의 세상입니다. 현대사회에서 추구되었던 자유는 외적인 속박으로부터의 자유였습니다. 현대사회는 자유를 위한 투쟁을 벌였고, 많은 것을 쟁취했습니다. 이것은 소중한 인류의 성취였습니다.

새로운 유토피아사회에서도 현대사회가 쟁취한 자유는 보존되며 확장됩니다. 하지만, 현대가 추구했던 자유는 더 이상 새로운 유토피아사회에서 추구의 대상이 되는 궁극적인 자유가 아닙니다. 현대인은 독재자와의 투쟁을 통해서 자유를 쟁취하려 했지만, 새로운 유토피아인은 자각을 통해 자유에 도달하고자 합니다.

새로운 유토피아인이 추구하는 자유는 '무아(無我)'의 자각에서 비롯되는 대자유입니다. '무아'란 무엇일까요? '무아'란 '분리된 실체로서의 자아'라는 것이 실재로서 존재하지 않음을 자각하는 것을 말합니다. 통일체적 세계관의 관점에서 보면, 이 세상 어떤 존재도 '분리된 자아'로 존재하지 않습니다. 그래서 불교에서는 '모든 존재는 공(空)하다.[色卽是空]'라고 했습니다.

'무아'를 자각하게 되면, '나다.', '내가 했다.' 등과 같은 '분리된 자아'에 대한 집착이 떨어져 나가게 됩니다. 또한 '분리된 자아'를 높이고 완전하게 하려는 모든 시도가 멈추어지게 됩니다. 그러므로 새로운 유토피아에서의 자유란 우월감이나 열등감과 같은 '분리된 자아'의 감옥으로부터의 해방을 의미합니다. 장자(莊子)가 말하는 소요(逍遙)로서의 삶이 실현된 사회라는 의미에서 새로운 유토피아사회는 자유로운 사회입니다.

'분리된 자아의 감옥' 안에서 보면 정말 중요한 일들이 '분리된 자아의 감옥'을 벗어나서 보면 소중한 삶을 낭비하는 하찮은 일일뿐입니다. 시베리아 강제수용소 수감자인 이반 소데니비치에게 있어서 '한 그릇의 시래깃국, 빵 한 조각, 발에 맞는 신발, 다용도의 손칼, 기상 직전 잠자리에 잠시 더 머무는 것'은 정말 중요한 것들이었습니다. 하지만 감옥 바깥에 사는 자유인에게 있어서 이런 것들은 사소한 것일 따름입니다.

이와 마찬가지로, '분리된 자아의 감옥'에 갇혀 있는 수감자의 눈으로 보면, 돈, 권력, 지위, 인기, 외모, 쾌락, 건강과 같은 것은 정말 소중한 것들입니다. 하지만 감옥을 벗어난 자유인의 눈으로 보면, 이런 것들에 소중한 시간과 노력을 쏟아 붓는 일은 삶을 낭비하는 일일 따름입니다. 바로 이런 이유에서, 새로운 유토피아인은 돈이나 권력, 지위나 인기, 멋진 외모나 감각적인 쾌락, 건강에 대한 지나친 관심 등과 같이 자신을 얽매고 있는 욕망에 대한 집착으로부터 자유롭습니다.

현대인에게 있어서 삶의 초점은 미래에 도달하고자 하는 목표점에 있었습니다. 현재는 단지 미래의 목표점에 도달하기 위한 수단에 불과한 것이었습니다. 그러나 새로운 유토피아인은 '지금, 여기'에 깊이 존재하며, 매 순간을 살아갑니다. 그래서 새로운 유토피아인은 과거에 대한 회한이나 미련으로부터 자유로우며, 미래에 대한 기대나 불안으로부터도 자유롭습니다.

현대인의 삶의 목표는 '분리된 자아'로서의 자신을 우월한 존재로 만드는 것이었습니다. 그래서 현대인은 필연적으로 열등감으로 인해 고통 받았고, 우월감으로 인해 비인간화되었습니다. 하지만 새로운 유토피아인은 '분리된 자아의 감옥'으로부터 해방되었습니다. 그래서 그들은 자신을 얽매고 있던 열등감과 우월감으로부터 자유롭습니다.

현대인에게 있어서 삶의 칼자루는 상대편의 손에 쥐어져 있었습니다.[34] 현대인은 끊임없이 상대편의 눈치를 보며, 비위를 맞추고자 했습니다. 하지만 새로운 유토피아인은 삶의 칼자루를 자신의 손에 쥐고 있습니다. 새로운 유토피아인은 자기 내면에서 울려나오는 목소리에 따릅니다. 그래서 새로운 유토피아인은 다른 사람들의 칭찬이나 비난으로부터 자유롭습니다.

현대인은 다양한 형태의 습관에 중독된 삶을 살았습니다. 그리고 그것으로 인해 삶을 낭비했고, 많은 고통을 받았습니다. 하지만 새로운 유토피아인은 더 이상 습관의 노예가 아니며 자기 삶의 주인입니다. 그들은 습관의 힘에 중독된 상태로부터 자유롭습니다.

새로운 유토피아사회에서는 사람들과 마찬가지로 동물들도 자유로운 자신의 삶을 누립니다. 동물들도 자유롭고 행복하게 살 권리를 가지며, 고통없이 존엄하게 죽을 수 있는 권리를 가집니다. 새로운 유토피아에서는 닭, 소, 돼지 등 가축을 우리에 가두어놓고 사육하지 않습니다. 가축들은 들판에서 또는 사람들과 함께 자유롭게 살아갑니다.

5 믿음의 사회

새로운 유토피아사회에서 사람들은 자신과 상대편을 깊이 신뢰합니다. '현대사회에서의 믿음'과 '새로운 유토피아사회에서의 믿음' 간에는 근본적인 차이가 있습니다. 현대인의 믿음은 '분리된 자아' 차원에서의 믿음이었습니다. 현대인은 믿을만해 보이는 것만을 믿었으며, 믿을 수 없어 보이는 것은 믿지 않았습니다. 하지만 새로운 유토피아인의 믿음은 우주적인 자기 차원에서의 믿음입니다. 새로운 유토피아인은 믿을만해 보이는 것뿐만 아니라 믿을 수 없어 보이는 것에 대해서도 깊은 믿음을 잃지 않습니다.

노자(老子)는 이렇게 말했습니다. "모든 사람들이 믿는 것을 나는 믿습니

34) 삶의 칼자루에 대한 논의는 김기태 선생님의 강의에서 배운 것임을 밝힙니다.

다. 또한 아무도 믿지 않는 것을 나는 믿습니다. 이것을 일러 믿음이라고 합니다."[35] 이 구절은 노자가 정확하게 새로운 유토피아사회에서 믿음의 본질을 직시하고 있음을 드러냅니다.

새로운 유토피아인은 노자가 말한 의미에서 자신과 상대편에 대한 깊은 믿음을 갖고 있습니다. 그리고 이런 믿음을 통해서 진정한 변화가 일어납니다. 변화의 핵심은 사랑의 존재로의 재탄생입니다.

현대인은 누군가가 거짓을 행하면, 그 사람을 불신하고 응징하려 했습니다. 자기 자신의 의지력이 약하거나 변덕이 심해 믿을 수 없을 때, 현대인은 자신을 불신하고 응징했습니다. 그 결과는 어떤 것이었을까요? 이런 불신과 응징으로 인해, 자기 자신은 더욱 믿을 수 없는 사람으로 변해갔습니다.

자녀나 학생이 거짓말을 했을 때, 그 말이 거짓임을 밝히고 처벌한다면 그 아이는 변화하겠습니까? 일반적으로 그 아이는 자신에 대한 부정적인 감정을 형성하고, 때로는 거짓을 꾸미는 더욱 교묘한 기술을 발전시킬지도 모릅니다.

배우자가 마음에 다른 사람을 품고 있을 때나 외도를 했을 때, 그 거짓을 밝히고 처벌한다면 배우자의 마음이 자신에게로 돌아오겠습니까? 아마도 배우자의 마음은 그로부터 더 멀어질 것입니다. 이렇듯 거짓에 대한 현대인의 대응은 무력한 것이었습니다.

새로운 유토피아인은 어떠할까요? 자기 자신이 믿을 수 없는 사람일 때, 새로운 유토피아인은 그런 자신을 결코 비난하지 않습니다. 자신을 포함해서 불신 받고 비난받아 마땅한 대상은 이 세상에 존재하지 않기 때문입니다. 그는 믿을 수 없는 자기의 모습이 자신이 받은 상처임을 압니다. 그래서 믿을 수 없는 자기를 측은하게 여겨주고, 따뜻하게 보살펴 주며, 깊이 믿어줍니다. 그랬을 때, 그 사람에게는 존재의 변화가 일어납니다.

자녀나 학생이 거짓을 말했을 때, 새로운 유토피아사회의 부모님이나 선

---

35) 『老子』, 49장, "信者, 吾信之, 不信者, 吾亦信之, 德信."

생님은 자녀나 학생에 대한 믿음을 거두어들이지 않습니다. 그들은 거짓말을 하는 아이들을 보면서 자신의 어린 시절을 떠올리며 미소 짓습니다. 그들은 아이들의 상처를 돌봐주며, 자신의 품에 따뜻이 품어줍니다. 그리고 그들에 대한 믿음을 결코 잃지 않습니다. 이렇게 했을 때, 아이들은 더 이상 거짓을 말하지 않게 되며, 진실한 사람으로 성장합니다.

배우자가 외도했을 때도, 새로운 유토피아사회의 남편과 아내는 배우자에 대한 믿음을 거두어들이지 않습니다. 자신의 배우자의 외도에 대한 증거를 잡고, 이를 처벌해서, 배우자의 마음을 되찾아온 사람이 인류 역사상 한 명도 없었다는 사실을 새로운 유토피아인은 잘 알고 있습니다. 새로운 유토피아인은 어떤 일이 있더라도 배우자에 대한 깊은 믿음을 버리지 않습니다.

예를 들어서, 자신의 배우자가 다른 사람과 불륜을 범하는 현장을 목격했다고 가정해보도록 하지요. 그런 경우에도, 그들은 배우자에 대한 믿음을 잃지 않습니다. 그들은 이렇게 생각합니다. '당신의 몸이 나보다 멋진 그 사람에게 잠시 가 있었을 뿐인 걸요. 당신이 나를 사랑한다는 것을 압니다. 당신에게서 솟아나는 억제할 수 없는 바람기는 당신의 상처이며 고통인 걸 나는 압니다. 나를 배신한다는 생각에 당신의 마음은 무척이나 힘들고 괴로웠을 것임을 나는 압니다.'

현대사회에는 의처증 환자가 많았습니다. 그들 중 어느 누구도 배우자의 마음을 돌이키는데 성공하지 못했습니다. 그들이 원했던 것은 사랑의 회복이었지만 그들이 실제로 얻은 것은 증오와 고통이었습니다. 이에 반해서, 새로운 유토피아인은 배우자에 대한 굳은 믿음을 통해서, 배우자는 그를 예전보다 더 존경하게 되고, 사랑하게 되며, 스스로 진실한 사람으로 변화합니다.

V

새로운 유토피아인의 사회적 성격

V

새로운 유토피아인의 사회적 성격

'나를 이롭게 함'이 곧바로 '너를 이롭게 함'이며,
'너를 이롭게 함'이 또한 '나를 이롭게 하는 것'입니다.

사회적 성격이란 특정 시대나 특정 사회를 함께 살아가는 사람들 다수가 공유하는 성격 유형을 지칭합니다. 시대적인 측면에서 본다면, 사회적 성격의 차이는 인간관의 변화에 따라서 생겨납니다.

전현대사회에서는 '집단으로부터 미분화된 집단의 일원으로서의 인간'이라는 관점이 우세했었습니다. 그래서 그 시대는 소속 집단에 뿌리를 내린 채 집단의 발전에 헌신하는 인간을 요구했습니다. 그 결과 전현대사회에는 집단 규범에 동주하는 성격, 소속집단에 대한 충성심, 운명에 순종하는 성격, 체면이나 명예를 중시하는 성격, 외부세계에 대한 편견, 권위에 복종하는 성격 등과 같은 사회적 성격 유형을 가진 사람들이 많았습니다.

현대사회에서는 '자신이 속한 집단으로부터 분리·독립된 개체로서의 인간'이라는 관점이 우세했었습니다. 그래서 그 시대에는 돈, 인기, 외모, 쾌락, 권력 등과 같은 욕망 충족을 위한 대상물을 획득하고 소비하는 욕망 충족적인 삶을 추구하는 사람들이 많았습니다. 그 결과, 현대사회에는 강한 성취욕구, 경쟁심, 우월감과 열등감, 권위주의적인 성격, 적개심, 이기심 등과 같은 사회적 성격 유형을 가진 사람들이 많았습니다.

이에 반해서, 새로운 유토피아사회에는 인간이란 '영원한 시간과 무한한 공간이 맞닿아 있는 우주적인 존재'라는 관점이 우세합니다. 그러므로 새로운 유토피아사회에서 이상적인 삶이란 '사랑의 존재'로서 자기 자신을 자각하고, 사랑의 즐거움을 누리는 삶을 뜻합니다. 이에 따라서, 새로운 유토피아사회에는 사랑, 겸손, 자유, 감사, 홍익(弘益), 관용, 용기, 여유, 부드러움 등과 같은 사회적 성격 유형을 가진 사람들이 많습니다. 이 장에서는 새로운 유토피아인의 사회적 성격을 살펴보도록 하겠습니다.

1 사랑

새로운 유토피아인이 갖고 있는 사회적 성격의 키워드는 '사랑'입니다. 과거를 돌이켜보면, 사람들은 사랑이 무엇인지를 이해하지 못했습니다. 이전 사람들의 마음에는 사랑이 없었으며, 그들은 많은 것에 집착했었습니다. 그래서 과거 사람들은 사랑스럽지 않았습니다. 새로운 유토피아인의 눈으로 보면, 현대인은 가엾은 사람들입니다. 그들은 자기 자신 안에 이미 엄청난 보물이 갖추어져 있는데도 불구하고 자신의 바깥에 있는 하찮은 것을 얻기 위해 전력을 기울였습니다. 그리하여 그들은 소중한 삶을 낭비하고 말았습니다.

현대인은 왜 그렇게 사랑에 무지하고, 무능력했을까요? 그 답은 명백합니다. 사랑이란 '참된 자기의 태양'에서 저절로 비쳐 나오는 빛입니다. 하지만 현대인은 '분리된 자아의 구름'에 갇혀 지냈습니다. 그래서 그들은 자신이 찬란한 태양임을 끝내 알지 못했고, 사랑의 삶을 살 수 없었습니다.

이에 반해서, 새로운 유토피아인은 사랑의 의미를 깊이 이해하고 있습니다. 그들의 존재 자체가 사랑이 되어 삶을 살아갑니다. 그래서 그들은 삶의 모든 곳에서 행복을 발견하며, 그들의 존재는 사랑스럽습니다. 그들은 소중한 삶을 낭비하지 않고, '지금 이 순간'의 삶을 깊이 있게 살아갑니다.

새로운 유토피아인은 자신과 세계를 깊이 사랑합니다. 새로운 유토피아인이 '사랑한다.' 고 할 때, 그것은 자신과 상대편의 마음에 드는 점만을 골라서 선택적으로 사랑하는 것이 아니라 전면적으로 사랑하는 것입니다. 그것은 일시적으로 사랑하는 것이 아니라 영원히 사랑하는 것입니다. 선택적인 사랑이나 일시적인 사랑이란 없습니다. 그것은 사랑이 아닙니다.

사랑은 자신이 좋아하는 것만을 골라 사랑하는 것이 아니라, 자신이 싫어하는 것들도 사랑하는 것입니다. 예컨대, 자신의 소심함, 악함, 추함, 무능력, 교활함 등을 포함해서 마음에 들지 않는 자신의 모든 모습들을 따뜻하게 품어주는 것이 자신에 대한 사랑입니다. 상대편에 대해서도 마찬가지입니다. 마음에 들지 않는 상대편의 모습에서 그들의 상처를 느끼고 가슴아파하는 것이 사랑입니다. 이런 의미에서 새로운 유토피아인은 자신과 세계를 깊이 사랑합니다.

새로운 유토피아인의 시선은 늘 자신을 향해 있습니다. 그래서 자신의 마음속에서 일어나는 욕망, 생각, 감정 등에 늘 깨어있습니다. 새로운 유토피아인에게도 때로는 치사스런 생각이 떠오르기도 하고, 때로는 짜증스럽거나 분노하는 마음이 솟구치기도 합니다. 때로는 강렬한 욕망을 경험하기도 합니다. '분리된 자아' 가 이렇게 활동할 때도, 새로운 유토피아인의 마음에는 이런 '분리된 자아' 에 대한 자각이 동시에 일어납니다. 그래서 그들은 이런 마음속에 일어나는 어떤 것에도 함몰되지 않으며, 이 모든 것에 대해 따뜻한 미소를 보냅니다.

새로운 유토피아인은 열등함을 사랑합니다. 그들은 자신이 갖고 있는 여러 가지 열등함에 대해서 새로운 유토피아인은 열등감을 갖지 않습니다. 그들은 자신의 열등함을 인정하고, 열등함을 따뜻하게 품어줍니다. 상대편이 갖고 있는 열등함에 대해서도, 새로운 유토피아인은 우월감을 갖지 않습니다. 그들은 상대편의 열등함을 인정하고 따뜻하게 품어줍니다.

새로운 유토피아인은 우월함을 사랑합니다. 그들은 자신의 우월함에 대해서 우월감을 갖지 않습니다. 왜냐하면 그들은 자신의 우월함을 대우주의 영원함과 무한함에 빗대어 바라볼 수 있기 때문입니다. 대우주의 영원함과 무한함에 빗대어 볼 때, 자신이 갖고 있는 뛰어난 외모, 많은 재능, 뛰어난 두뇌, 많은 돈, 큰 인기 등이 과연 무엇이겠습니까? 새로운 유토피아인은 우쭐하려는 자기를 만날 때마다 실소를 짓습니다. 그래서 새로운 유토피아인은 우월감으로부터 자유로워지고, 자신의 우월함을 있는 그대로 사랑합니다.

2 겸손

새로운 유토피아인은 겸손합니다. 현대인은 겸손하지 않았습니다. 그들은 때로는 오만했고, 때로는 비굴했을 뿐, 결코 겸손할 수는 없었습니다. 오만과 비굴은 양태 상으로는 상반된 것입니다. 하지만 이 둘은 모두 자신을 '분리된 자아'로 인식했던 현대 인간관이라고 하는 같은 뿌리에서 생겨난 두 개의 가지일 뿐입니다.

'분리된 자아'로서의 자기가 돈, 인기, 외모, 재능, 권력, 학력 등에서 상대적으로 우월하면, 현대인은 자기보다 열등한 상대에 대해 오만한 마음을 품었습니다. 반면에 '분리된 자아'로서의 자기가 돈, 인기, 외모, 재능, 권력, 학력 등에서 상대적으로 열등하면, 그들은 자기보다 우월한 상대에 대해 비굴한 마음을 가졌습니다.

이와 같이, 자신보다 약자에게는 군림하려하고, 자신보다 강자에게는 적극적으로 복종하려하는 성격 유형을 에릭 프롬(Erich Fromm)은 권위주의적 성격이라고 명명했습니다. 프롬은 『자유로부터의 도피』에서 1930년대 독일 하류 중산층들이 권위주의적 성격을 갖고 있었고, 이것이 나치즘의 합법적인 집권을 가능케 한 사회심리적인 요인이라고 분석했습니다.

프롬이 말한 권위주의적 성격은 그 당시 독일 하류 중산층들의 사회적 성격이었을 뿐만이 아니라, 정도의 차이는 있지만, 현대인 일반이 갖고 있던 사회적 성격이었습니다. '분리된 자아'에서 자신의 정체성을 파악하는 한, 누구도 권위주의적 성격으로부터 자유로울 수 없습니다.

현대인이 갖고 있었던 권위주의적 성격과 반대되는 성격 유형이 '겸손' 입니다. 새로운 유토피아인 각자에게도 다른 사람에 비해서 우월한 점이나 열등한 점이 있습니다. 하지만 이들은 단지 우월하거나 열등할 뿐 그것에 수반되는 우월감이나 열등감을 갖고 있지 않습니다. 그래서 우월한 사람도 열등한 사람 앞에서 자신의 우월함을 뽐내지 않으며, 열등한 사람도 우월한 사람 앞에서 주눅 들지 않습니다. 왜냐하면 새로운 유토피아인은 자신이나 상대편 모두가 각자의 열등함이나 우월함을 훨씬 넘어있는 위대한 존재임을 자각하고 있기 때문입니다.

겸손함의 의미는 무엇일까요? 『주역(周易)』, 「지산겸괘(地山謙卦)」 괘상(卦象)을 보면, 겸손함의 의미가 잘 나타나 있습니다. 「지산겸괘」는 위에는 땅[地]이 아래에는 산이 위치해 있습니다. 이런 괘상을 통해 보면, '높은 산이 낮은 땅 아래에 처하는 것' 혹은 '낮은 땅이 높은 산 위에 처하는 것' 이 겸손함의 의미입니다.

이는 권력이나 돈, 지위, 외모, 재능, 학력 등에서 더 많은 것을 갖고 있는 사람이 그렇지 못한 사람의 아래에 위치하고, 역으로 이를 더 적게 갖고 있는 사람이 더 많이 갖고 있는 사람의 위에 위치함을 뜻합니다. 우월한 사람은 열등한 사람 앞에서 자신을 낮추고, 열등한 사람은 우월한 사람 앞에서 자신을 높이는 것이 겸손함입니다. 이처럼, 겸손함이란 권위주의적 성격과는 반대되는 성격 유형입니다.

'분리된 자아' 를 '나' 라고 생각했던 현대인에게 있어서, 겸손함이란 근원적으로 불가능한 것이었습니다. 외양으로 겸손함을 꾸미더라도 그것은 오래갈 수 없는 꾸밈에 그칠 뿐 진정한 겸손함은 아니었습니다. 그렇다면 새로운 유토피아인은 어떻게 겸손할 수 있을까요? 겸손함이란 '분리된 자아' 의 감옥으로부터 해방된 '무아' 의 상태에서만 가능합니다. 새로운 유토피아인은 '무아' 를 자각했기 때문에 진정으로 겸손할 수 있습니다.

'분리된 자아' 를 '나 자신' 으로 인식하는 한, 나는 나의 지식, 외모, 성격, 지위, 인기, 권력 등의 총체일 따름입니다. 이런 형태의 자기 인식은 필연적으로 자신에 대한 우월감이나 열등감을 형성합니다. 우월감이나 열등감은 자신보다 열등한 존재에 대한 오만과 자신보다 우월한 존재에 대한 굴종을 낳습니다. 우월감이든 열등감이든 이것은 반드시 불구적인 인간관계를 만들어내며, 양자 간의 사랑은 근원적으로 불가능합니다.

새로운 유토피아인은 '무아'를 자각했기 때문에 더 이상 열등감이나 우월감의 지배를 받지 않습니다. 그들은 자신과 상대편을 긍정하고, 깊이 존중하며 존경합니다. 그러므로 새로운 유토피아에서는 무례함이 자취를 감추게 되며, 약한 것과 강한 것이 서로를 존중하며 조화롭게 공존합니다.

3 자유

새로운 유토피아인은 자유롭습니다. 하지만 새로운 유토피아에서 자유는 현대사회와는 의미가 다릅니다. 현대사회가 추구했던 자유는 독재정치나 신분제도 등과 같이 인간을 외적으로 속박하는 제도를 타도해서 쟁취하는 외적인 자유였습니다. 이에 반해서, 새로운 유토피아인이 생각하는 자유는 욕망, 분노, 타인의 시선으로부터의 자유 등과 같은 내적인 자유입니다.

새로운 유토피아인은 무엇에도 속박되지 않으며 자유로운 정신을 갖고 있습니다. 현대인이 '분리된 자아'의 감옥에 갇혀서 속박된 삶과 관계의 늪을 헤어나지 못했던 반면에, 새로운 유토피아인은 '분리된 자아'의 감옥을 벗어난 자유인입니다. 새로운 유토피아인은 '분리된 자아'를 더 이상 자신의 정체성으로 삼지 않으며, '분리된 자아'에 대한 집착이 없습니다. 그러므로 그들에게는 '내가 누구다.', '내가 무엇을 했다.' 하는 등의 생각이 없습니다.

새로운 유토피아인은 칭찬과 비난으로부터 자유롭습니다. 그들도 물론 칭찬받는 것을 좋아하고, 비난받는 것을 싫어합니다. 하지만 그들은 더 이상 칭찬과 비난에 얽매이지 않습니다. 칭찬을 듣더라도 그것이 그들의 마음을 크게 출렁이지 못하며, 비난은 그들의 마음에 큰 상처를 주지 않습니다.[36] 그러므로 새로운 유토피아인은 '남이 나를 어떻게 볼까?' 하는 생각이 없으며, 타인의 시선으로부터 자유를 누립니다. 상대편에게 인정받고 싶은 욕구로부터의 자유를 누리는 것입니다.

새로운 유토피아인은 욕망에 대한 집착으로부터 자유롭습니다. 새로운 유토피아인은 '분리된 자아'라는 측면에서 본다면 모든 존재가 비어있음[空]을 깊이 인식하고 있습니다. 그러므로 그들은 어떤 것에도 집착하지 않고, 무엇에도 속박되지 않으면서, 그것을 즐깁니다. 현대사회에서는 텔레비전, 컴퓨터 게임, 프로 스포츠 등과 같은 것에 습관적으로 중독되어 속박된 삶을 사는 사람들이 많았습니다. 새로운 유토피아인은 습관의 힘으로부터도 자유롭습니다. 그러므로 그들은 자신의 삶의 주인이 되어 자유롭게 소요(逍遙)하는 삶을 즐깁니다.

새로운 유토피아인은 삶에서 경험하는 실패나 좌절, 갖가지 고통과 불행으로부터도 자유롭습니다. 그들 역시 삶에서 이런 것들을 겪습니다. 그러나 현대인과는 달리, 그들은 이런 것들에 더 이상 함몰되지 않습니다. 오히려 새로운 유토피아인은 이런 것들을 통해 배움을 얻고, 이런 것들을 자신의 성장 기회로 삼습니다. 그러므로 새로운 유토피아인은 영화로운 곳에 있어도 편안히 처하고,[37] 욕된 곳에 있어도 불편해하지 않습니다.

4 감사

새로운 유토피아인은 늘 감사하는 마음을 느낍니다. 현대사회에서 사람들은 불평, 불만이나 원망하는 마음을 갖는 일이 많았습니다. 그들은 미래

---

36) 이 구절을 쓰면서, '칭찬으로부터의 자유'에 대한 다음의 에피소드가 떠올랐습니다. 저는 2007년 봄부터 매주 월요일 밤, 계명대 한학촌에 개설된 <나를 찾아 떠나는 경전여행>이라는 김기태 선생님의 수업을 듣고 있습니다. 하루는 선생님의 강의가 너무 좋아서, 선생님의 강의에 대해 극찬했습니다. 그런데, 제가 극찬하는 도중에 선생님께서 하품을 하시는 것이었습니다. 선생님의 하품에 저는 또 다시 깊은 감동을 받았습니다.

37) 『老子』 26章의 '雖有榮觀,燕處超然.'을 참조했습니다.

의 지금보다 더 나은 때 또는 과거의 지금보다 더 좋았던 때와 지금 이 순간을 비교하고, 현재에 대한 불평을 토로하는 일이 많았습니다. 이에 반해서, 새로운 유토피아인은 '지금 이 순간' 자신에게 주어진 일상의 모든 것에 대해 늘 깊은 감사를 느낍니다. 일상적이고 익숙한 것에 늘 새롭게 감사를 느낄 수 있는 새로운 유토피아인의 능력은 이들을 행복으로 인도하는 중요한 통로입니다.

새로운 유토피아인은 백 년 동안이나 아름다운 행성 지구를 여행할 수 있는 '삶'이 선물로 주어졌음에 늘 깊은 감사와 큰 기쁨을 느낍니다. 그래서 새로운 유토피아인은 매일 아침 눈을 뜰 때마다 새로운 하루가 선물로 주어졌음에 대한 감사의 기도로 하루를 시작합니다. 또한 매일 밤 하루를 끝내는 시간에도 지난 하루라는 귀한 선물에 감사를 느낍니다.

현대인은 복권 당첨, 일류대학 입학, 직장에서의 승진 등과 같은 일이 생겼을 때 큰 기쁨을 느꼈다고 합니다. 하지만 이와 비견할 수 없는 커다란 선물인 '자신에게 주어진 삶'이라고 하는 선물에 대해서는, 대부분의 현대인이 큰 기쁨을 느끼지 못했다고 합니다. 새로운 유토피아인은 과거 인류의 이런 모습에 의아함을 느낍니다. '과거 우리 선조들은 어떻게 그렇게 불합리할까!', 그들은 이런 의문을 해소할 수 없습니다. 새로운 유토피아인은 자신에게 선물로 주어진 삶에 깊이 감사하며, 삶을 소중하게 여깁니다.

새로운 유토피아인은 아내의 손을 꼭 잡고 아름다운 가을 길을 걸으며 감사함을 느낍니다. 바람에 흔들리는 가을 잎에 대해서, 언제나 돌아보면 그 자리에 있는 사랑스런 아내에 대해서, 쳐다보면 늘 새로운 얼굴로 나를 맞아주는 아름다운 하늘에 대해서, 그는 깊은 감사를 느낍니다.

새로운 유토피아인은 마음에 맞는 친구와 한가롭게 한 잔의 차를 마시면서 감사함을 느낍니다. 친구와 한담을 나눌 수 있는 한가로움이 허용된 삶에 대해서, 늘 믿음직한 친구의 존재에 대해서, 차의 예쁜 빛깔과 향내에 대해서, 그는 깊은 감사를 느낍니다.

아름다운 자연을 또렷하게 볼 수 있음에 대해서, 마음대로 걸을 수 있음에 대해서, 맛있는 밥을 매일 먹을 수 있음에 대해서, 아들에게 따뜻한 사랑을 느낄 수 있음에 대해서, 고향 마을의 편안함에 대해서, 아름다운 초승달이 주는 감흥에 대해서, 지금도 심장이 멎지 않고 뛰고 있음에 대해서, 그는 깊이 감사를 느낍니다.

5 홍익(弘益)

새로운 유토피아인은 주변 사람들과 생명체들에게 도움을 주고자 합니다. 현대인은 무척 이기적이었습니다. 그들은 왜 이기적이었을까요? 그 이유는 그들이 자신의 '분리된 자아' 또는 '분리된 자아'의 확장으로서의 소속집단을 자기 자신이라고 생각했기 때문이었습니다.

이렇게 자기 자신을 인식하게 되면, '나를 이롭게 한다는 것'은 배타적으로 '분리된 자아'로서의 자신 또는 자신이 소속해 있는 집단의 이익을 추구하는 것을 의미하게 됩니다. 그래서 현대인은 상대편에 대한 배려 없이 자신의 이익만을 추구했던 것입니다. 그 결과, 그 시대에는 이기주의 또는 집단이기주의가 팽배했었습니다. 그리고 이기주의는 상대편에게는 물론이고, 자기 자신에게도 해를 끼치고 고통을 주었습니다.

새로운 유토피아인의 자기 인식은 현대인과 다릅니다. 새로운 유토피아인은 '분리된 자아'가 진정한 자기라고 생각하지 않습니다. '분리된 자아'란 진정한 자기를 가리고 있는 구름과 같은 것이라고 생각합니다. 그래서 새로운 유토피아인은 '무아(無我)'의 각성을 통해 진정한 자기에 도달하고자 합니다. 새로운 유토피아인에게 진정한 자기는 누구일까요? 우월감과 열등감에 시달리는 자신의 '분리된 자아'를 따뜻한 눈으로 바라보고, '분리된 자아'를 사랑해주는 바로 그 사람입니다.

새로운 유토피아인의 진정한 자기는 자신의 '분리된 자아'만을 위할까요? 물론 아닙니다. 그의 사랑은 끝이 없습니다. 태양이 그것이 가닿는 모든 곳에 빛을 던지듯이, 사랑은 그가 마주치는 모든 것에게 발현됩니다.

그는 그의 아내, 자녀, 부모님, 이웃, 친구, 선생님을 사랑할 뿐만 아니라 멀리 떨어져 아직까지 한 번도 만난 적이 없는 사람도 사랑하며, 자신에게 해를 끼친 사람, 자신을 싫어하고 미워하는 사람마저도 사랑합니다. 그의 사랑은 인간에 한정되지 않습니다. 그는 구름을과 하늘을 사랑하며, 새와 짐승과 꽃도 사랑합니다.

그러므로 새로운 유토피아인은 이 세상 모든 존재를 이롭게 하고자 합니다. 하나의 씨앗이 땅에 떨어져 싹을 내고, 아름다운 꽃을 피우며, 성숙해서 열매를 맺습니다. 그는 주변에 향기를 전하고, 벌이나 나비에게 그리고 새들에게 양식을 줍니다. 새로운 유토피아인의 삶도 씨앗의 삶과 같습니다. 그의 삶은 그를 둘러싸고 있는 모든 존재에게 혜택을 줍니다. 그들에게 있어서는 '나를 이롭게 함'이 곧바로 '너를 이롭게 함'이며, '너를 이롭게 함'이 바로 '나를 이롭게 하는 것'입니다. '나'와 '너'는 궁극적으로 하나이기 때문입니다.

6 관용

새로운 유토피아인은 관용의 정신을 갖고 있습니다. 현대인은 상대편이 저지른 잘못에 너그럽지 않았습니다. 왜냐하면 그들에게는 내적인 힘이 부족했기 때문입니다. 관용은 진정한 힘을 갖고 있는 사람만이 베풀 수 있는 것입니다. 그래서 과거의 사람들은 상대편의 잘못을 처벌하고자 했고, 보복하고자 했었습니다. 그리고 처벌과 복수는 자신과 상대편에 더 큰 불행과 고통을 안겨주었습니다.

현대인이 이런 악순환을 벗어날 수 없었던 근본적인 원인은 현대 인간관에 있습니다. 현대인은 우주에 내팽개쳐진 미아와 같은 존재로 자신을 인식했습니다. 그러기에 그들은 존재론적인 무력감을 갖고 있었습니다. 그들은 '분리된 자아'의 바벨탑을 쌓아 자신의 무력감을 벗어나고자 하는 강박적인 노력을 계속했습니다. 그러나 애초에 '분리된 자아'의 탑을 쌓아 '무아'

의 하늘에 도달하는 것이 불가능한 일이었기에, 그것은 무력한 노력이었습니다.

이에 반해서, 새로운 유토피아인은 진정한 힘을 갖고 있습니다. 이 세상에 진정한 힘은 하나 밖에 없습니다. 그것은 사랑의 힘입니다. 사랑의 힘만이 용서할 수 있으며, 자신을 진정으로 낮출 수 있습니다. 새로운 유토피아인은 자신 안에 잠들어 있던 '사랑의 존재'를 깨워서 활동할 수 있게 되었기에, 진정으로 힘 있는 사람들입니다. 그래서 그들은 자신에게나 상대편에게 모두 관용적일 수 있으며, 관용적입니다.

새로운 유토피아인은 자신이나 상대편이 범한 실수나 잘못을 깊이 바라봅니다. 깊이 바라본 결과, 새로운 유토피아인은 실수나 잘못의 배후에는 자신이나 상대편의 완고하고 편협한 자아, 열등감이나 우월감의 노예가 되어 있는 자아가 자리 잡고 있음을 발견합니다. 바라봄이 깊어질수록, 자신도 상대편도 잘못을 범하고 싶지 않았지만 어쩔 수 없는 힘에 이끌려 그렇게 행했음을 이해하게 됩니다. 잘못을 범한 나와 너의 자아는 비난받아야할 대상이 아님을 알게 됩니다. 오히려 잘못을 범한 나와 너는 상처받고 고통을 겪고 있는 그러므로 위로받아야할 존재임을 자각합니다.

그래서 새로운 유토피아인은 자신이나 상대편이 범한 실수나 잘못을 처벌하거나 복수하려고 하지 않습니다. 그들은 따뜻한 눈으로 자신과 상대편의 잘못을 바라보며, 마음 깊은 곳에서부터 잘못을 용서합니다. 이들의 용서는 끝이 없습니다.

새로운 유토피아인의 관용의 정신은 다른 영역에서도 발휘됩니다. 그들은 자신과 다른 상대편의 특징을 용인하고 존중합니다. 자신과 다른 성격이나 취미, 습관, 기호 등을 존중합니다. 또한 자신의 것과 다른 종교, 문화, 신념, 관습 등에 대해서도 이를 존중합니다. 이들은 결코 폭력적으로 획일화를 종용하지 않습니다.

7 용기

새로운 유토피아인은 진정한 용기를 갖고 있습니다. 현대인은 두려움이 많았습니다. 현대인이 갖고 있었던 두려움에는 몇 가지 유형이 있습니다. 돈 · 인기 · 직장 · 명예 · 권력 · 외모 등과 같이 '분리된 자아'가 성취한 것들을 상실할 것에 대한 두려움, 패배나 실패로 인해서 이런 것들을 성취하지 못할 것에 대한 두려움, '분리된 자아'의 자존심이나 체면에 상처받는 것에 대한 두려움, 다른 사람에게서 비난받거나 인정받지 못할 것에 대한 두려움, 늙어감에 대한 두려움, 그리고 궁극적인 것으로 죽음에 대한 두려움 등이 그것입니다.[38]

현대인이 갖고 있었던 두려움의 근원은 무엇일까요? 모든 유형의 두려움은 현대인이 '분리된 자아'를 자기 자신이라고 생각했던 것에 기인합니다. 현대인이 갖고 있었던 모든 두려움은 '분리된 자아'의 상실이나 상처와 관련된 것입니다. 그래서 현대인은 '분리된 자아'가 이룬 성취에 근거한 알량한 자존심을 형성하고 이를 지키는데 급급했습니다. 그러므로 현대인에게 있어서, 자신의 잘못을 시인하는 것은 자기 자신을 부정하는 것을 의미합니다. 그래서 그들은 자신의 잘못을 숨기고, 합리화하며, 마음속에서부터 이를 시인할 수 없었습니다.

현대인은 비겁했습니다. 왜냐하면 그들 마음속에는 집착이 많았기 때문입니다. '돈, 권력, 인기, 외모, 직업 등과 같은 자신이 확보한 욕망 충족 대상물을 잃어버리면 어쩌나?' 또는 '이런 것들을 차지하지 못하면 어쩌나?' 하는 불안이 생기는 순간, 그들은 용감할 수 없었습니다. 현대인은 이런 것들에 집착했었고, 그래서 끊임없이 상대편의 눈치를 보면서 살아야했습니다.

새로운 유토피아인에게는 집착이 없습니다. 그들은 이미 '무아(無我)'를 자각했기 때문입니다. 그래서 새로운 유토피아인에게는 두려움이 없습니

---

38) E. Tolle, 노혜숙 · 유영일 옮김, 『지금 이 순간을 살아라』(양문, 2008a), p. 72 참조.

다. 그들은 자신이 옳다고 생각하는 것이면 자기에게 가해질 위해나 불이익을 개의치 않고 이를 실행에 옮깁니다. 의롭지 않은 일을 만나면, 그들은 이를 간과하지 않습니다.

새로운 유토피아인의 용감함을 한 눈에 알 수 있는 것은 그들이 자신의 잘못을 인정하고, 상대편에게 용서를 구하는 장면에서 입니다. 현대인은 상대편에게 무릎을 꿇고 자신의 잘못에 대해 용서를 비는 것을 부끄럽게 여겼습니다. 하지만 새로운 유토피아인은 자신의 잘못에 대해 용서를 빌지 못하는 것을 부끄럽게 여깁니다. 새로운 유토피아인은 자신의 잘못을 시인하고, 용서를 구하는 것을 주저하지 않습니다.

새로운 유토피아인의 용감함이 느껴지는 또 하나의 장면은 그들이 추락하는 모습입니다. 현대인은 돈, 인기, 권력, 직장, 건강 등을 상실하는 순간 큰 충격을 받았습니다. 더군다나 죽음의 순간에 직면해서는 심각한 공포와 고통을 경험했습니다. 그러나 새로운 유토피아인은 다릅니다. 상실의 순간이 오면, 그들은 거추장스런 옷을 벗어버리듯 당당하게 추락합니다. 늦가을 예쁘게 물든 나뭇잎이 추락하는 모습이 아름답듯이, 그들은 그렇게 아름답게 추락합니다.

8 여유

새로운 유토피아인의 마음은 한가롭습니다. 그들에게는 언제나 여유가 있습니다. 현대인의 마음은 조급했습니다. 그들에게 현재는 언제나 보다 나은 미래에 도달하기 위한 수단일 따름이었습니다. 자신에게 행복을 안겨줄 미래에 도달하기 위해서, 현대인은 시간을 의미 있게 빈틈없이 채워야한다는 강박에 시달렸습니다. 이렇듯, 그들 마음은 열망의 노예가 되어 고통스러웠으며, 그들의 삶에는 여유가 없었습니다.

이에 반해서, 새로운 유토피아인의 마음은 한가롭습니다. 그들에게는 지금 내딛는 발자국 하나하나가 모두 그들이 도달하고자 하는 목적지입니다.

그들은 끊임없이 목적지에 도달하고 있습니다. 이미 목적지에 도달한 그들에게 서두를 일이 무엇이 있겠습니까? 그들은 지금 이 순간에 깊이 머물며, 시공간을 초월해서 모든 존재와 접촉합니다. 그들은 도와 하나가 되어,[39] 장자(莊子)가 말한 소요유(逍遙遊)의 삶을 살아갑니다.

새로운 유토피아인은 한 번에 한 가지 일만을 천천히 합니다. 그리고 자신이 하는 일에 온 마음을 기울입니다. 걸음을 걸을 때는 걷기만 하고, 설거지를 할 때는 설거지에 온 마음을 기울입니다. 아내와 대화를 나눌 때, 그의 마음속에는 아내밖에 없으며, 하늘을 바라볼 땐 하늘뿐입니다. 때로 들숨과 날숨에 온 마음을 기울입니다.

늘 시간에 쫓겼던 현대인과는 달리, 새로운 유토피아인에게는 시간이 참 많습니다. 새로운 유토피아인에게 시간이 많은 것은 그들이 언제나 자신이 자기 마음의 주인이기 때문입니다. 시간이 많기에 그들은 서두르지 않습니다. 그래서 '느림의 미학'이 새로운 유토피아인의 삶의 곳곳에 드러납니다. 식사를 할 때도, 걸을 때도, 말할 때도, 운동할 때도, 숨쉴 때도, 그들은 천천히 합니다. 현대인은 '요즘 바빠요.'라고 말하면서 일종의 긍지를 느꼈다고 합니다. 새로운 유토피아인은 현대인에 대해 이해하기 힘든 면이 많은데, 이것은 그 전형적인 경우입니다.

새로운 유토피아인의 마음은 평화롭습니다. 그들은 조용히 문을 열고 닫을 수 있으며, 앉고 일어설 수 있습니다.[40] 그들은 한가롭게 걸을 수 있습니다. 그들은 아름다운 미소를 지을 수 있습니다. 친구가 찾아오면 반기며 맞을 수 있습니다. 그들은 함께 하고 있는 친구와 오랜 침묵 속에도 편안합니다. 그의 마음이 집착으로부터 비어 있기에, 이 세상 모든 존재가 그의 마음속으로 들어올 수 있습니다.

---

39) 『老子』, 23章의 '道者同於道.'란 구절을 참조함.

40) 이 구절은 틱낫한 스님의 『Being Peace』(1987)에서 따온 것입니다.

9 부드러움

새로운 유토피아인의 마음은 부드럽습니다. 많은 현대인은 '자신이 옳다'는 생각에 사로잡혀 있었습니다. 그리고 이를 관철하고자 하는 노력으로 인해, 그들은 많은 고통을 받았습니다. 그들은 공산주의, 민족주의, 자유주의, 쾌락주의, 민주주의, 자본주의 등 많은 '신조[ism]'를 만들어내고, 이를 맹목적으로 신봉했습니다. 세계를 적과 친구로 나누어, 길고 고통스런 싸움을 벌였습니다. 그들 마음의 경직성은 자신과 세계에 많은 고통과 불행을 만들어내었습니다.

이에 반해서, 새로운 유토피아인의 마음은 부드럽습니다. 그들은 언제나 '자신이 틀릴 수 있다'는 생각을 갖고 있습니다. 그래서 그들은 자신의 생각이나 주장을 고집하지 않으며, 늘 자신과 다른 의견에 귀를 기울입니다.

새로운 유토피아인은 자신이 갖고 있는 견해나 주장이 느닷없이 생겨났다가 어느 순간 사라져버리는 구름과 같은 것이라고 생각합니다. 그들은 자신이 갖고 있는 견해나 주장이 자기 자신이 아님을 압니다. 그들은 자신의 견해나 주장이 '분리된 자아'가 형성한 것이며, 대단한 것이라고 생각하지 않습니다. 그래서 새로운 유토피아사회에서는 견해나 주장이 다른 사람들이 만났을 때, 서로 마주 대함에 긴장이 없고 편안합니다.

새로운 유토피아인에게는 맹목적인 신조가 없습니다. 그들은 믿음이 깊습니다. 하지만 이들의 믿음은 현대인의 믿음과는 차원을 달리 합니다. 현대인은 민족의 우상, 국가의 우상, 자유의 우상, 민주의 우상, 평등의 우상, 돈의 우상, 쾌락의 우상, 인기의 우상 등을 만들어놓고, 이를 맹신했습니다. 새로운 유토피아인은 우상을 숭배하지 않습니다. 그들이 진실로 믿는 것은 '사랑의 존재로서의 나와 너, 그리고 세계'입니다.

새로운 유토피아인은 나이가 들어갈수록 마음의 유연성이 더 커집니다. 현대사회에서는 대부분의 사람들이 나이가 들수록 마음의 경직성이 더 커졌었습니다. 현대인은 '분리된 자아'를 자신이라 여겼고, 나이가 들수록

'분리된 자아' 의 손상은 커갈 수밖에 없었기 때문에, 이들의 마음은 더 완고해질 수밖에 없었습니다. 하지만 새로운 유토피아인은 나이가 들수록 '분리된 자아' 의 껍질을 깨고 사랑의 존재로 변화합니다. 나이가 들어, '분리된 자아' 의 손상이 커질수록, '분리된 자아' 의 구름을 뚫고 '참된 자기' 의 태양이 그 빛을 발하기가 쉬워지기 때문입니다. 그래서 새로운 유토피아사회에서는 노인일수록 마음의 유연성이 더 커집니다.

VI

새로운 유토피아인의 일상생활

Ⅵ 새로운 유토피아인의 일상생활

새로운 유토피아인은
어디서 무얼 하건 쉼과 즐거움이 있습니다.
그들의 마음은 언제나 '지금 여기'에 머물러 있습니다.

새로운 유토피아에서 사람들은 한가롭고 평화로운 삶을 살아갑니다. 사람들의 표정은 밝고 아름답습니다. 입가에는 늘 아름다운 미소를 띠고 있습니다. 그들은 적당히 게으르며, 천천히 걷습니다. 식사도 대화를 나누면서 천천히 합니다. 그들은 아름다운 음악을 함께 듣기를 좋아하고, 때로는 혼자 누워 빈둥거리면서 즐거운 시간을 가집니다.

새로운 유토피아에는 강제가 없습니다. 개인의 자유와 자율이 존중되며, 자신의 취향에 따라서 다양한 취미활동을 합니다. 괴짜들과 기행(奇行)에 대한 사회적 용인의 정도가 큽니다. 예를 들어, 사람들은 의상이나 수염, 머리모양 등을 마음대로 하고 다니고, 목욕 안하기, 묵언(默言) 등 자신이 원하는 대로의 생활방식이 존중됩니다.

새로운 유토피아인은 어디서 무얼 하건 간에 쉼과 즐거움이 있습니다. 그들의 마음은 언제나 '지금 여기'에 머물러 있습니다. 걸을 때나 숨을 쉴 때, 대화를 나눌 때나 텃밭을 가꿀 때, 요리할 때 등 언제나 그 속에는 사랑의 즐거움이 깃들어 있습니다.

1 새로운 유토피아인 H의 하루

새가 지저귀는 소리에 눈을 뜹니다. 요즘은 나이가 들어서 그런지 아침 일찍 잠이 깨는 날이 많네요. 옆자리에 아직도 곤히 잠들어 있는 아내 모습이 사랑스럽습니다. 아내가 늘 곁에 있음에 깊은 감사를 느낍니다. 그리고 오늘 또 새로운 하루의 삶이 선물로 주어졌음에 감사를 느낍니다. 잠은 깼지만, 그냥 이불 속에 빈둥거리며 한참을 누워있습니다. 제가 좋아하는 시간입니다.

누워서 아내 몰래 코딱지를 후빕니다. 저는 어려서부터 코딱지 후비는 것을 유난히 좋아했습니다. 어린 시절 한 번은 이런 일이 있었습니다. 열대여섯 살 무렵 『제인 에어』를 읽고 제인과 로체스터 백작 간의 낭만적인 사랑에 흠뻑 빠져들었습니다. 그런데 제가 좋아하던 여자아이가 『제인 에어』를 읽고 싶다고 해서 무심코 책을 빌려주었습니다. 그 아이가 나중에 책을 돌려주며 페이지마다 더러운 코딱지가 붙어 있더라고 하면서 신경질을 부리는 것이었습니다. 그때 참 부끄러웠던 기억이 납니다.

이런 저런 즐거운 상념에 잠기다가 다시 깜빡 잠이 들어서 9시 30분쯤에야 잠자리에서 일어났습니다. 창문을 열고 상쾌한 아침 공기를 마십니다. 깊은 행복을 느낍니다. 창밖으로 보이는 하늘과 산, 들녘 풍경이 아름답습니다. 거울을 들여다봅니다. 개구리처럼 불룩 튀어나온 오른쪽 눈에 눈곱이 덕지덕지 끼여 있습니다. 저는 몇 년 전부터 갑상선 안증이라는 치료하기 어려운 병에 걸렸습니다. 고통 받고 있는 오른쪽 눈에게 따뜻한 미소를 보냅니다.

부엌에 가서 가래떡을 구워 아침 식사를 합니다. 늦잠 자는 식구는 잠을 즐기게 놓아두고, 새벽에 일어나 이미 식사를 한 식구 외에, 저, 아버지, 작은 엄마, 작은 누나, 아이들 세 명 모두 일곱 명의 가족이 구운 가래떡의 구수한 맛을 즐기며 즐거운 식사를 합니다. 아이들이 어제 뜯어 놓은 상추와 배추 등으로 샐러드를 만들어 함께 먹습니다. 참 맛있네요. 언제나 음식을 잘 소화시켜주는 튼튼한 위장에게 새삼 감사의 인사를 보냅니다.

식후 자신의 취향대로 후식을 즐깁니다. 저는 팥빙수를 무척이나 좋아해서 빙수기에 얼음을 갑니다. 갈은 얼음이 넘치지 않게 그릇을 살짝살짝 돌리면서 정성스럽게 얼음을 갑니다. 저를 비웃기를 즐기는 아들 성완이는 그릇을 돌리는 저의 손길이 예술의 경지에 도달했다며 놀려댑니다. 아내가 맛있게 삶아놓은 팥을 얹고 신선한 우유를 부어, 아들 성완이와 함께 맛있게 먹습니다. 언제 먹어도 팥빙수는 정말 맛이 좋네요.

아침 식사 후 산더미처럼 쌓인 그릇들을 설거지합니다. 저는 어렸을 때부터 요리보다는 설거지를 좋아했습니다. 물로 씻으면서 깨끗해지는 그릇을 보면, 목욕 후에 느끼는 것과 같은 상쾌함이 있습니다. 정성스럽게 천천히 그릇과 수저를 하나하나 씻어갑니다. 저는 설거지를 할 때 세재를 쓰지 않습니다. 그릇에 기름때가 조금 남아있지만 상관치 않습니다. 그릇과 수저는 언제부터 쓰던 것인지조차 알 수 없을 만큼 오래된 것들입니다. 이빨이 나간 그릇도 꽤나 많습니다.

식사를 하고, 화장실에 갑니다. 변을 보는 동안 김용의 무협지를 읽습니다. 자꾸 다음 대목이 궁금해서 변을 다 보았는데도 한참 더 앉아 있다가 아내의 핀잔을 듣고서야 물을 내립니다. '무협지는 역시 언제나 참 재미있어.' 하고 생각하며 흐뭇한 미소를 짓습니다. 아내는 제가 무협지 읽는 것을 무척 못마땅해 해서, 저는 언제나 화장실에서 몰래 무협지를 봅니다. 여러 명의 예쁜 소녀들이 한 결 같이 주인공 청년을 사모하는 장면에서는 제가 주인공이 된 듯 만족을 느낍니다.

변을 보고나서 얼른 샤워를 합니다. 저는 매사에 동작이 느린 편이지만 씻는 속도는 아주 빠르답니다. 샤워를 하는데 걸리는 시간은 2분 정도, 비누칠도 하지 않고 물만 그냥 위에서 아래로 한번 쭉 뿌립니다. 저는 씻는 것을 옛날부터 싫어했습니다. 열다섯 살 때, 혼자 절에 가서 두 달을 지낸 적이 있었는데, 겨울철이어서 씻는 것이 무척 불편했습니다. 간섭하는 사람도 없고 해서, 저는 두 달 동안 발을 한 번도 씻지 않았습니다. 마침내 발뒤꿈치가 너덜너덜해졌지만, 저는 이후로도 씻지 않는 즐거움을 포기하지 않았습니다.

샤워가 끝나고 나면 제가 가장 좋아하는 시간이 기다리고 있습니다. 안락의자에 누워서 수평자세를 취하고 자는 듯 깨어있는 듯 빈둥거리는 시간…. 이 때 정말 산다는 것이 좋다는 느낌이 듭니다. 이 시간에는 아무도 저를 건드리지 않습니다. 이 시간은 또한 저에게 가장 창조적인 시간입니다. 저 자신과의, 제가 사랑하는 사람들과의, 경이로운 이 세계와의 깊은 만남이 이루어지는 시간이 바로 이 시간입니다.

누워서 게으름을 즐기다보니 어느새 가족 산책 시간이 되었네요. 오늘은 저도 함께 산책을 해야겠습니다. 모두 스무 명이 넘는 가족 중 오늘 참석자는 열세 명입니다. 아버지와 어머니, 작은 아버지, 이웃에 살다가 우리 가족이 되신 옆집 아주머니, 아내와 저, 제 사촌 형 내외, 여동생 내외, 아이들 세 명이 함께 출발했습니다.

산책 코스는 늘 정해져 있습니다. 집 뒤로 나있는 오솔길을 걸어서 약간의 경사가 있는 구릉을 지나 시내를 건너서 성불사에 도착했다가 돌아옵니다. 경치가 빼어난 길도 아니고 유난히 두드러진 것도 없지만 우리들에게는 아주 특별한 길입니다. 우리가 걷는 이 길은 조부모님들께서 손수 만든 길이고, 길가에 나무나 바위들도 하나하나가 우리에게는 특별합니다.

매일 같은 길을 가지만, 길은 늘 새롭습니다. 계절에 따라, 날씨에 따라, 우리의 기분에 따라, 늘 정겹지만 길은 언제나 새로운 모습을 보여줍니다. 우리는 천천히 걷습니다. 걷다가 예쁜 들꽃이 피어있으면 멈추어 한 참을 바라봅니다. 하늘이 아름다울 땐 하늘을 봅니다. 나뭇잎, 바위, 다람쥐, 물속을 헤엄치는 피라미 등 많은 것들을 가만히 들여다보면서 아름다움을 느낍니다. 삼삼오오 대화도 나눕니다. 우리는 이 세상에서 가장 행복한 사람이 되어, 평화로운 발걸음을 옮깁니다.

산책에서 돌아와서, 함께 점심식사를 준비합니다. 오늘의 주 식단은 칼국수네요. 힘이 센 아들 성완이와 성완이의 사촌 득렬이 둘이서 반죽을 합니다. 솜씨 좋은 아내는 가마솥에다가 국물을 만듭니다. 저와 남동생은 반죽된 밀가루를 밀대로 밉니다. 제수씨가 칼로 썰어서 국수를 만듭니다. 시끌벅적, 온 집안에 활기가 넘칩니다. 저는 펄펄 끓는 칼국수에 식은 밥을 조금 말아서, 맛있게 국수를 먹습니다. 텃밭에서 따온 고추를 쌈장에 찍어먹으니 맛이 일품입니다. 다 먹고 나니 배가 불러오는 것이 기분이 정말 좋습니다. 점심을 먹고, 식구들이 둘러앉아 차를 마시며 담소를 나눕니다.

서재로 가서, 오늘의 업무를 봅니다. 저는 지역위원장(과거의 군수에 해당)을 맡고 있습니다. 지역위원장이 할 일은 크게 없습니다. 하루에 30분 정도 일상적인 서류에 전자서명을 하는 정도입니다. 지역 내에 발생하는 새로운 일은 거의 없기 때문에 결정이 어려운 일도 없습니다.

대부분의 일들은 가족마을 내에서 처리되기 때문에 지역위원회까지 올라오지 않습니다. 지역위원회에 올라온 일들도 대부분이 그 분야의 전문가들에 의해 토의되고 결정되며, 저는 그냥 결과보고서에 전자서명만 하면 됩니다. 하루에 30분 정도만 서재에서 업무를 보면 되지만 저는 후계자를 물색하고 있는 중입니다. 벌써 몇 년째 일을 해왔고, 이 일이 가만히 누워서 빈둥거리는 것을 좋아하는 제 천성과 맞지 않기 때문입니다.

오늘 올라온 서류를 보니, 지난번에 중남미 지역에서 발생한 지진과 해일로 인해서 우리 지역에 도움을 요청하는 서신이 와 있습니다. 세계정부의 구호위원회에서 보낸 것인데, 우리 지역이 협조해야할 품목이 적혀 있습니다. 세계적인 차원의 재난에 대해서는 세계 모든 지역이 함께 구호에 참여하기 때문에 우리 지역에 할당된 것은 별 부담이 되지 않는 정도입니다.

이번과 같이 큰 재난이 발생하면, 인터넷을 통해 24시간 재난 현장이 중계되며, 전 세계의 구조교육을 마친 청년들이 순식간에 재난 현장으로 자발적으로 모여듭니다. 전지구촌 사람들이 재난을 당한 사람들이 겪는 고통과 슬픔을 함께 하며, 구조와 재건에 동참합니다. 우리 지역에서도 두 명의 젊은이들이 이미 재난 현장에 가 있습니다.

일처리를 끝내고 나니 잠이 스르르 옵니다. 제가 좋아하는 낮잠 침대에 몸을 눕힙니다. 바람이 솔솔 기분 좋게 불어옵니다. 저는 코를 골며 단잠을 즐깁니다. 현대사회 사람들이 낮잠도 자지 않고 하루 종일 일만하면서 살았다는 사실이 놀랍고, 삶의 즐거움을 모르고 살았던 선조들이 가엾게 느껴집니다.

낮잠을 자다보니 어느새 아내가 제 곁에 누워있습니다. 아내는 낮잠을 잘 자지 않지만 제가 잠자는 동안 제 품에 안겨 누워있는 것을 즐깁니다. 세월이 갈수록 아내의 새로운 얼굴을 발견하게 되고, 아내에 대한 사랑이 깊어만 갑니다. 제 품에 안겨있는 아내가 너무 사랑스럽습니다. 조용하고 깊은 행복감이 밀려옵니다.

낮잠을 자고 나니 기분도 몸 상태도 가뿐해졌습니다. 이렇게 상태가 좋을 때면, 저는 호흡을 지켜보면서 가만히 앉아 있는 것을 즐깁니다. 들숨과 날숨을 지켜보다보면, 언제나 호흡과 제 존재의 신비로움을 느낍니다. 오늘은 햇볕도 좋아 해바라기를 하면서 아내와 나란히 앉아 있습니다. 아무 대화도 없이 그냥 한가로움을 즐기고, 살아있음을 즐기며, 햇볕을 즐기고, 아내가 곁에 있음을 즐기며, 행복하게 미소 지으며 가만히 앉아 있습니다.

그러다보니 어느새 저녁 먹을 시간이 되었네요. 어김없이 배가 출출해옵니다. 아내와 함께 텃밭에 나가 상추와 고추, 깻잎과 가지 등을 뜯어왔습니다. 순둥이가 낳은 계란도 슬쩍 가져 왔습니다. 식구들의 저녁식사 준비가 시작되었습니다. 어디서 사람들이 갑자기 나타났는지 갑자기 부엌은 온갖 소리로 시끌벅적해졌습니다. 칼질하는 소리, 웃음소리가 담 밖을 넘어갑니다. 즐거운 저녁 식사시간, 정말 놀라운 일은 오십 여 년 동안 하루에 세 번씩 식사를 해왔는데도 언제나 식사시간이 즐겁고 밥은 너무나 맛있다는 것이지요.

오늘은 계란 프라이가 하나 밖에 없어서, 저는 다른 사람이 먹을세라 얼른 프라이부터 먹어버렸습니다. 저는 좋아하는 음식이 있으면 다른 사람을 배려하지 않고 그것을 집중적으로 먹는 바람에 독식(獨食)선생이란 불명예스러운 별명이 붙었습니다. 유난히 배가 큰 동생에게는 일관(一貫)선생이란 별명이 붙었습니다. 일이관지(一以貫之), 즉 쉬지 않고 먹는다는 의미와 족히 일관은 먹는다는 뜻을 동시에 내포하고 있는 별명입니다. 제수씨는 조금 먹고 쉬었다가 옆에 사람들이 다 먹었나 하고 생각할 즈음이면 또다시 먹는다하여 동정(動靜)선생이란 별명이 붙었습니다. 사촌동생은 말 한마디 않고 먹기만 한다고 해서 묵식(默食)선생이란 칭호를 얻었습니다. 우리는 서로 별명을 부르고 놀리면서 언제나 시끌벅적하게 저녁을 먹습니다.

저녁식사가 끝나고 나서, 저는 의자에 걸터앉아 땅거미가 지는 모습을 지켜봅니다. 밝음과 어둠이 교차하는 이 시간을 저는 무척 좋아합니다. 이제 해도 졌고, 황홀한 봄밤[春夜]의 향연이 시작되었습니다. 멀리서 라일락의 꿈같은 향기가 바람을 타고 전해 옵니다. 우리는 함께 둘러앉아 이야기꽃을 피웁니다. 지구 반대편에서 사는 젊은이가 우리 마을까지 오면서 겪은 이야기를 구수하게 늘어놓습니다. 아이들은 곁에서 자기들끼리 장난을 치며 시시덕거립니다.

젊은이의 이야기가 끝나고 잠깐의 적막이 흐를 때, 사촌 누이가 노래를 부릅니다. 너무나도 아름다운 노래를 …. 우리는 깊은 감동을 느꼈고, 함께 잔잔하게 화음을 넣었습니다. 이렇게 봄밤은 깊어갔고, 우리의 사랑도 그렇게 깊어갔습니다. 살아있음의 행복감이, 사랑하는 그대와 함께 하는 행복감이 온 몸에 전율을 일으킵니다. 아이들은 하나 둘씩 잠이 들고, 처녀와 총각은 사랑을 속삭입니다. 아! 아름다운 봄밤이여! 저와 아내는 함께 침실로 가서 껴안고 행복하게 잠이 듭니다.

2 일상생활

새로운 유토피아인의 일상생활은 어떤 것일까요? 그것은 한 마디로 낙도(樂道)하는 삶을 살아가는 것입니다. '참된 자기'의 자연을 즐기는 삶, '사랑의 삶'을 살아가는 것이라고 해도 좋지요. 지금부터 새로운 유토피아인의 일상생활을 살펴보도록 하겠습니다.

2.1. 지금 이 순간을 깊이 살기

새로운 유토피아인의 마음은 언제나 '지금 여기'에 머물러 있습니다. 그들에게는 과거에 대한 회한이 없으며, 미래에 대한 두려움이나 희망도 없습니다. 그들은 언제나 마음의 주인이어서, 무엇에건 마음을 빼앗기지 않습니다. 그래서 새로운 유토피아인은 '지금 이 순간'과 깊이 접촉합니다.

현대인은 흔히 현재를 보다나은 미래에 도달하기 위한 수단으로 생각하는 일이 많습니다. 하지만 새로운 유토피아인에게 '지금 이 순간'은 언제나 도착한 목표점입니다. 그들은 지금 이 순간에 깊이 머물며 시공간적으로 모든 것과 소통하는 사랑의 삶을 살아갑니다. 현대인이 과거에서 현재와 미래로 이어지는 수평적인 시간을 살았다면, 새로운 유토피아인은 '지금 여기'에서의 수직적인 시간을 살아갑니다.

다시 맞이한 새로운 하루, 사랑하는 아내에게서 나는 좋은 냄새, 집 앞에 피어난 작은 들꽃, 아이의 아름다운 웃음소리, 밤하늘의 초승달, 친구의 근심, 지금 내딛는 발걸음, 마시고 있는 한 잔의 차, 문을 열고 닫는 순간,…. 새로운 유토피아인의 마음은 마주치는 이 모든 것에 온전히 머물며, 그 모든 것들과 깊은 만남을 이룹니다.

새로운 유토피아인은 지금 만나는 모든 것들에서 경이와 신비를 느낍니다. 모든 존재가 자신의 아름다운 모습을 드러내며 웃음 짓습니다. 하늘도, 돌멩이도, 꽃도, 새도, 잠자리도,…. 새로운 유토피아인에게는 현대인이 자신에게 주어진 삶의 경이로움을 느끼지 못하고, 허둥지둥 하찮은 것들을 쫓는 삶을 살았다는 것이 믿기지 않습니다. 새로운 유토피아인은 삶의 매순간 자신과 세계를 향해 따뜻한 미소를 지으며, 자신과 세계와의 진정한 만남을 이룹니다.

2.2. 아름다운 자연 즐기기

새로운 유토피아인은 자연을 사랑하며 이를 즐깁니다. 광활한 대우주 속에 한 점, 녹색별 지구는 너무 아름답습니다. 그들은 저녁노을을 바라보면서, 꿈같이 아름다운 봄 길을 걸으면서, 향긋한 바람이 피부에 와 닿는 감촉을 즐기면서, 자연과 하나가 됨을 즐깁니다.

새로운 유토피아인은 며칠 동안 비가 내리다 개인 어느 날 깨끗해진 대기와 거리를 보며 즐거움을 느낍니다. 그들은 하늘, 바다, 산, 꽃, 시냇물, 강, 바위, 새, 바람, 사월의 나무, 낙엽, 눈, 봄비, 태양, 달, 가을 하늘의 구름을 즐깁니다.

나이가 들수록, 새로운 유토피아인은 자연의 아름다움을 점점 더 깊이 느낄 수 있게 되고, 점점 더 자연과 하나가 되어갑니다. 젊은 시절에는 삭막하게만 느껴졌던 겨울풍경에서도 새로운 유토피아의 노인은 말할 수 없는 풍취를 느낍니다.

일본 중세 수필가인 길전겸호(吉田兼好)의 아래 글에는 그가 느꼈던 초겨울 풍경에 대한 깊은 심미감이 잘 표현되어 있는데, 이것은 새로운 유토피아인의 느낌과 같은 것입니다.

> 그런데 겨울의 메마른 풍경 또한 가을에 결코 뒤지지 않는다. 물가의 풀포기에 단풍잎이 떨어져 쌓여 있는데다 서리가 하얗게 내린 아침이면 마당에 파 놓은 가느다란 도랑으로 흐르는 물에서 김이 모락모락 피어오르는 것은 정말 아취가 있다.[41)]

2.3. 가족생활의 즐거움

새로운 유토피아인에게 가족생활은 참으로 행복합니다. 새로운 유토피

41) 吉田兼好, 「쯔레즈레구사」, 유옥희 편역, 『일본중세수필』(계명대학교출판부, 1998), p. 34.

아의 가족은 서로 깊이 사랑하는 사랑의 공동체입니다. 부부는 함께 산책하면서 그날 있었던 이런저런 얘기를 나누며 즐거워합니다. 등을 긁어주며 좋아하기도 하지요. 함께 음악을 들으며 날이 밝아오는 것을 바라보기도 합니다. 세월과 더불어 그들의 사랑도 성장하고 깊어갑니다.

새로운 유토피아의 부모는 자녀들을 깊이 사랑합니다. 그들은 결코 자녀들을 구속하거나 자신의 뜻에 맞는 삶을 강요하지 않습니다. 자녀들도 부모를 깊이 존경하고 사랑합니다. 아이들이 어릴 때, 부모는 아이들의 손을 잡고 언덕에 올라 연을 날리기도 하고, 추운 겨울에는 함께 썰매를 탑니다. 부모와 자녀 모두 함께 하는 시간이 즐겁습니다.

새로운 유토피아의 가족원들은 지극히 친밀하지만 서로에게 공경하는 마음을 잃지 않습니다. 부부는 마음 깊은 곳에서 서로 신뢰하며, 세월과 더불어 존경심을 키워갑니다. 부모와 자식 간에는 사랑으로 결합하고, 부모는 자녀들에게 올바른 삶의 자세를 가르치며, 모든 존재에 대한 공경심을 일깨워줍니다.[42] 새로운 유토피아의 아이들에게 가장 존경하는 사람을 물으면, 그들 대부분은 자신의 부모님과 조부모님이라고 답합니다.

가족원은 함께 둘러앉아서 맛있는 식사를 함께 합니다. 함께 소풍을 가기도 하고, 둘러앉아 웃으며 한담을 나누기도 합니다. 가족원들은 함께 노래를 부르고, 아름다운 음악을 듣기도 합니다. 석양의 노을을 바라보면서 삶의 경이를 함께 체험하기도 합니다.

부모들이 이 세상에서 가장 좋아하는 것은 아이들의 웃음소리입니다. 형제자매간에도 함께 하는 시간이 행복합니다. 그들은 쓸데없는 이야기를 하며 낄낄거리고 놀이를 함께 하며 즐거워합니다. 조부모들에게는 손자들과 하는 시간이 가장 행복합니다. 아이들도 조부모의 품이 이 세상에서 가장 편안하고 푸근합니다.

새로운 유토피아의 가족원은 각자 가족 속에서 자유롭고 다른 가족원의

42) 이현지, 『동양사상과 탈현대의 발견』(한국학술정보, 2009), pp. 151~157 참조.

개성과 인격을 존중합니다. 아무도 다른 가족원의 자유와 자율을 구속하거나 억압하지 않습니다. 가족원 각자는 자신의 인간다움과 행복을 이루어 가는 것을 통해서 다른 가족원들을 행복하게 합니다.

이와 동시에, 새로운 유토피아의 가족원은 서로간의 깊은 신뢰와 사랑으로 결합해 있습니다. 가족원은 기쁨과 슬픔을 함께 나눕니다. 가족원은 서로에 대해 깊은 관심을 갖고 있으며, 서로 '사랑이 깃든 말하기'와 '마음을 다해 듣기'를 실천합니다.[43]

새로운 유토피아의 가족원은 각자 자신의 능력이나 취향에 따라 가사노동을 분담합니다. 그들은 함께 텃밭을 가꿉니다. 밭에다 씨를 뿌리고, 물을 주며, 김을 매고, 수확물을 거두어들이는 일은 온 가족이 함께 하는 즐거운 활동입니다. 새로운 유토피아인에게 청소, 요리, 빨래, 설거지와 같은 가사노동이나 텃밭 가꾸기와 같은 가족 내 노동은 수행이며 동시에 낙도로서의 활동입니다.

2.4. 텃밭 가꾸는 즐거움

새로운 유토피아인에게 텃밭 가꾸기는 일상생활에서 빼놓을 수 없는 일부이자 즐거움의 중요한 원천입니다. 새로운 유토피아사회에서는 누구나 자신의 가족 텃밭을 갖고 있습니다. 그들은 어려서부터 텃밭 일을 배우기 시작하며, 죽음이 가까이 다가와서 더 이상 활동할 수 없는 시기에 이를 때까지 텃밭과 함께 살아갑니다.

봄이 오면, 새로운 유토피아사회에서는 가족이 함께 텃밭을 갈고 씨앗을 심습니다. 새로운 유토피아인은 씨앗에서 새싹이 돋아나는 것을 보며 생명의 경이를 느낍니다. 가만히 맨땅에 주저앉아, 1센티미터의 땅을 뚫고 올라오기 위해 씨앗이 기울였을 엄청난 노력을 생각해봅니다.

---

43) 이 구절은 틱낫한 스님의 『Being Peace』(1987)를 참조했음.

깜깜한 땅속에서 씨앗은 무섭고 불안했겠지요. 하지만 용기를 내어 자신의 껍질을 부수고 씨앗은 싹이 되어 땅위로 솟아올랐습니다. 새싹을 보면서, 새로운 유토피아인은 씨앗으로서 자신의 존재가 싹을 틔우기 위해 기울이는 수고를 생각해보고, 깨어남의 환희를 느낍니다.

가물 때는 물을 줍니다. 잡초가 올라오면 김을 매어줍니다. 싹이 잎을 내고 하루하루 자라나는 모습을 보며 즐거워합니다. 싹이 자라는 모습을 보면서, 새로운 유토피아인은 자신의 성장을 생각해봅니다. 함께 땀 흘려 일하면서 행복을 느낍니다. 때론 함께 일하는 가족이나 친구와 담소를 나눕니다. 하늘도 한번 쳐다보고 미풍과의 대화도 나눕니다.

작물이 무럭무럭 자라 열매를 맺습니다. 수확의 기쁨을 맛봅니다. 텃밭에서 금방 따온 고추나 오이를 쌈장에 찍어 먹으면 맛이 그만입니다. 가을이 오면 텃밭에서 자라던 온갖 작물들이 힘을 잃고, 마침내 죽어서 다시 땅으로 돌아갑니다. 가을 텃밭을 바라보면서, 새로운 유토피아인은 나이 들어감의 의미와 편안함을 느끼며, 쉼으로서 죽음을 맞이할 수 있는 능력을 키웁니다.[44]

2.5. 걷는 즐거움

새로운 유토피아인은 '걷기'를 즐깁니다. 그들은 천천히 걷습니다. 현대인은 분주한 발걸음을 옮겼습니다. 그들은 평생을 걸어 다녔지만, 걸음다운 걸음을 걸은 적은 거의 없었습니다. 걸음을 걷는 동안에도, 그들의 마음속에는 온갖 생각이 일어났지요.

새로운 유토피아인은 한 걸음 한 걸음에 온 마음을 기울이며 천천히 걷습니다. 걸으면서, 아름다운 지구를 마음껏 걷는 행복을 느낍니다. 새로운 유토피아인은 때로 침묵 속에서 혼자 걷습니다. 천천히 걸으면서 발바닥에 전

---

44) 홍승표, 「통일체적 세계관과 인간적 노동의 구현」(동양사회사상 19집, 2009), p.15 참조.

해오는 푹신한 땅의 느낌을 즐깁니다. '이렇게 마음 내키는 대로 걸을 수 있다는 것은 얼마나 좋은 일인가요!', 걸을 때마다 그의 마음속에서 이런 탄성이 들립니다.

걷다가 사람을 만나면, 새로운 유토피아인은 미소 지으며 가볍게 인사를 나눕니다. 어떤 날은 노루를 만나고, 어떤 날은 꿩을 만납니다. 장끼가 눈 내린 대나무밭 사이를 후드득 소리를 내며 날아가는 모습은 장관입니다.

걷다가 친구 나무에 도착하면, 그를 껴안아줍니다. 그를 껴안고 그의 이야기를 들으며, 내 이야기도 들려줍니다. 힘들면 그늘에 앉아서 준비해간 감식초물을 한잔 들이킵니다. 개미들이 사는 모습도 지켜보곤 하다가 또 일어나서 천천히 행복한 걸음을 걷습니다.

때로는 가족이나 마음에 맞는 친구와 함께 걷습니다. 서로 농담도 나누고, 호탕한 웃음을 웃습니다. 인생살이에 대한 이야기도 나눕니다. 때론 아무 말 없이 손을 꼭 잡고 걷기도 합니다. 언제나 인생길을 함께 걸어갈 수 있는 아내와 벗이 있음에 깊은 감사를 느낍니다.

2.6. 한가로움을 즐김

새로운 유토피아인의 삶은 한가롭습니다. 그들은 현대인이 왜 그렇게 분주한 삶을 살았는지 의아해 합니다. 새로운 유토피아인의 삶의 형태는 현대사회에서 직장에서 은퇴한 노인의 삶과 유사합니다. 그들의 삶에는 의무적인 노동이 없습니다. 새로운 유토피아인은 하루하루를 온전히 자신의 뜻대로 살아갑니다.

새로운 유토피아인은 바라지 않고 악착스럽지 않고 그저 한가함을 바라고 걱정 없음을 낙으로 삼습니다.[45] 새로운 유토피아인은 유유히 흘러가는 구름처럼, 강물처럼, 그렇게 살아갑니다. 그들은 결코 서두르지 않으며, 삶

45) 鴨長明, 「호오죠오끼」, 유옥희 편역, 『일본중세수필』(계명대학교출판부, 1998), p.27 참조.

의 오솔길을 천천히 걸어갑니다. '젊어서 얻은 한가함이야말로 진정한 한가함입니다[未老得閑 方是閑].' 라는 옛말이 있습니다. 새로운 유토피아인의 삶이 바로 그러합니다.

새로운 유토피아인은 마음에 맞는 친구와 마주앉아 한가롭게 차를 마십니다. 그들은 양지바른 곳에 모여앉아 해바라기를 합니다. 비가 오면, 뜨뜻한 구들에 등을 지지면서 낙수소리를 즐깁니다. 거미줄에 맺힌 영롱한 이슬을 가만히 들여다보기도 하고, 부리부리 눈을 굴리는 잠자리와 눈을 맞추기도 합니다.

새로운 유토피아인은 게으름을 즐깁니다. 아침에 이불속에서 나오지 않고 빈둥거리는 것이 예사입니다. 특히 비라도 오는 날이면, 그들은 잠자리에서 좀처럼 나오지 않습니다. 그들은 일하는 것, 그 중에서도 급하게 일하는 것을 가장 싫어합니다.

2.7. 삶의 즐거움

이밖에도 새로운 유토피아인의 일상생활에는 열거할 수 없을 만큼 많은 즐거움이 있습니다. 사랑하는 사람들과의 즐거운 식사, 푹신한 안락의자에 누워 즐기는 낮잠, 마음에 맞는 사람과 이야기를 나누는 즐거움, 교우관계의 즐거움, 가르침의 즐거움, 배움의 즐거움, 낄낄거리며 상대편을 놀리는 즐거움 등 그들이 누리는 즐거움은 헤아릴 수 없습니다.

그들은 아름다운 노래 부르기를 즐기며, 음악 감상을 즐깁니다. 사색의 즐거움이나 함께 공부하는 즐거움도 빼놓을 수 없습니다. 커피나 차를 즐기는 사람도 있고, 여행의 즐거움을 누리는 사람도 있습니다. 마음을 집중해서 호흡하면서, 아내의 새로운 아름다움을 발견하면서, 하찮은 일에 화를 내는 자신을 보고 미소 지으면서, 그들은 맑고 지속적인 즐거움을 느낍니다.

VII

새로운 유토피아의 문화

Ⅶ

새로운 유토피아의 문화

새로운 유토피아인이
나누는 대화의 대부분은
농담입니다.

새로운 유토피아사회의 문화는 현대사회와는 확연히 다릅니다. 왜냐하면, 삶과 문명의 목표에 따라서 특정 사회의 문화적인 특징이 형성되는데, 이 두 사회는 추구하는 삶과 문명의 목표가 근본적으로 다르기 때문입니다. 문화 영역에서도 새로운 유토피아의 키워드는 '사랑'입니다. 새로운 유토피아에는 오래도록 전승된 각 민족문화가 잘 계승되고 발전됨과 동시에, 세계인이 공유하는 보편문화 역시 발달해 있습니다.

1 식생활문화

새로운 유토피아사회에서 식생활문화를 한 마디로 요약하자면, 그것은 '사랑의 식생활'이라 할 수 있습니다. 그들은 식재료의 준비, 요리, 식사, 설거지 등을 통해서 자신을 만나며, 사랑의 즐거움을 누립니다. 새로운 유토피아의 식생활문화에는 새로운 유토피아인 모두가 공유하는 보편성과 특정 민족이나 가족마을만이 갖고 있는 특수성이 공존합니다.

1.1. 식생활문화의 보편성

새로운 유토피아사회에서는 어느 가족마을에서나 식재료의 대부분을 자체적으로 생산합니다. 한 가족이 아침식사 준비를 위해 애호박 몇 개, 깻잎 몇 장, 고추 몇 개, 계란 몇 알 등이 필요하면, 새로운 유토피아인은 텃밭으로 가서 이런 것들을 거두어 사용합니다. 그래서 새로운 유토피아의 식재료는 늘 싱싱하고 건강에도 좋습니다.

새로운 유토피아인은 식재료를 모두 유기농법으로 생산합니다. 현대사회에서 사용되던 제초제나 살충제, 화학비료 등은 모두 자취를 감추었습니다. 식사 후 남은 음식물찌꺼기는 잘 모아서 퇴비를 만드는데 이용하거나 가축들의 먹이로 줍니다.

새로운 유토피아인은 주로 채식생활을 합니다. 그래서 새로운 유토피아사회의 육류 소비량은 급격히 줄어들어 있습니다. 닭이나 오리, 돼지나 소 등의 가축들은 들판에 방목됩니다. 새로운 유토피아에서는 가축들도 자유롭고 행복하게 살아갑니다. 가축들은 아이들의 좋은 친구입니다.

새로운 유토피아의 가족마을 군데군데에는 과일나무들이 심겨져 있습니다. 가족마을 주민들은 물론이고 지나가는 사람들도 아무나 목이 마르거나 출출하면 과일을 따 먹습니다. 시냇물은 너무나 맑아서 사람들은 손으로 그냥 시냇물을 마십니다.

새로운 유토피아인은 요리를 즐깁니다. 그들에게는 요리하는 것 자체가 즐거운 활동임과 동시에, 요리를 통해 자신과 사랑하는 가족들을 행복하게 해줄 수 있기 때문입니다. 식사를 준비하는 사람은 요리에 정성을 가득 담으며, 마냥 즐겁습니다.

식사를 준비할 때는 남녀노소 구분 없이 가족원 모두 참여합니다. 어떤 사람은 텃밭에서 상추, 깻잎, 고추, 파, 오이 등을 따오고, 어떤 사람은 달걀을 가져옵니다. 소젖을 짜오는 사람도 있습니다. 몇몇 사람들은 함께 둘러앉아 수다를 떨면서 식재료를 다듬습니다. 그날의 주 요리는 솜씨 좋은 사람이 직접 준비합니다. 아이들은 식탁 세팅을 하고, 그릇과 요리를 나릅니다.

새로운 유토피아인은 다른 민족이나 부족의 음식들도 요리하며, 이를 즐깁니다. 인터넷은 자세한 요리재료와 요리과정을 입체영상으로 바로 옆에서 보여주기 때문에 영상에서 요리사가 하는 대로 따라하면 맛있는 이국요리를 언제나 만들어 먹을 수 있습니다. 새로운 유토피아인은 자기 가족마을이 자랑스럽게 생각하는 요리를 인터넷에 올려놓으며, 지구촌 구석구석에서 이를 이용합니다.

새로운 유토피아사회에서 식사는 즐겁고 행복한 시간입니다. 새로운 유토피아인의 식사 시 공통적인 모습은 어느 지역을 가건 아무도 서둘러 식사하는 사람이 없다는 점입니다. 또 하나의 공통점은 여럿이 모여 함께 식사한다는 것입니다. 그들은 천천히 음식의 맛을 음미하며 식사합니다. 그들은 음식물을 오랫동안 씹습니다. 그들은 사랑이 가득 담긴 식사를 하며, 식사를 통해 경이로운 우주와의 만남을 경험합니다.

1.2. 식생활문화의 특수성

새로운 유토피아의 지구촌 가족마을마다 식재료에는 큰 차이가 있습니다. 예를 들어, 한(韓)민족 가족마을 식재료의 특징을 살펴보도록 하겠습니다. 한민족 가족마을 사람들은 밥을 주식으로 하며, 단립미를 즐겨 먹습니다. 그래서 한민족 가족마을에서는 벼농사가 보편적으로 이루어집니다. 한민족 가족마을에서는 마늘을 많이 재배합니다. 그들은 전통적으로 마늘이 들어간 음식을 즐겨왔기 때문입니다. 배추와 고추 재배 역시 다른 민족의 가족마을보다 월등히 많습니다. 이 밖에도, 한민족 가족마을에서는 무, 깻잎, 콩잎, 고구마 줄기, 조선오이, 더덕, 버섯, 미나리, 부추, 파, 팥, 옥수수, 도라지, 고사리 같은 것을 음식재료로 즐겨 사용합니다.

새로운 유토피아사회에서는 가족마을마다 자신들의 식문화전통을 유지하며 발전시켜나갑니다. 한민족 가족마을에서는 가을에 함께 모여 김장을 담습니다. 김장철이 오면, 온 마을이 축제 분위기가 됩니다. 또 온 가족원들이 함께 모여 간장과 고추장, 된장을 담습니다.

한민족 가족마을 사람들은 된장찌개나 고추장찌개를 즐겨먹고, 두부나 여러 가지 종류의 전을 좋아합니다. 산나물무침 같은 것도 다른 지역에서는 보기 힘든 음식입니다. 더덕구이나 버섯찌게를 좋아하는 사람도 많습니다. 이 밖에도 비빔밥, 삼계탕, 육개장, 콩나물밥, 생선구이, 생선찌개, 불고기, 냉면, 비빔국수, 칼국수, 수제비, 잔치국수, 청국장, 시래기나물, 만두, 가자미식혜, 게장, 알젓, 무장아찌 등 그들이 즐기는 전통음식의 종류는 아주 다양합니다.

식사방식이나 예절도 가족마을마다 차이가 있습니다. 중국인 가족마을 사람들은 떠들썩하게 웃으며 흥겹게 식사를 하고, 독일인 가족마을 사람들은 음식물에 마음을 집중한 채 조용히 음식을 먹습니다. 일본인 가족마을 사람들은 식사 전에 '잘 먹겠습니다.' 라고 인사를 하고 식사를 시작합니다. 터키인과 한국인 가족마을 사람들은 식사를 할 때 어른에 대한 배려심이 높습니다.

식사도구도 한국인 가족마을 사람들은 수저를 사용하고, 서양 사람들은 포크와 나이프를, 중동 지역 사람들은 오른 손으로 음식을 먹습니다. 이들 지역에서는 식사를 할 때 왼손을 사용하는 것은 실례입니다. 한국인 가족마을 사람들은 그릇에 얼굴을 가까이 하는 것이 실례인 반면에, 중국인 가족마을 사람들은 밥그릇을 입에 가까이 대고 젓가락으로 밥을 먹습니다. 한국인 가족마을 사람들은 국에다가 밥을 말아서 먹는 것을 즐기고, 프랑스인 가족마을 사람들은 식사할 때 늘 포도주를 마십니다. 그리스인 가족마을 사람들은 여름 밤 늦은 저녁식사를 즐깁니다.

2 주거문화

새로운 유토피아인은 자신의 조상이 지은 집에서 대를 이어 살아갑니다. 새로운 유토피아에서 집이란 사고팔 수 있는 상품이 아닙니다. 거기에는 자신의 삶의 추억과 조상들의 흔적이 남아 있습니다. 새로운 유토피아인은 자신의 집을 사랑합니다. 새로운 유토피아 가족마을의 주거문화에도 보편성과 특수성이 있습니다.

2.1. 주거문화의 보편성

만일 현대인이 새로운 유토피아사회를 방문한다면, 가장 먼저 눈에 띄는 사실은 도시가 사라져버렸다는 점일 것입니다. 새로운 유토피아에는 도시가 사라졌고, 이에 따라서 도시지역에서의 혼잡한 주거 역시 사라졌습니다. 현대인의 대다수가 도시에 거주했다는 것을, 그리고 가장 혼잡한 지역에 살던 사람들이 으스대는 마음을 갖고 있었다는 것을, 새로운 유토피아인은 납득할 수 없습니다.

새로운 유토피아인이 사는 집들은 거의가 농촌이나 산촌에 흩어져 있습니다. 그러므로 새로운 유토피아사회인은 맑은 공기와 깨끗한 물 등 자연이 주는 혜택을 누립니다. 동시에 그들은 현대사회 주택이 제공했던 전기, 온수, 난방 등과 같은 편리하고 쾌적한 문명의 혜택을 받습니다.

새로운 유토피아인은 여러 대를 이어서 오래된 집에서 살아갑니다. 그들이 사는 집은 조상이 손수 지은 집이고, 자신의 어린 시절의 추억이 담겨 있는 집입니다. 새로운 유토피아인이 참으로 이해하기 힘들어하는 점들의 하나는 현대사회에서 사람들이 집을 사고파는 상품과 같은 것으로 생각했었다는 것입니다. 새로운 유토피아인은 집을 소중히 생각하고, 잘 관리해서 자신의 후손에게 전해줍니다.

새로운 유토피아사회의 집은 외양이 소박합니다. 집은 거의가 단층으로 지어져 있습니다. 현대사회에서 많았던 아파트와 같은 고층 공동주택은 새로운 유토피아사회에서 완전히 자취를 감추었습니다. 집안에 있는 가구들도 아름답고 실용적이기는 하지만 화려하지는 않습니다. 집 둘레에는 아름다운 꽃과 오래된 나무들이 자라고 있습니다. 새로운 유토피아인이 살고 있는 집 안으로 들어가면 편안한 느낌이 듭니다.

새로운 유토피아 주택의 공통점이 또 하나 있는데, 그것은 주거시설이 과학적이며 편리하다는 점입니다. 모든 집에는 샤워시설이 갖추어져 있습니다. 주방도 합리적으로 설계되어 있어 취사가 편리합니다. 침구나 소파 등도 인체가 편안함을 느끼고 건강에 유익하게끔 설계되어 있습니다. 모든 방과 거실에는 지구촌 어떤 지역과도 바로 접속할 수 있으며, 엄청난 정보를 내장하고 있는 인터넷이 연결되어 있습니다.

새로운 유토피아사회에서는 가족마을 사람들이 직접 집을 짓고 수리합니다. 집을 증축하거나 수리할 필요가 있을 때는 가족마을 사람들이 모두 모여서 의논하고, 함께 작업합니다. 집을 고치는 일은 마을의 큰 행사로 아이들에게는 신나는 일입니다. 마을 사람들은 기술자의 지도 아래 천천히 그리고 정성스럽게 집을 짓고 수리합니다.

새로운 유토피아의 가족마을은 태양력, 풍력, 수력, 수소 등 자신이 필요로 하는 에너지를 스스로 발전해서 사용합니다. 새로운 유토피아에서 석유는 더 이상 전기를 만드는 원료로 사용되지 않으며, 전기의 중앙공급도 존재하지 않습니다. 가족마을은 자신들이 필요한 만큼의 에너지를 환경 친화적인 방식으로 생산하며, 함께 사용합니다.

새로운 유토피아의 가족마을에는 공동생활을 위한 공간과 개인생활 공간이 따로 있습니다. 개인의 프라이버시는 존중되며, 자신의 취향대로 방을 꾸밉니다. 또 모든 가족마을에는 그 마을을 방문한 사람들이 기거할 수 있는 공간이 마련되어 있습니다. 내방자들은 그 마을에 머무는 동안 마을주민의 일원이 되어 생활합니다.

새로운 유토피아 주택의 특징 중 하나는 모든 집들에 명상을 위한 작은 방이 갖추어져 있다는 점입니다. 명상실 안은 아무 가구도 없이 텅 비어 있습니다. 새로운 유토피아인은 명상실에서 혼자서 또는 가족이 함께 조용히 앉아서 명상을 합니다.

2.2. 주거문화의 특수성

새로운 유토피아사회에서는 지구촌 어디를 가나 그 지역만의 독특한 주거문화를 만나게 됩니다. 특정 지역의 가옥형태는 전통문화와 자연환경의 영향을 많이 받습니다. 한민족 가족마을의 경우는 황토집이 많고, 그리스인 가족마을에는 흰 벽에 벽돌색 지붕을 한 집이 많습니다. 필리핀인 가족마을에는 집들이 목조로 지어져 있고, 지붕은 야자수 잎으로 덮습니다. 베트남인 가족마을에는 수상주택이 많습니다. 중동 산악지역에는 짚을 썬 것을 찰흙과 섞어 다져서 만든 벽돌로 지은 집에서 사는 사람들이 많습니다.

난방을 하는 방식도 지역마다 차이가 있습니다. 서구사회에서는 벽난로를 이용해서 공기 난방을 합니다. 그래서 소파나 침대 등을 이용하는 입식 생활이 일반화되어 있습니다. 한국인 가족마을은 온돌 난방을 많이 합니다. 그래서 좌식 생활이 일반화되어 있습니다. 한국인은 추운 겨울날 뜨뜻한 구들에 등을 지지는 것을 좋아합니다. 중국인 가족마을의 경우는 한국과 지리적으로 인접해 있지만 입식 생활이 일반화되어 있습니다.

주택의 바닥도 지역별 차이가 큽니다. 한국인 가족마을이나 일본인 가족마을 주택에서는 실내에서 맨발로 지내는 사람들이 많습니다. 일본인 가족마을에는 일종의 짚으로 짠 돗자리인 다다미를 바닥에 깔아 놓은 집이 많습니다. 다다미는 습기나 냉기 조절에 뛰어납니다. 또한 무릎을 꿇고 앉는 것이 일반적인 일본인의 생활 습관으로 볼 때도 다다미는 쿠션의 역할을 하면서 저리기 쉬운 다리를 보호해 줍니다. 한국인 가족마을의 경우에는 방에 장판을 깔고 거실에는 마루를 깐 집이 많습니다. 이에 반해서, 서구나 중국인 가족마을의 주택에서는 실내에서도 신발을 신고 지냅니다. 서구사회에서는 바닥에 카펫을 깔고 생활하는 것이 일반적입니다.

3 복식문화

새로운 유토피아를 여행하면 지역마다 사람들의 의상이 다름을 알 수 있습니다. 현대사회에서는 서구문화가 득세하면서, 비서구지역의 주민들도 서구적인 복식을 했던 경우가 많았습니다. 하지만 새로운 유토피아에서는 특정 지역문화가 다른 지역문화를 지배하는 일은 더 이상 존재하지 않습니다. 새로운 유토피아인은 자신의 선조들이 개발한 고유의상을 실용적으로 개량해서 입기를 즐깁니다. 새로운 유토피아의 복식문화에도 보편성과 특수성이 있습니다.

3.1. 복식문화의 보편성

새로운 유토피아사회 복식문화의 두드러진 특징 중의 하나는 현대사회와는 달리 유행이 없다는 점입니다. 그들은 흔히 아버지나 어머니가 입던 옷을 물려받아서 입습니다. 아이들의 경우는 형이나 언니가 입던 옷을 입고 자라는 경우가 많습니다. 오래되어서 기운 옷을 입고 다니는 사람도 많습니다. 그러나 그들은 기운 옷에 대해 부끄러움을 느끼기는커녕 가벼운 긍지를 느끼는 경우가 많습니다.

새로운 유토피아사회에서 사람들은 옷을 스스로 만들어 입습니다. 사랑하는 사람에게 옷을 만들어 선물하기도 하고, 만든 옷을 선물받기도 합니다. 때로는 옷을 잘 만드는 사람은 새 옷이 필요한 이웃주민에게 옷을 선물하기도 합니다. 하지만 옷을 사고판다는 것은 새로운 유토피아인에게는 상상조차 할 수 없는 일입니다.

새로운 유토피아사회 복식문화의 또 하나의 특징은 그들이 입고 있는 옷이 검소하고 수수하다는 점입니다. 색상도 그렇게 화려하지는 않습니다. 그러나 그들의 의상은 각자 자신의 개성과 조화를 이루며, 아름답습니다. 동물 가죽으로는 더 이상 옷을 만들지 않습니다. 옷을 자주 바꿔 입지 않기 때문에, 옷과 옷을 입고 있는 사람은 하나가 되어 있습니다.

새로운 유토피아사회 복식문화의 또 다른 특징은 그들이 입고 있는 옷이 무척 편리하다는 점입니다. 옷은 합리적으로 설계되어 있어서 활동하기에 편리합니다. 또한 옷의 소재도 피부에 좋은 것을 사용하며, 통풍과 보온도 잘 됩니다.

3.2. 복식문화의 특수성

새로운 유토피아사회에서 각 민족은 자신의 전통의상을 즐겨 입습니다. 이것은 현대사회에서 서구의 복식문화가 전 세계적으로 파급되었던 것과 현저히 차이가 나는 점입니다. 전통의상은 오랜 시간에 걸쳐서 그 지역의 기후나 문화의 영향을 받으면서 만들어진 것입니다. 새로운 유토피아사회는 이런 문화유산을 계승하고, 실용적인 착용이 가능하게 변용했습니다.

한국인 가족마을에서 사람들은 개량한복을 주로 입습니다. 개량한복은 보통 면으로 만들어집니다. 여성은 무릎 아래까지 내려오는 긴 치마와 저고리를 입으며, 남성은 헐렁한 바지와 저고리를 입습니다. 예전에는 흰색을 선호했지만 지금은 색상이 다양합니다.

일본 여성들은 결혼식이나 장례식 등 특별한 행사가 있을 때는 기모노를 입습니다. 기모노는 오비라고 부르는 허리에 두르는 긴 천을 매달으며 조리라고 부르는 샌들을 신습니다.[46] 일본인 가족마을에서 사람들은 평상시에

---

46) 세계 각 지역의 전통의상에 관한 서술은 아래 인터넷 사이트를 많이 참조했습니다.
http://kin.naver.com/detail/detail.php?d1id=6&dir_id=612&eid=yURTP2BoJeJuiHTyE+6QFE6qxOAnkNYB&qb=7IS46rOE7KCE7Ya17J2Y7IOB&enc=utf8
http://kin.naver.com/detail/detail.php?d1id=6&dir_id=60101&eid=0bMfKZuIBhgeIjy6ZmFfIY1q3UCNNzKN&qb=7ZWc6rWt7KCE7Ya17J2Y7IOB&enc=utf8

는 유카타를 즐겨 입습니다. 베트남인 가족마을 여성은 아오다이를 즐겨 입는데, 이것은 바지 밑까지 내려오는 긴 코트 같은 옷입니다. 이슬람 지역 여성들은 머리에 차도르를 합니다.

말레이시아인 가족마을에서 사람들은 남녀가 모두 사롱 혹은 카인이라고 부르는 유색 스커트를 입습니다. 사롱은 몸을 감싸는 기다란 천입니다. 카인은 끝단을 서로 이어 놨다는 것 외에는 사롱과 비슷합니다. 남자들은 보통 허리에는 사롱을 입고 위에는 셔츠를 입습니다. 여성들은 사롱이나 카인과 함께 길 게 늘어진 블라우스를 입습니다. 남성들은 또한 종교적인 이유에서 특유의 모자를 쓰며 여자들은 어깨나 머리위로 숄을 쓰고 다닙니다.

인도인 가족마을에서 여성들은 사리를 즐겨 입습니다. 사리는 보통 블라우스와 같이 입는데, 인도 북부의 결혼하지 않은 여자와 소녀들은 살와라고 부르는 길게 늘어진 바지와 카미즈라고 부르는 긴 블라우스를 입으며, 결혼한 여성은 긴 스커트를 입습니다. 대부분의 인도 남성들은 도티를 입습니다. 이것은 흰색으로 바지모양으로 다리에 감고 다시 스커트 모양으로 하반신을 감은 다음 허리에서 매듭을 짓는 형식으로 되어 있습니다.

중국인 가족마을에서 사람들은 치파오나 중산복을 즐겨 입습니다. 중국인은 어두운 색깔의 옷은 불행을 가져온다고 믿기 때문에 주로 밝은 색깔의 옷을 선호합니다. 특히 붉은 색은 행운과 복을 가져온다고 믿어서 붉은 색 옷을 좋아합니다. 자연스럽게 흘러내리는 선과 우아한 모양이 특징인 치파오는 16 세기 중엽 만주족의 민족의상이었는데, 중국의 청나라 때부터 남녀 공용으로 널리 착용하게 되었습니다. 원래 박스형이었던 치파오는 점차 허리선이 들어가고 인체의 굴곡을 살려주는 형태로 변화되었습니다.

4 고통에 대응하는 방법

새로운 유토피아는 고통과 불행이 존재하지 않는 사회일까요? 그렇지는 않습니다. 물론 새로운 유토피아에는 현대사회에 비해 고통과 불행의 절대

량이 현저하게 감소해 있는 것은 사실입니다. 새로운 유토피아에서 이런 것들이 현저히 감소할 수 있었던 이유는 무엇일까요? 고통과 불행은 모두 '분리된 자아'가 만들어내는 것입니다. 새로운 유토피아인에게는 '분리된 자아'가 크게 약화되어 있고, 그 결과로 이런 것들이 현저하게 줄어든 것입니다. 하지만 새로운 유토피아는 이런 것들이 전혀 없는 사회는 아닙니다.

고통과 불행의 문제에 있어서, 새로운 유토피아사회와 현대사회의 본질적인 차이점은 이런 것들에 대응하는 방법이 다르다는 점입니다. 새로운 유토피아인은 고통을 행복으로 바꿀 수 있는 사랑의 연금술사입니다. 현대사회에서 고통과 불행은 파괴적인 힘으로 작용할 따름이었으며, 이것은 더 큰 고통과 불행을 불러왔습니다. 하지만 새로운 유토피아사회에서는 사람들이 고통과 불행에 직면했을 때, 이들은 자신이 겪는 고통과 불행을 사랑에 이르는 좋은 기회로 활용합니다. 이렇게 하더라도 여전히 고통스런 것은 사실이지만, 이 때 고통은 창조적인 자기변화의 원동력이 됩니다.

갑작스런 불행이 다가와서 자신이 소중하게 생각했던 것을 잃어버렸다고 생각해보도록 하지요. 예를 들어서, 자신의 미모에 자부심을 갖고 있었던 어떤 여성이 심한 화상을 입어 흉한 모습이 되었다고 가정해 보겠습니다. 이런 불행은 새로운 유토피아인에게도 많은 상처와 고통을 줍니다. 하지만 새로운 유토피아인에게 있어서 이런 뜻하지 않은 불행은 자신의 외모에 대한 자부심이라고 하는 '분리된 자아'의 감옥으로부터 벗어날 수 있는 좋은 기회이기도 합니다.

그 여성은 자신의 아름다운 외모가 지지해주고 있는 동안에는 자각하기 어려웠던 '무아(無我)'를 자각할 수 있는 좋을 기회를 얻습니다. 자신의 아름다운 외모의 상실 경험을 통해서, 자신의 외모뿐만 아니라 자신이 갖고 있는 모든 것, 궁극적으로는 자신의 생명마저도 영원한 것이 아님을 자각하게 됩니다. 자신뿐만 아니라 이 세상 모든 존재가 무상(無常)함을 깨닫게 됩니다.

마침내 그 여성은 어떤 존재도 '분리된 자아'로서 실재하지 않음을 알게 되고, '우주적인 존재' 로서의 자신에 대한 자각을 얻습니다. 이런 예에서 보듯이, 새로운 유토피아인은 자신에게 다가온 불행에 창조적으로 대응합니다. 이것은 새로운 유토피아인이 불행에 직면해서 자신의 참모습을 발견하고 사랑하게 되는 하나의 사례입니다.

다른 한편으로, 새로운 유토피아인이 자신의 외부에 존재하는 악에 대면해서 사랑에 이르는 예를 생각해보기로 하겠습니다. 먼저 새로운 유토피아 사회에서는 사람들 간의 관계에서 오는 사회적인 고통이 현대사회에 비해서 놀라우리만큼 줄어들었다는 사실을 염두에 두어야겠습니다. 새로운 유토피아인은 '우주적인 존재' 로서의 자신을 자각한 사람들이기 때문에 자신이나 상대편에게 고통을 주지 않습니다. 하지만 완전한 깨달음이란 존재하지 않기 때문에, 새로운 유토피아에도 사회적인 고통이 전혀 없을 수는 없습니다.

예를 들어, 어떤 사람이 공격적이고 파괴적인 성격을 가진 사람을 만나서 고통을 겪는다고 생각해보도록 하지요. 이런 경우를 당하면, 현대인은 심한 상처와 고통을 받았습니다. 그리고 상대편에게 화를 내고 보복을 가하는 것으로 대응하고자 했습니다. 그 결과로 공격을 주고받는 당사자들 모두가 고통을 겪고, 황폐해졌습니다.

새로운 유토피아인의 반응은 이와 다릅니다. 상대편이 똑같은 강도의 공격적인 행위를 했다고 가정해보도록 하지요. 그랬을 때, 새로운 유토피아인과 현대인이 보이는 첫 번째 차이는 새로운 유토피아인의 경우 자신에게 가해지는 공격에 대해 훨씬 덜 고통스럽게 느낀다는 점입니다. 왜냐하면 상대편이 공격할 수 있는 것은 '분리된 자아로서의 나' 일뿐이기 때문입니다. 그런데 새로운 유토피아인에게는 '분리된 자아로서의 나' 에 대한 정체성이 떨어져 나갔기 때문에, 상대편이 공격을 하더라도 그것이 별로 자신에게 상처를 주지 못하는 것입니다.

그래서 새로운 유토피아인은 공격을 받았을 때, 공격하는 상대편의 상태를 살펴볼 수 있는 여유를 갖습니다. 새로운 유토피아인은 자신을 공격하는 그 사람에게 즉각적으로 화를 내거나 보복을 하지 않습니다. 그들은 자신을 공격하는 그 사람에게 정신을 집중하고 그 사람을 깊이 들여다봅니다. 그러면 그 사람이 상처받은 사람임을, 자신도 어쩔 수 없는 힘에 의해 그런 행동을 했음을 알게 됩니다. 그는 처벌받아야 될 사람이 아니라 위로받아야 될 사람임을 자각합니다. 그가 정말 필요로 하는 것은 보복이 아니라 사랑임을 알게 됩니다.

이런 사실을 자각했을 때, 새로운 유토피아인은 자신을 공격한 상대편에게 증오심이 아니라 연민을 느낍니다. 그가 안고 있는 상처에 따뜻한 눈빛과 부드러운 미소를 보냅니다. 이것은 외적인 요인에 의한 고통에 직면해서, 그 사람의 참모습을 발견하고 사랑하게 되는 사례입니다.

5 욕망에 대한 태도

새로운 유토피아인은 욕망을 긍정하고 자유롭게 즐깁니다. 하지만 그들은 현대인과 달리 욕망을 궁극적인 추구의 대상으로 삼지 않으며, 욕망으로부터 자유롭습니다. 새로운 유토피아인의 욕망 충족에는 적당한 선에서 멈춤[知止]과 만족[知足]이 있습니다.

욕망에는 자연스런 욕망과 인위적인 욕망이 있습니다. 이 양자에 대해 새로운 유토피아인은 상이한 태도를 취합니다. 그들은 자연스런 욕망에는 적정의 원리를 적용하고, 인위적인 욕망에는 극소화의 원리를 적용합니다.

5.1. 자연스런 욕망에 대한 태도

자연스런 욕망이란 인간이라면 누구나 갖고 있는 욕망을 가리킵니다. 식욕, 성욕, 수면욕, 휴식욕, 배설욕 등과 같은 생물학적인 욕망이 여기에 해당됩니다. 새로운 유토피아인은 자연스런 욕망을 긍정하며, 이를 건강한 사람의 표식이라고 생각합니다.

새로운 유토피아인은 자연스런 욕망에 대해서 적정의 원리를 적용합니다. 이는 절제하는 가운데 욕망을 긍정하고, 즐기되 탐닉하지 않으며, 욕망의 노예가 되지 않음을 말합니다. 생물학적인 욕망은 건강한 인간에게 자연스런 것입니다. 하지만 인간은 욕망을 훨씬 넘어서 있는 존재이기에, 새로운 유토피아인은 욕망 충족 그 자체를 삶의 목표로 추구하지는 않습니다.

성욕을 예로 들어 생각해보도록 하지요. 과거 인류의 역사를 돌이켜보면, 성욕에 대해 금욕주의적인 태도와 쾌락주의적인 태도가 주기적으로 교차했음을 알 수 있습니다. 금욕주의가 지배하던 시대에는 성욕을 악으로 간주하고, 성욕에 대한 억압적인 태도가 팽배했었습니다. 반면에, 쾌락주의가 지배하던 시대에는 섹시즘이라고 할 수 있을 정도로 성적인 쾌락에 대한 추구가 만연했었습니다. 현대사회는 후자의 유형에 속합니다.

새로운 유토피아인의 성욕에 대한 태도는 이 두 가지 극단을 모두 벗어나 있습니다. 새로운 유토피아에서 성생활은 자연스럽고 즐거운 것입니다. 하지만 새로운 유토피아인은 성적 쾌락을 추구하지는 않습니다. 새로운 유토피아인은 식생활에서 먹는 것을 즐기되 미식을 추구하지 않듯이, 성생활에 있어서도 성적인 쾌락을 즐기되 쾌락의 극대화를 추구하지는 않습니다.

새로운 유토피아인은 자연이 맛있는 식사를 할 수 있게 준비하는 동안 식사를 하지 않듯이, 성생활에 있어서도 자연이 성적인 쾌락을 누릴 수 있게 준비하는 동안 성관계를 갖지 않습니다. 그래서 그들은 언제나 맛있게 밥을 먹을 수 있듯이, 언제나 성생활의 즐거움을 누립니다. 그들은 자유인으로서 성적인 쾌락을 즐깁니다.

5.2. 사회적인 욕망에 대한 태도

사회적인 욕망이란 권력욕, 금전욕, 인기욕, 명예욕, 지위욕, 승부욕 같은 것들을 가리킵니다. 이것은 인간이 본래 가지고 있는 것이라기보다는 사회 안에서의 성장과정에서 습득된 욕망입니다. 사회적인 욕망의 강도는 그 사회문화적인 특징에 따라 크게 달라집니다.

경쟁심의 경우를 예로 들어보겠습니다. 현대인은 대체로 강한 경쟁심을 갖고 있습니다. 하지만, 어떤 경우에는 경쟁심을 거의 없는 집단이 있습니다. M. 미이드(Margaret Mead)는 문화인류학적인 연구를 통해서, 북 아메리카의 몇몇 원주민 부족에게는 경쟁심이 거의 없음을 발견했습니다.[47] 다시 말하자면, 경쟁에서 이기고자 하는 승부욕과 같은 욕망은 자연발생적인 것이 아니라 사회적으로 습득되는 욕망이라는 것이지요.

현대인은 강한 사회적인 욕망을 갖고 있었습니다. 왜 그랬던 것일까요? 그 근원은 현대 인간관에 있습니다. 현대 인간관의 관점에서 보면, 인간이란 아무런 본래적인 가치를 갖고 있지 않은 존재입니다. 그래서 현대인은 자기 존재의 무가치성으로부터 벗어나고자 하는 강박을 갖고 있었습니다. 그 결과, 그들은 자아확장의 추구를 통해 자신의 가치를 확인하고자 했습니다. 그러므로 현대인의 삶에서는 자신이 성취한 권력, 금전, 인기, 명예, 지위, 승리 등이 바로 자신의 가치를 의미하는 것이었습니다. 다시 말하자면, 그들에게 있어서 사회적인 욕망 충족은 삶의 궁극적인 목표였던 것입니다.

그러나 새로운 유토피아인에게는 사회적인 욕망이 적습니다. 왜냐하면 위에서 설명했듯이, 강렬한 사회적인 욕망은 자신을 본래적으로 무가치한 존재로 간주하는 현대 인간관의 산물이기 때문입니다. 새로운 유토피아인은 자신을 본래부터 온 우주를 자신 안에 담고 있는 위대한 존재라고 봅니다. 그래서 그들은 권력, 돈, 인기, 명예, 지위, 승리 등을 얻는데서 큰 기쁨을 느끼지 않습니다. 물론 새로운 유토피아인도 이런 것들을 싫어하는 것은 아닙니다. 하지만 삶의 모든 것을 이런 하찮은 것들을 얻는데 쏟아 붓는다는 것은, 그들에게는 상상조차 할 수 없는 일입니다.

권력욕을 예로 들어 생각해보도록 하지요. 어떤 사람이 갖고 있는 권력욕의 크기는 자신의 내면에 존재하는 무력감이나 열등감의 크기에 비례합니

---

47) A. Kohn, 성재상 옮김, 『경쟁을 넘어서』(비봉출판사, 1995), pp. 58~59 참조.

다. 자기 안에서 생겨나는 무력감이 클수록, 권력은 더 큰 가치를 갖게 됩니다. 반대로, 자신을 긍정하고 사랑하게 될수록, 권력욕은 감소하게 됩니다.

현대인은 태생적인 무력감과 열등감을 갖고 있었습니다. 그들에게 있어서 자신의 존재 가치는 전혀 자명한 것이 아니었습니다. 그러므로 현대인은 강한 권력욕을 갖고 있었습니다. 하지만 새로운 유토피아인은 자신을 깊이 긍정하고 사랑합니다. 그래서 그들은 상대편을 지배하는데서 아무런 만족도 느끼지 못하며, 상대편을 사랑, 용서, 깊은 이해로 대하고자 합니다. 그러므로 새로운 유토피아인은 권력을 대수롭지 않게 여깁니다. 그들이 삶을 해쳐가면서까지 권력을 추구하는 일은 있을 수 없습니다.

5.3. 습관성 욕망에 대한 태도

습관성 욕망이란 컴퓨터 게임, TV, 프로 스포츠, 도박, 마약, 끽연, 음주, 소비 등에 대한 강박적인 욕망을 가리킵니다. 습관성 욕망은 성장과정에서 사회로부터 습득되며, 중독의 경향이 있습니다. 현대인의 경우, 습관성 욕망에 대한 중독 정도가 높았습니다.

왜 현대인에게는 습관성 욕망에 대한 중독 정도가 높았던 것일까요? 그것은 한편으로는 현대인이 자신에게 주어진 시간을 창조적으로 사용하는 방법을 몰랐기 때문이었습니다. 다른 한편으로는, 과거 자본주의체제하에서 자본가들이 자신의 이익을 위해서 끊임없이 소비자의 마음속에 욕망을 확대재생산했기 때문입니다. 습관성 욕망에 빠지게 되면, 자기 자신을 돌볼 수 없게 됩니다.

새로운 유토피아인에게는 이런 다양한 형태의 습관성 욕망이 거의 없습니다. 때로 새로운 유토피아인도 이런 것들에 대한 유혹을 느끼기도 합니다. 그리고 이런 것들이 엄격하게 금지되어 있는 것도 아닙니다. 하지만, 새로운 유토피아인은 습관성 욕망이 자신의 삶과 관계에 미치는 파괴적인 영향을 충분히 자각하고 있습니다. 또한 이런 습관성 욕망이 순간적인 쾌락을 줄 수 있을지언정 깊고 지속적인 행복을 줄 수는 없음을 자각하고 있습니다.

예를 들어, 프로 스포츠를 생각해 보도록 하지요. 새로운 유토피아사회에는 프로 스포츠가 없습니다. 따라서 더 이상 스포츠 영웅도 존재하지 않습니다. 현대사회에서 사람들은 프로 스포츠를 즐겼습니다. 스포츠 영웅은 많은 현대인의 선망의 대상이었습니다. 이런 현대사회의 현상은 새로운 유토피아인이 볼 때 도저히 이해할 수 없는 일입니다.

어떻게 야구공을 빨리 던지는 것을 또는 잘 치는 것을 현대인은 그렇게 대단하게 생각했을까요? 어떻게 그물망에 축구공이 들어가면 현대인은 그렇게 열광했을까요? 그들은 서기 2002년 서울에서 열린 월드컵 경기 때 수십만 명의 군중들이 붉은 옷을 입고 열광적인 거리응원을 펼치는 화면을 보면서, 참으로 이해하기 힘든 과거 인류의 모습에 쓴 웃음을 짓습니다.

새로운 유토피아인은 운동을 즐기고 사랑합니다. 보는 운동은 사라졌지만 가족이 함께하며 즐기는 운동은 과거보다 더욱 활성화되어 있습니다. 새로운 유토피아의 운동에서는 더 높은 기량에 도달하는 것이 목표가 아닙니다. 운동 자체를 즐기는 것 그리고 이를 통해서 몸과 마음을 튼튼하게 단련하는 것이 목표입니다. 새로운 유토피아사회에서는 걷기와 같이 별다른 장비가 필요 없으면서 여러 사람이 함께 즐길 수 있는 운동이 확산되어 있습니다. 이들은 단전호흡을 즐기고, 태극권과 같이 신체의 운동과 더불어 마음을 단련하는 운동을 좋아합니다.

5.4. 영생의 욕망에 대한 태도

인류가 미래에 대한 상상력을 갖게 되면서부터, 죽음에 대한 불안은 인간을 괴롭혀 왔습니다. 그 때 이후, 영생의 욕망은 인류의 뿌리 깊은 욕망으로 자리 잡았습니다. 오랜 과거에 인류는 내세에 대한 믿음에 의존해서 영생의 욕망을 충족시키고자 했습니다. 현대인의 경우, 고대나 중세 종교의 대용물로 민족주의나 사회주의 등과 같은 많은 신조를 발명했고, 이에 의존해서 영생의 욕망을 충족시키려 했습니다. 보다 저급하게는 축적한 돈, 외모, 인기, 학식, 명예 등의 성취와 유지를 통해서 무너지지 않는 자신의 존재를 구축하려 했습니다.

하지만 새로운 유토피아사회에는 위에서 말한 의미에서의 종교도 종교의 대용물도 존재하지 않습니다. 왜냐하면 과거 인류에게 강렬한 욕망이었던 영생의 욕망은 '분리된 자아의 영생'에 대한 욕망이기 때문입니다. 새로운 유토피아인은 '분리된 자아'가 영생할 수 없는 것일 뿐만 아니라 지금 이 순간 이미 텅 비어있음[空]을 자각하고 있습니다.

영생하는 것은 '분리된 자아'가 아니라 '분리된 자아'가 텅 비어있음을 자각했을 때 활동을 시작하는 '우주적인 존재로서의 자기'임을 새로운 유토피아인은 알고 있습니다. 그러므로 새로운 유토피아인은 더 이상 '분리된 자아'의 영생을 추구하지 않습니다.

새로운 유토피아인은 자신에게 주어진 생명이란 큰 선물에 깊이 감사하고 삶을 사랑합니다. 하지만 그는 생명에 집착하지 않습니다. 언젠가 생명의 불꽃이 꺼지는 순간이 다가온다면, 새로운 유토피아인은 '여기까지'라고 생각하며, 그가 사랑했던 삶의 끈을 편안히 놓을 것입니다.

새로운 유토피아인이 이렇듯 편안한 죽음을 맞이할 수 있는 것은 모든 존재가 무상(無常)하고 공(空)함을 그들이 체득하고 있기 때문입니다. 그래서 그들은 자신의 생명으로부터 자유롭습니다. 그들은 생명의 소중함을 깊이 자각하고 있으며, 죽음이 그것을 거두어갈 때까지 삶의 순간순간을 깊이 있게 살아갑니다.

6 웃음

새로운 유토피아사회에는 웃음이 많습니다. 새로운 유토피아인은 미소 짓는 순간 자신이 자신의 주인이 된다는 사실을 잘 알고 있습니다. 그들은 웃음이 가져오는 창조적인 변화를 알고 있습니다. 웃음이란 무엇일까요? 그것은 미소 짓는 대상에 대한 사랑입니다. 그래서 사랑의 삶을 살아가는 새로운 유토피아인은 많이 웃습니다.

새로운 유토피아인이 하는 말의 대부분은 유머입니다. 새로운 유토피아인이 즐기는 유머의 본질은 무엇일까요? 그것은 우주적인 관점에서 나와 너를 바라보았을 때 솟아나는 웃음입니다. 현대사회에는 새로운 유토피아인이 즐기는 것과 같은 유머가 없었습니다.

현대인은 '분리된 자아'가 이루어낸 성취를 자신의 가치와 동일시했습니다. 많은 성취를 했던 사람들은 우월감의 노예가 되고, 성취가 적은 사람들은 열등감의 노예가 되었습니다. 그들은 많은 성취를 한 사람들을 우러러보고, 성취가 적은 사람들을 멸시했습니다. 그러므로 현대인은 자신이나 상대편을 향해 웃어줄 수가 없었습니다.

새로운 유토피아인은 우주적인 관점에서 나와 너의 우월감이나 열등감을 바라보며 웃음 짓습니다. 우주적인 관점에서 보았을 때, 내가 잘생겼다고, 머리가 좋다고, 부자라고, 인기가 많다고, 큰 권력을 갖고 있다고 우쭐거린다면 그건 우스운 일입니다. 그래서 새로운 유토피아인은 이렇게 우쭐거리는 자신을 향해 미소를 보냅니다. 반면에 내가 못생겼다고, 머리가 나쁘다고, 가난하다고, 인기가 없다고, 권력이 없다고 움츠려든다면, 이것 역시 우스운 일입니다. 그래서 이런 움츠려든 자신에 대해서도 새로운 유토피아인은 따뜻한 미소를 보냅니다.

이렇듯, 새로운 유토피아에서는 모든 일이 우스운 일인데, 그 근본 요인은 '인생에는 심각한 일이 없기 때문'입니다. 사소한 우열은 물론이려니와 가장 심각일이라고 할 만한 죽음에 이르기까지도 새로운 유토피아인은 심각하게 받아들이지 않습니다. 하물며 사소한 일에 전전긍긍하는 모습에 직면해서는, 새로운 유토피아인은 그것이 자신이건 상대편이건 간에 깔깔대며 웃습니다.

새로운 유토피아인은 자신이 겪고 있는 슬픔, 고통, 불행에 대해서도 따뜻한 미소를 짓습니다. 틱낫한 스님은 이런 일화를 소개했습니다.

최근 한 친구가 나에게 물었습니다. "내가 슬픔으로 가득 차 있을 때 어떻게 강제로 웃음 지을 수 있습니까?" 나는 그녀에게 자신의 슬픔에 대해 미소지울 수 있어야한다고 말해주었습니다. 왜냐하면 우리는 우리의 슬픔을 훨씬 넘어서 있는 존재니까요.[48)]

그러므로 새로운 유토피아인은 자신의 슬픔, 고통, 불행에 대해 따뜻한 미소를 보냅니다.

새로운 유토피아인은 자신의 분노와 짜증에 대해서도 따뜻한 미소를 보냅니다. 새로운 유토피아인은 화가 나면 얼른 거울을 봅니다. 화가 나서 추해진 거울 속 자신의 얼굴을 봅니다. 자신의 추한 모습에 웃음 짓습니다. 그러고 나서 그렇게 사소한 일에 화를 내는 자신에 대해 다시 한 번 따뜻한 미소를 보냅니다.

새로운 유토피아인은 자신의 기쁨과 열정에 대해서도 따뜻한 미소를 보냅니다. 그는 사소한 일에 기뻐하고, 흥분하며, 열정에 사로잡힌 자신을 향해 웃습니다. 웃음 짓는 순간, 그는 이미 기쁨과 열정의 노예가 아닙니다. 그는 자유인이며, 자신의 기쁨과 열정의 주인입니다.

새로운 유토피아인은 상대편이 자신에게 보내는 차가운 시선에 대해서도 미소를 보냅니다. 그는 더 이상 인기와 인정의 노예가 아닙니다. 상대편의 칭찬과 비난에 흔들리는 자신의 모습에 따뜻한 웃음을 보냅니다. 그가 웃는 순간 그는 더 이상 상대편의 시선에 흔들리지 않습니다.

이렇듯 새로운 유토피아인은 언제나 그리고 그가 마주치는 모든 것에 대해서 웃음 짓습니다. 웃음은 자신을 '분리된 자아'의 감옥으로부터 해방시킵니다. 웃음을 통해 그는 사랑의 존재로 재탄생합니다. 언제나 미소 짓는 그의 마음은 평화롭습니다.

---

48) N. H. Thich, Berkeley, California, Parallax Press, 1987, p. 7.

VIII

새로운 유토피아의 교육

Ⅷ 새로운 유토피아의 교육

세상에는 수많은 대학이 있지만
평화를 가르치는 대학은 많지 않다.
우리에게는 평화대학이 필요하다.[49)]

새로운 유토피아의 교육은 사랑의 교육입니다. 사랑의 교육은 새로운 유토피아를 건설하고, 유지하며, 발전시켜나가는 핵심적인 기제입니다. 새로운 유토피아 교육의 핵심은 피교육자가 '사랑의 존재'로 재탄생할 수 있도록 도움을 주는 것입니다. 새로운 유토피아인의 삶은 수행과 낙도로 나눌 수 있는데, 이 중 수행에 해당하는 것이 교육입니다. 그러므로 새로운 유토피아에서의 교육은 죽음에 이를 때까지 지속됩니다.

새로운 유토피아에는 현대사회에서 볼 수 있었던 학교도 없고, 직업으로서의 선생님도 없으며, 매일 출석을 해야 하는 학생도 없습니다. 그들의 가정과 마을이 학교이고, 가족마을 어른이 선생님이며, 아이들은 학생이 됩니다.

교육 내용은 사랑의 능력을 키우는 교육과 생활에 필요한 지식이나 기술을 습득하는 교육인데, 이 두 가지는 분석적으로는 분리되어 있으나 실제로

---

49) N. H. Thich, 진우기 옮김, 『힘』(명진출판사, 2003), p. 81.

는 하나로 통합되어 있습니다. 가족마을 어른들이 직접 가르치기 어려운 내용들에 대해서는, 온라인을 통해서 그 분야의 세계에서 가장 훌륭한 선생님으로부터 언제나 직접 강의를 들을 수 있습니다.

1 현대교육의 붕괴와 새로운 교육의 출현

현대교육도 한 때는 새로운 것이었습니다. 하지만, 현대 말에 이르러 현대교육은 시대의 요구에 부응할 수 없는 낡은 교육으로 전락했고, 결국은 새로운 교육에게 자신의 자리를 물려주었습니다. 새로운 시대는 교육 영역에 '분리된 자아'의 껍질을 깨고 '사랑의 존재'로의 재탄생을 이루기 위한 새로운 인간 교육을 요구했습니다. 하지만 현대교육은 자기 변화에 실패했고, 결국 붕괴하고 말았습니다.

현대교육의 핵심은 '분리된 자아'로서의 나를 더 높고 크게 만드는데 기여하는 교육이었습니다. 다시 말하자면, 경쟁을 통해 희소자원을 쟁취할 수 있는 능력을 키워주는 것이 현대교육의 목표였습니다. 그래서 취업 능력을 키워주는 직업교육이 현대교육의 중심을 차지했습니다.

그런데, 현대 말에 이르러 자동화 기술이 급속히 확산되면서, 생산현장에서 인간 노동에 대한 수요가 급속히 감소했습니다. 직업교육을 받은 취업희망자는 그대로인데, 기업의 채용규모는 가파르게 줄어들었습니다. 이에 따라서, 직장은 희소자원이 되고, 직업교육을 받은 구직자들 간의 취업경쟁이 심화되었습니다.

그 결과, 이상한 상황이 벌어졌습니다. 취업이 어려워질수록 취업을 위해서는 직업교육을 필수적으로 받아야만 했기에, 학생들은 취업에 도움이 될 수 있는 실용적인 학과를 선호하게 되었습니다. 학생들을 유치해야 하는 대학은 이에 편승해서 직업교육을 강화해나갔습니다. 기초학문은 급속히 쇠퇴했지요. 이렇듯, 사회가 점점 더 적은 수의 노동자를 필요로 하게 될수록, 현대교육은 더욱더 노동자를 육성하는데 매진하게 되었습니다.

그 결과는 파국이었습니다. 현대 말에 이르러서, 교육기관은 직업교육을 받은 사람들을 더 많이 배출했습니다. 이에 반해서, 취업기회는 크게 줄어들었습니다. 그러므로 엄청난 취업경쟁이 생겨났습니다. 많은 사람들이 직장을 구하지 못하고 실업자가 되었습니다. 높은 경쟁률을 뚫고 취직이 된 사람들도 악화된 조건 속에서 근무해야 했습니다. 많은 수의 취업대기자가 있었기 때문에, 기업체는 연봉을 낮추고, 근무조건을 악화시켰으며, 해고를 증가시켰습니다.

이때에 이르러서야, 사람들은 현대교육이 새로운 시대의 요구에 부응하지 못함을 자각하게 되었습니다. 많은 사람들이 현대교육을 외면하게 되었고, 이것은 현대교육의 붕괴로 이어졌습니다. 그리고 현대교육이 황폐화된 바로 그 자리에 새로운 교육이 싹을 틔었습니다.

새로운 교육은 영적인 지도자들에 의해 이루어지는 사랑의 교육입니다. 현대교육이 붕괴되기 이전에도 이미 지구촌 이곳저곳에서 새로운 의식이 출현했고, 현대적인 삶에 지친 사람들은 이들 영적 지도자들을 찾아 자신의 새로운 모습을 각성하기 시작했습니다. 현대교육의 전면적인 붕괴와 더불어서, 새로운 교육은 그 자리를 재빨리 메워갔습니다. 그리고 아귀지옥과 같은 곳이었던 이 세상에 사랑과 평화가 찾아왔습니다.

2 새로운 교육 목표

새로운 유토피아에서 교육 목표는 피교육자가 자기 자신과의 만남을 통해 '사랑의 존재'로 재탄생하는 것입니다. 현대사회에서 교육 목표는 직업교육을 통해 생산자를 양성하는 것이었습니다. 이렇듯 시대가 바뀌면, 교육 목표도 달라집니다. 그것은 시대마다 그 시대가 요구하는 인간상이 다르기 때문입니다. 양자 간의 관계를 표로 나타내면 다음과 같습니다.

<표 1> 시대에 따른 교육 목표의 변화

	전현대 사회	현대 사회	새로운 유토피아 사회
사회 목표	공동체 건설	욕망 충족적인 사회 건설	사랑의 사회 건설
시대가 요구하는 인간상	집단에 헌신하는 사람	자신의 욕망을 충족시킬 수 있는 사람	자신과 세계를 사랑하는 사람
교육 목표	집단에 헌신하는 인성 육성	자신의 욕망 달성 능력 배양	자신과 세계를 사랑할 수 있는 능력 배양

새로운 유토피아사회는 사랑의 사회 건설을 목표로 합니다. 이에 따라서, 새로운 유토피아사회의 교육 목표는 자신과 세계를 사랑할 수 있는 능력을 가진 사람을 육성하는 것입니다. 현대사회에서 교육의 주도적인 형태인 기술 습득 교육은 새로운 유토피아사회에서도 어느 정도 필요합니다. 그러므로 과거의 교육 내용은 새로운 유토피아사회에서도 잔존합니다.

하지만 새로운 유토피아사회에서 그것은 더 이상 교육의 중심이나 주류가 될 수 없으며, 오직 주변적이며 보조적인 의미만을 갖습니다. 이것은 전현대의 종교 교육이 현대사회에 잔존하고 있었으나 그것이 더 이상 현대사회 교육의 중심이 아니었던 것과 동일한 이치입니다.

새로운 유토피아에서 새로운 교육 목표는 피교육자들 각자의 내면에 이미 살고 있는 '사랑의 존재'가 깨어나서 활동할 수 있도록 돕는 것입니다. '사랑의 존재'로서 참된 나의 모습을 발견하고, 아름답고 진정으로 행복한 사람이 되어가는 것, 이런 과정을 도와주는 것이 새로운 유토피아사회의 교육 목표입니다.

3 새로운 교육 내용

새로운 유토피아사회에서 교육 내용은 분석적으로 보면 두 가지로 나눌 수 있습니다. 하나는 '사랑의 존재'로의 재탄생을 위한 깨달음의 교육이고,

다른 하나는 일상생활에 필요한 기술과 지식을 습득하는 것입니다. 그러나 이 두 가지 교육은 실제 상황에서는 하나로 통합되어 있습니다.

3.1. 사랑의 능력을 배양하는 교육

새로운 유토피아에서 교육의 핵심은 학생들이 '사랑의 존재'로 재탄생할 수 있도록 돕는 것입니다. 이것은 달리 말하자면, 학생들이 자신과 세계를 사랑할 수 있는 능력을 키울 수 있도록 돕는 교육입니다. 새로운 유토피아 사회에서 사랑의 능력을 배양하는 교육은 아래와 같이 다양한 형태로 이루어집니다.

3.1.1. 통일체적 세계관에 대한 교육

새로운 유토피아는 새로운 세계관인 통일체적 세계관에 바탕하고 있습니다. 그러므로 통일체적 세계관에 대한 교육은 새로운 교육의 기초적인 부분이 됩니다. 새로운 유토피아인은 누구나 시간과 공간적으로 모든 존재의 근원적인 통일성을 전제하는 통일체적 세계관을 공부합니다.

통일체적 세계관에 대한 교육의 첫 번째는 통일체적 세계상에 대한 공부입니다. 선생님은 학생들에게 아주 하찮은 미물에도 대우주의 도가 흐르고 있음을 가르칩니다. 한 알의 모래알 속에도 무한한 우주가 내재해 있으며, 아주 짧은 순간에도 까마득한 과거로부터 아득한 미래에 이르기까지 영원한 시간이 그 안에 담겨 있음을 보여줍니다. 그러므로 이 세상 모는 존재는 위대함을 교육합니다.

선생님은 학생들에게 '나'는 '네'가 되고, '너'는 '내'가 되며, 지금 이 순간 바로 '나'는 바로 '너'이고, '너'는 바로 '나'인, 상즉(相卽) · 상입(相入)하는 세계의 오묘한 모습을 설명해줍니다. 이 과정에서, 선생님은 학생들이 이 세상 모든 존재들을 절대적인 평등의 관점에서 바라볼 수 있는 능력을 키울 수 있도록 돕습니다.

두 번째는 통일체적 인간관에 대한 교육입니다. 선생님은 학생들 한 명 한 명이 얼마나 경이로운 존재인지를 스스로 자각 할 수 있도록 가르칩니다. 선생님은 학생들에게 이 세상에 하찮은 사람은 아무도 없음을 알려줍니다. 각각의 사람들 안에는 '아기 부처님'이 살고 있음을 가르치고, 학생들이 자신의 내면에 잠들어있는 '아기 부처님'을 깨어나 활동하게 할 때, 우리는 모두 사랑의 삶을 살아갈 수 있음을 가르칩니다.

마지막으로 통일체적 관계관에 대한 교육을 수행합니다. 선생님은 학생들에게 '나'와 '너(세계)'의 관계의 본질이 사랑임을 가르칩니다. 지구생태계의 경이로움과 조화를 소재로 해서, '나'와 '너'의 관계를 설명합니다. 또한 지구촌의 다양한 문화와 민족, 종교 등의 관계가 어떤 것인가를 통일체적 관계관인 대대적인 관점에서 가르칩니다.

3.1.2. 존재의 경이로움에 대한 교육

새로운 유토피아에서의 교육은 이 지구상 모든 존재의 경이로움과 아름다움을 느낄 수 있는 능력을 배양합니다. 선생님은 학생들이 자신을 둘러싸고 있는 일상적인 것들, 예를 들자면 어머니, 하늘, 산, 친구, 나의 몸 등과 같은 것에서 경이로움을 느낄 수 있는 능력을 키울 수 있도록 돕습니다. 새로운 유토피아에서는 모든 존재의 아름다운 면을 볼 수 있는 능력을 키우는 교육 역시 중시됩니다.

존재의 경이로움에 대한 교육의 출발점은 우리 자신입니다. 음식물을 소화시켜서 온 몸에 영양분을 공급하는 위장 활동의 놀라움에 대해서, 이 세상의 빛깔과 모양을 볼 수 있는 눈의 놀라움에 대해서, 호흡과 배설의 놀라움에 대해서, 아름다운 지구 위를 마음대로 걸을 수 있는 다리의 놀라움에 대해서, 생각할 수 있다는 것에 대한 놀라움에 대해서, 다양한 감정을 느낄 수 있다는 놀라움에 대해서, 그리고 무엇보다도 사랑할 수 있다는 놀라움에 대해서, 선생님은 학생들에게 하나하나 설명해줍니다.

존재의 경이로움에 대한 교육은 우리 자신을 둘러싸고 있는 사람들의 경이로움에 대해서도 행해집니다. 나를 극진히 사랑해주시는 부모님과 조부모님의 존재의 경이로움에 대해서, 내가 사랑하는 연인의 존재의 경이로움에 대해서, 나의 친구들, 가족마을, 지구촌의 수많은 부족과 사회, 문화의 존재의 경이로움에 대해서, 이 모든 것들의 존재가 얼마나 경이로운 것인가를, 선생님은 학생들에게 하나하나 설명해줍니다.

존재의 경이로움에 대한 교육의 하나는 자연의 경이로움을 학생들에게 가르치는 것입니다. 밤하늘 아름답게 떠 있는 초승달, 우리들 피부에 와 닿는 감미로운 바람, 뭉게구름이 피어있는 하늘, 파란 하늘 아래 날아다니는 잠자리, 가을 길에 굴러다니는 고운 잎, 내 친구 바둑이 등 아름다운 행성 지구는 매순간 우리들에게 자신의 신비를 활짝 열어 보입니다. 선생님은 학생들에게 자연이 연출하는 경이를 하나하나 설명해줍니다.

존재의 경이로움에 대한 교육은 아이들의 마음을 부드럽고 사랑스럽게 만들어줍니다. 그들은 이제 이 세상 모든 존재의 경이로움을 매 순간 느낄 수 있습니다. 그 생생한 느낌 속에서, 새로운 유토피아인은 평화롭고 행복한 일상을 영위합니다.

3.1.3. 감사를 느낄 수 있는 능력을 키우는 교육

새로운 유토피아에서의 교육은 학생들이 자신에게 주어진 모든 것에 대해 감사할 수 있는 능력을 키울 수 있도록 돕고자 합니다. 감사를 느낄 수 있게 될 때, 그 사람은 자신과 자신이 사랑하는 사람에게 행복과 기쁨을 줄 수 있습니다. 돌이켜보면, 현대인의 경우 감사하는 능력이 약했습니다. 그 결과, 많은 현대인이 삶의 권태와 고통을 겪었습니다.

새로운 유토피아 교육에서 선생님은 학생들에게 자신이 받은 생명이 얼마나 큰 선물인가를 가르칩니다. 현대인은 복권에 당첨되거나 일류대학에 합격하면 크게 기뻐했습니다. 하지만 복권에 당첨되거나 일류대학에 합격한 것과는 도저히 비교할 수 없는 큰 선물인 자신의 생명이란 선물에 대해서는 감사를 잘 느끼지 못했습니다.

새로운 유토피아 교육에서 선생님은 학생들에게 각자가 아름다운 행성 지구에서 백 년 간의 긴 여행을 선물 받은 것이 얼마나 기적 중의 기적인가를 가르칩니다. 그래서 매일 아침, 잠에서 깨어날 때마다, 새로운 유토피아인은 자신에게 주어진 생명에 깊은 감사를 느낍니다.

새로운 유토피아에서 선생님은 학생들에게 매사에 감사를 느낄 수 있는 능력을 교육합니다. 이른 아침에 지저기는 새들, 아침 이슬을 머금고 활짝 피어난 나팔꽃, 엄마가 이마에 해주는 사랑의 키스, 친구들의 웃음소리, 날마다 걷는 아름다운 산책길, 누나가 불러주는 아름다운 노래, …. 새로운 유토피아인은 자신이 마주치는 일상의 모든 것에 대해 늘 새로움을 느끼며, 깊이 감사합니다. 그래서 그들은 매 순간 깊은 행복에 도달합니다.

3.1.4. 시간을 창조적으로 사용할 수 있는 능력을 키우는 교육

현대인의 눈으로 본다면, 새로운 유토피아인의 삶 전체가 여가시간입니다. 그러므로 자유로운 시간을 창조적으로 사용할 수 있는 능력 배양은 새로운 유토피아 교육에서 중요한 부분입니다. 새로운 유토피아에서 '시간을 창조적으로 사용함' 의 의미는 무엇일까요? 그것은 현대사회와는 전혀 다른 의미를 갖습니다.

현대사회에서 '시간의 창조적인 사용' 의 의미는 대략 두 가지였습니다. 하나는 '분리된 자아' 의 능력을 계발하고 확충하는 것이었습니다. 지식이나 기술의 습득, 외모 가꾸기, 또는 좋은 성격 만들기 등이 그 예입니다. 다른 하나는 외부 대상세계와의 경쟁, 갈등, 교환 등을 통해 자신의 욕망을 충족시키는 것이었습니다. 예컨대, 돈을 벌거나, 높은 지위에 오르는 등의 일들이 여기에 해당합니다. 한 마디로 요약한다면, 현대사회에서 '창조적인 시간 사용' 의 의미는 '분리된 자아' 의 확충에 기여하는 활동이었다고 할 수 있습니다.

하지만 새로운 유토피아에서 '창조적인 시간 사용' 의 의미는 '참된 자기' 의 자각을 위한 수행(修行)으로서의 시간 보내기와 '참된 자기' 를 즐기는 낙도(樂道)로서의 시간 보내기입니다. 이것을 하나로 말하면, 사랑의 삶을 살아가는 것이고, 둘로 나누어 말하면, 사랑의 능력 키우기와 사랑의 즐거움 누리기로서 시간을 사용하는 것입니다.

새로운 유토피아의 교육에서는 바로 이런 의미에서 시간을 창조적으로 사용할 수 있는 능력을 키우는 교육을 합니다. 사랑의 능력 키우기 교육의 1단계는 학생들이 낭비로서의 시간 보내기를 중지하고, 진정한 관심을 기울이는 것입니다. 관심의 대상은 자기 자신일 수도 있고, 상대편이나 동식물이나 무생물일 수도 있습니다. 2단계는 학생들이 진정한 관심을 기울인 결과 관심을 기울인 대상에 대한 깊은 이해에 도달하는 것입니다. 3단계는 학생들이 깊은 이해의 결과로 관심을 기울인 대상에 대한 측은함, 따뜻한 마음을 느끼게 되고 마침내 그 대상에 대한 진정한 사랑에 도달하는 것입니다. 이런 교육을 통해 학생들에게 사랑의 능력이 커지면, 그들이 사랑의 즐거움 누리기로서의 시간을 보내는 것은 저절로 이루어집니다.

3.1.5. 화를 다스리는 능력을 키우는 교육

새로운 유토피아에서 선생님은 아이들에게 화에 창조적으로 대처하는 능력을 가르칩니다. 마음속에서 일어나는 화는 자신과 상대편에게 고통을 주고, 관계에 나쁜 영향을 미칩니다.

새로운 유토피아의 교육에서는, 화가 났을 때, 우선 화를 밖으로 표출하지 않을 것을 가르칩니다. 그런 뒤에 취해야 할 첫 번째 조치는 화를 나게 한 대상으로부터 자신에게로 시선을 돌리는 것입니다. 새로운 유토피아의 학생들은 주머니에 손거울을 넣고 다닙니다. 그러다가 화가 나면 얼른 손거울을 꺼내 화난 자신의 추악한 얼굴을 바라봅니다.[50] 많은 경우, 사소한 화는 이 응급 조치만으로도 해소됩니다. 작은 일에 뻘겋게 달아오른 자신의 얼굴을

50) 화가 났을 때 주머니 속의 거울을 꺼내본다는 생각은 틱낫한 스님의 『Anger』(2001)에서 차용한 것입니다.

보는 순간, 실소가 나오게 되지요.

그러나 어떤 경우에는 심하게 화가 나서 고통이 지속되는 경우가 있습니다. 이럴 때는 다른 일을 중지하고 화를 돌보는 일에 전념해야 한다고 가르칩니다. 학생들은 자신의 마음속에서 일어난 커다란 화에 마음을 집중시킵니다. 자신이 무엇 때문에 화가 났는가를 분명하게 이해합니다. 그리고 화가 나 있는 자신과 자신을 화나게 만든 대상에 관심을 집중하고, 자신과 그 대상을 깊이 들여다봅니다.

예를 들어서, 어느 학생 A의 친한 친구가 과시욕이 강해서 어떤 자리에서나 자신을 돋보이게 하려고 애를 쓴다고 가정해 보지요. 그 학생 A는 친구의 존재로 인해 고통을 받을 것이고, 그 친구에 대해 화가 날 것입니다.

이 때, 그 학생 A가 먼저 관심을 가져야할 대상은 자기 자신임을 선생님은 가르쳐줍니다. 학생 A는 '다른 사람들은 그 친구의 과시욕에 그렇게 화를 많이 내지 않는데, 나만 유독 더 큰 화가 나는 것은 아닌가?'를 곰곰이 살펴보아야 합니다. 만일 그렇다면, 문제는 나에게도 있는 것입니다. 내 안에 숨겨져 있는 강한 과시욕이 있기 때문에 친구의 과시욕에 큰 화가 나는 것이지요.

이럴 때, 선생님은 학생 A에게 자신 안에 살고 있는 강한 과시욕을 돌보아주는 교육을 실시합니다. 학생 A 자신도 그때까지 자신 안에 그런 과시욕이 존재하는 것을 모르고 있었기에, 이것은 의도적으로 형성된 것이 아닙니다. 그래서 선생님은 학생 A와의 대화를 통해서 왜 그에게 이런 과시욕이 있게 되었는가를 분명히 알 수 있도록 도와줍니다. 자신 안에 있는 과시욕에 대한 분명한 자각이 생겨나고 나면, 학생 A의 친구에 대한 화는 현저히 에너지를 잃어버리게 됩니다.

그 다음으로, 선생님은 학생 A에게 과시욕이 강한 친구를 깊이 들여다보도록 합니다. 그 결과 학생 A는 다음과 같은 사실을 발견합니다. 그 친구가 어렸을 때 부모에게 많은 관심과 사랑을 받지 못했음을 알게 됩니다. 그 친구의 부모는 젊은 나이에 그 친구를 낳았고, 아직은 부모의 정을 잘 몰랐습니다. 또한 그 친구는 불행하게도 태어날 때부터 밉살스런 성격을 갖고 태어나서 부모의 냉대는 더 심해졌습니다. 그 친구는 부모의 관심과 사랑을 절실히 필요로 했지만 충분히 사랑받지 못했고, 그래서 게걸스럽게 상대편의 관심을 끌고 사랑을 갈구하는 성격이 형성되었습니다.

이렇게 자신을 화나게 하는 친구를 깊이 바라보면서, 학생 A는 친구가 자신도 어쩔 수 없는 힘에 이끌려 그렇게 행동하는 것임을 이해하게 됩니다. 그리고 그런 행동이 그 친구의 상처임을 알게 됩니다. 친구에 대한 깊은 이해는 친구에 대한 감정의 변화를 가져옵니다. 화는 사라지고, 친구에 대한 측은한 마음이 그 자리를 대신하게 됩니다.

그래서 학생 A는 더 이상 그 친구를 미워하지 않으며, 그 친구에게 따뜻한 눈빛을 보냅니다. 학생 A가 보내는 따뜻한 눈빛이 그 친구의 오랜 동안 얼어붙어 있던 마음을 녹입니다. 그래서 그 친구에게는 진정한 변화가 일어납니다.

새로운 유토피아의 교육은 이렇게 학생들이 화에 창조적으로 대응할 수 있는 방법을 가르칩니다. 그래서 화를 내던 학생도 화를 나게 만들던 학생도 마음의 행복과 평화가 증진됩니다. 물론 두 사람 간의 진정한 우정과 사랑도 성장합니다.

3.1.6. 평화를 건설할 수 있는 능력을 키우는 교육

틱낫한 스님은 이렇게 말했습니다. "세상에는 수많은 대학이 있지만 평화를 가르치는 대학은 많지 않다. 우리에게는 평화대학이 필요하다."[51] 이런 틱낫한 스님의 소망이 새로운 유토피아에서는 실현되어 있습니다. 새로운 유토피아의 교육에서 강조되는 것 중의 하나는 다른 사람들과 평화롭게 지낼 수 있는 능력을 키우는 것입니다.

모든 행위 주체 간에 지속적으로 평화로운 관계를 수립할 수 있는 기초는

---

51) N. H. Thich, 진우기 옮김, 『힘』(명진출판사, 2003), p. 81.

평화로운 마음입니다. 그래서 새로운 유토피아의 교육에서 선생님은 학생들에게 평화로운 마음을 갖는 방법을 가르칩니다. 마음의 평화가 깨지는 것은 '욕망'과 '욕망에 대한 집착' 때문입니다. 새로운 유토피아의 교육에서는 욕망의 주체인 '분리된 자아'가 진정한 내가 아님을 가르칩니다. 진정한 나에 대한 자각을 도움으로써, 학생들은 지속적인 마음의 평화를 유지할 수 있습니다.

새로운 유토피아의 교육에서 선생님은 학생들에게 자신과 주위 사람들에게 다정하게 말할 수 있는 능력을 배양시킵니다. 학생들이 사랑의 말과 진심에서 우러난 위로의 말을 할 수 있는 능력을 키워나갑니다. 이것은 상대편에게만 해당하는 것이 아니고 자기 자신에게도 마찬가지입니다. 사랑의 말이 오고갈 때, 서로의 관계와 세상은 더욱 평화로워집니다.

새로운 유토피아의 학생들은 또한 민족이나 자신이 속한 집단에 얽매이지 않는 세계 시민, 우주적 인간으로서의 자기정체성을 배양합니다. 그리하여 서로 다른 민족이나 인종, 종교나 지역 간에 평화롭게 공존할 수 있는 지혜를 습득합니다. 그래서 어떤 형태의 분쟁도 종식시키고 이해와 사랑을 건설하는 방법을 배웁니다.

3.1.7. 깊은 이해에 이르는 능력을 키우는 교육

새로운 유토피아의 교육에서 선생님은 학생들에게 모든 존재를 깊이 바라보고 그 본성을 깊이 이해할 수 있는 능력을 가르칩니다. 겉으로 드러난 현상의 세계를 넘어 사물의 실재를 보고 접할 수 있는 능력을 배양합니다.

'나는 누구일까요?', '나를 사랑하는 당신은 누구일까요?', '집 마당에 서 있는 떡갈나무는 누구일까요?', '밤하늘에 빛나는 별은 누구일까요?', '내가 들이쉬는 공기는 그리고 마시는 물은 무엇일까요?', 새로운 유토피아의 교육에서 선생님은 학생들에게 이런 모든 것에 대한 의문을 불러일으킵니다. 그리고 이 모든 존재에 대한 깊은 이해를 가르칩니다.

새로운 유토피아의 교육에서 선생님은 학생들에게 먼저 자기 자신에 대한 깊은 이해를 가르칩니다. 많은 경우 학생들의 의식은 바깥을 향하기 쉽고 자신에게 무관심한 경우가 많습니다. 그래서 선생님은 학생들에게 자기 자신에게 관심을 갖고 자신을 돌볼 것을 요구합니다.

자신에게 관심을 갖는다는 것은 예컨대 이런 것입니다. '저 사람은 참 쩨쩨하다.' 라는 의식이 생겼을 때, '저 사람은 참 쩨쩨하다고 생각하는 나' 에게로 시선을 옮기는 것입니다. 이런 교육을 통해서 학생들은 자신이 몰랐던 자신의 모습을 하나씩 깨우치게 되고, 자신을 깊이 이해하며, 자신에 대한 진정한 사랑을 키워갑니다.

이와 더불어, 새로운 유토피아의 교육에서 선생님은 학생들에게 상대편에 대한 깊은 이해를 가르칩니다. 상대편은 개인일수도 있고, 집단일수도 있습니다. 특히 학생들이 싫어하는 개인이나 집단을 선정하도록 해서, 그에 대한 깊은 이해를 가르칩니다. 깊이 바라보면, 그 사람들이나 집단들도 원해서가 아니라 어쩔 수 없는 힘에 이끌려 그런 싫은 행동을 한다는 것을 알 수 있게 됩니다. 이것을 이해하면, 상대편에 대한 증오는 연민으로 바뀌고, 사랑이 생겨나게 됩니다.

3.1.8. 자신의 열등함을 사랑하는 능력을 배양하는 교육

'분리된 자아' 의 측면에서 보았을 때, 누구에게나 상대편에 비해 열등한 측면이 있습니다. 외모, 지능, 인기, 성격, 경제력 등 열등함의 영역은 다양합니다. 자신의 열등함이 열등감이 되었을 때, 이것은 고통을 만들어냅니다. 새로운 유토피아의 교육에서 선생님은 학생들이 '자신의 열등함을 사랑할 수 있는 능력' 을 키우는 교육을 실시합니다. 이런 교육을 통해서 학생들은 자신의 열등함으로부터 자유를 얻게 되고, 행복한 삶을 살아갑니다.

'자신의 열등함을 사랑하는 능력' 을 키우는 교육의 출발점은 자신의 열등함을 인정하고 받아들이는 것입니다. 자신의 열등함으로부터 도망가려고 하는 모든 몸짓을 멈추는 것입니다. 열등함에서 도망가려 하면 할수록, 학생들은 더욱 자신의 열등함에 속박 받게 됩니다.

자신의 열등함을 사랑하는 능력을 키우기 위해서, 새로운 유토피아의 교육에서 선생님은 학생들 자신의 열등함 중에서 열등감으로 변질되어 있는 부분을 골라서 이를 대상으로 사랑의 연습을 시작합니다. 작은 키, 뚱뚱함, 못생긴 얼굴 등과 같은 외모 콤플렉스나 인색함, 야비함, 비겁함, 게으름, 난폭함 등과 같은 성격적인 문제, 또는 집안 배경이나 자신이 속해있는 지역, 부족, 인종 등 무엇이건 학생들 자신이 부정적으로 생각하는 자신의 모습을 하나 선정하도록 합니다.

예를 들어서, 어떤 학생 A가 절뚝발이인 '자신의 불구'를 연습 대상으로 삼았다고 가정해보지요. 학생 A는 절뚝발이라고 하는 신체적인 열등함으로 인해서 열등감을 느낍니다. 그는 만나는 사람들이 자신의 불구를 비웃는 것 같아서, 사람을 만나는 것도 점점 피하게 됩니다. 목욕탕에 가는 것도 싫어지고, 자신을 이렇게 낳은 부모에 대한 원망도 생깁니다. 그래서 자신이 절뚝발이라는 사실이 점점 더 학생 A를 지배하고 불행하게 합니다. 학생 A는 절뚝발이라는 사실의 노예가 되어 부자유하고 고통스런 삶을 살아가는 것입니다.

절뚝발이인 자신을 사랑하는 교육의 출발은 '인정'입니다. 그것은 자기 자신이 절뚝발이임을 그냥 하나의 사실로 받아들이는 것입니다. 나는 절뚝발이일 '뿐'인 것입니다. 이렇게 하면, 절뚝발이라는 사실은 그대로 남아 있지만, 그것이 학생 A의 의식과 삶에 미치는 영향은 사라집니다. 이것이 절뚝발이라는 사실에서 유래하는 열등감으로부터의 해방입니다. 이때부터 학생 A는 자유롭고, 당당하게 절뚝거리면서 살아갑니다.

이것은 나의 외모, 성격, 환경 등 모든 것에 적용될 수 있습니다. 이것은 내가 갖고 있는 모든 열등감에 적용될 수 있습니다. 나에 대한 인정이 확대되는 만큼 나는 열등감으로부터 해방되어 자유로운 삶을 살아갑니다. 내가 열등감으로부터 해방되면, 너와의 진정한 만남과 관계맺음이 가능해집니다.

인정의 다음 단계의 교육은 '사랑'입니다. 내가 절뚝발이임을 진정으로 인정했다면 다음은 내가 절뚝발이임을 사랑하는 교육을 행합니다. 사랑이란 측은한 마음으로 따뜻하게 바라보는 눈길입니다. 나는 절뚝발이인 나의 다리를 차갑고 비난하는 눈으로 바라보는 것을 그칩니다. 절뚝발이인 내 다리는 나의 상처이며, 결코 내가 원해서 절뚝발이가 된 것이 아님을 알기 때문입니다. 절뚝발이인 내 다리는 다른 사람들의 정상적인 다리보다 걸을 때마다 고통을 느끼며 힘들어 함을 이제는 압니다. 절뚝발이인 내 다리가 필요로 하는 것은 비난이나 처벌이 아니라 진정한 관심과 보살핌임을 이제는 압니다. 그래서 나는 절뚝발이인 내 다리를 따뜻한 눈으로 바라봅니다. 걸음을 뗄 때마다 힘들어하는 절뚝발이인 나를 따뜻하게 품어주고 각별하게 보살펴 줍니다.

이러한 나의 열등함에 대한 사랑의 교육은 학생들 자신이 갖고 있는 모든 열등함에 대해 행할 수 있습니다. 이와 같이, 학생들이 자신의 열등함을 진정으로 사랑할 수 있도록 돕는 것이 새로운 유토피아 교육의 한 가지 내용입니다.

3.1.9. 상대편의 열등함을 사랑하는 능력을 배양하는 교육

자신의 열등함을 사랑하는 교육은 상대편의 열등함을 사랑하는 교육으로 이어집니다. 자신과 마찬가지로 상대편도 외모, 성격, 환경 등에서 다양한 열등함을 갖고 있습니다. 사람들은 자신의 열등함에 대해서 열등감을 형성하듯이, 상대편의 열등함에 대해서 상대편에 대한 부정적인 태도를 형성합니다. 하지만, 이런 태도는 고통을 낳고, 창조적인 관계 발전을 가로 막습니다.

자신의 열등함에 대해서와 마찬가지로, 상대편의 열등함에 대해 창조적으로 반응하는 방식은 상대편의 열등함을 사랑하는 것입니다. 새로운 유토피아의 교육에서 선생님은 학생들에게 이런 사랑의 능력을 배양하는 교육을 실시합니다.

'상대편의 열등함을 사랑하는 능력 키우기' 교육의 한 가지 예로 학생 B가 갖고 있는 밉살스러운 성격을 예로 들어보기로 하지요. 학생 B는 이기적이고, 염치가 없습니다. 식사를 할 때는 혼자서 맛있는 것만 골라 먹고, 설거지를 할 때가 되면 어디 갔는지 보이지 않습니다. 말버릇도 나쁘고, 자기 편한 것만 찾습니다. 사람들은 대부분 그를 싫어하고 학생 A도 그를 싫어합니다. 학생 A가 싫어하는 그 사람의 밉살스런 성격을 대상으로 삼아서 사랑의 능력 키우기 교육을 설명해보도록 하겠습니다.

이 교육의 첫 번째 단계로, 선생님은 학생 A에게 학생 B의 열등함에 대해 깊은 관심을 기울일 것을 가르칩니다. 깊은 관심은 진정한 이해를 낳습니다. 이 경우에는 학생 A에게 불쾌감을 주는 학생 B의 밉살스러운 성격에 대해 깊은 관심을 기울인다고 가정해보도록 하지요.

깊은 관심을 기울인 결과, 다음과 같은 사실을 알게 됩니다. 밉살스러운 성격을 갖고 있는 학생 B뿐만 아니라 이 세상에서 밉살스러운 성격을 갖고 있는 어떤 사람도 스스로 원해서 밉살스러운 성격을 갖고 있는 사람은 아무도 없다는 사실을 알게 됩니다. 밉살스러운 성격을 갖고 있는 학생 B는 어쩔 수 없이 밉살스러운 성격을 갖고 있으며, 그것으로 인해 그 자신도 고통받고 있음을 알게 됩니다.

학생 A의 이런 새로운 이해는 학생 B의 밉살스러운 성격을 바라보는 시각에 변화를 가져 옵니다. 학생 B의 밉살스러운 성격에 대해, 학생 A는 측은한 마음이 듭니다. 밉살스러운 성격으로 인해 학생 B가 겪는 고통을 위로해주고 싶은 마음이 생깁니다. 학생 B의 밉살스러운 성격을 바라보는 눈길이 따뜻해집니다. 그래서 학생 B가 밉살스러운 성격으로 인해 겪는 고통이 학생 A에게도 아픔이 됩니다. 이것이 상대편의 밉살스러운 성격에 대한 사랑입니다. 새로운 유토피아의 교육은 이런 능력을 키우는 일에 주력합니다.

새로운 유토피아의 학생들은 상대편의 열등함을 사랑할 수 있는 능력이 커져감에 따라서, 외모, 성격, 능력 등 상대편이 갖고 있는 어떤 열등함에 대해서도 그것을 사랑할 수 있게 됩니다. 이리하여 상대편의 열등함은 더 이상 자신에게 고통을 주지 않을 뿐만 아니라 상대편과의 창조적인 관계 형성의 매개체가 됩니다.

3.1.10. 자신의 우월함을 사랑하는 능력을 키우는 교육

새로운 유토피아에서의 교육에서 선생님은 학생들에게 자신의 우월함을 사랑하는 교육을 실시합니다. 자신의 우월함에 대한 사랑의 방식은 자신의 열등함에 대한 사랑의 방식과 반대입니다. 현대사회에서 많은 사람들은 외모, 성격, 능력 등에 있어서 자신의 우월함에 대해 뽐내는 마음을 갖는 것을 자신에 대한 사랑이라고 생각했습니다. 하지만 이것은 현대인이 갖고 있었던 사랑에 대한 중요한 오해의 하나입니다.

자신의 우월함에 대해 뽐내는 마음을 갖는 것은 자신에 대한 사랑이 아닙니다. 뿐만 아니라 이것은 자신에 대한 사랑을 불가능하게 만드는 중요한 장애물입니다. 자신의 우월함에 대해 뽐내는 마음을 가진 채로 자신을 사랑하는 것은 불가능합니다.

우월함이란 열등함과 마찬가지로 '분리된 자아'의 차원에서 형성되는 자신에 대한 감정입니다. 그래서 자신의 우월함이란 그것이 무엇이건 간에 상대적인 것이고, 변화하는 것입니다. 그러나 사랑은 절대적인 것이고 변화하지 않는 것입니다.

예를 들어서, 어떤 학생이 자신의 빼어난 외모에 대해 우월감을 갖고 있다고 가정해보도록 하지요. 그러나 아마도 그 학생은 지구상에서 가장 외모가 뛰어나지는 않을 것입니다. 또한 세월이 흘러 노인이 되고 나서도 그 빼어난 용모가 유지되지도 않을 것입니다. 그러므로 그 학생이 자신보다 외모가 뛰어난 사람을 만난다면, 또는 세월이 흘러 외모가 추해진다면, 그 학생은 자신의 외모에 대한 우월감을 상실할 것입니다. 그러므로 우월감은 자신에 대한 사랑이 아니며, 우월감이 심할수록 자신에 대한 사랑은 불가능해집니다.

자신의 우월함에 대한 사랑의 교육이란 어떤 것일까요? 그것은 학생들이 우주적인 관점에서 자신의 우월함을 바라볼 수 있는 능력을 키워주는 것입니다. 우주적인 관점에서 자신의 우월함을 바라보고 그것에 대해 따뜻하게 웃어줄 수 있는 능력을 키우는 것이 바로 자신의 우월함에 대한 사랑의 교육입니다.

예를 들어서, IQ가 150인 어떤 학생이 있다고 가정해보도록 하지요. 그 학생이 자신의 지능에 대해 우월감을 갖고 있을 때, 선생님은 그 학생에게 어떤 교육을 베풀어야 할까요? 우월함을 사랑하는 교육의 요체는 '영원한 시간 속에서 그리고 무한한 공간 속에서 너의 IQ가 150이라는 것이 무엇을 의미하는가'를 깨우쳐주는데 있습니다. 그것은 단적으로 말하자면 '아무것도 아닌 것[無]'입니다. 그래서 그 학생은 IQ가 150이라는 사실에 우쭐거리던 자신에게 따뜻한 웃음을 보낼 수 있게 됩니다. 그가 웃음을 보낼 때, 그는 자신의 우월한 지능으로부터 자유를 얻게 됩니다. 그 학생은 자신의 지능이 우월할 '뿐'임을 자각하게 되며, 더 이상 우월감의 노예가 되지 않습니다. 이것이 자신의 우월한 지능에 대한 사랑입니다.

위의 예는 학생들이 갖고 있는 어떤 우월감에 대한 교육에도 적용되어집니다. 교육을 받음에 따라, 학생들은 자신이 갖고 있었던 모든 형태의 우월감으로부터 해방됩니다. 그는 그냥 우월한 채로 그리고 우월함을 즐기며 행복한 삶을 살 수 있습니다.

3.1.11. 상대편의 우월함을 사랑하는 능력을 키우는 교육

상대편의 우월함을 사랑하는 능력을 키우는 교육은 새로운 유토피아 교육 중 주요 내용의 하나입니다. 이것은 우월함과 열등함에 대한 사랑의 교육 중에서 가장 어려운 부분입니다. 위에서 논의한 세 가지 형태의 우월함과 열등함에 대한 교육이 끝나고 나서야, 이 교육이 성공적으로 행해질 수 있습니다. 자신에 대한 열등감이나 우월감이 존재하는 한 상대편의 우월함을 진정으로 사랑하는 것은 어렵기 때문입니다.

실제 인간관계에서 가장 어려운 국면은 우월감을 갖고 있는 상대편과 창조적인 관계를 형성하는 일입니다. 새로운 유토피아의 교육에서는 이런 능력 배양을 강조합니다. 왜냐하면 이런 능력이 없이는 인간관계에서 발생하는 고통을 없앨 수 없고, 행복한 관계 형성이 곤란하기 때문입니다.

이 교육의 요체는 우월감을 갖고 있는 상대편을 깊이 바라보는 것입니다. 상대편이 자신의 우월함에 대해 우월감을 형성함으로써 겪고 있는 고통을 직시해야 합니다. 우월감을 갖고 있는 상대편은 가엾은 사람입니다. 왜냐하면 그 사람은 자신의 우월함에 속박된 삶을 살아가야하기 때문입니다. 그는 자신의 우월함에 예속되어 있을 뿐만 아니라, 이로 인해서 자신과 자신의 주변 사람들을 고통스럽게 만듭니다. 그래서 그는 행복할 수 없습니다.

우월감을 갖고 있는 사람을 사랑하는 것은 어렵습니다. 왜냐하면 그는 나에게 고통을 주기 때문입니다. 하지만 그가 고통을 줄 수 있는 나는 어떤 나일까요? 나 자신의 우월감이나 열등감에 대해서입니다. 다시 말하자면 그는 나의 에고(분리된 자아)에 대해서만 상처를 줄 수 있습니다. 그러므로 우월감이나 열등감으로부터 해방된 사람, 다시 말하면 에고가 떨어져 나간 사람, 자신을 진정으로 사랑하는 사람에게는, 그는 어떤 상처도 줄 수가 없습니다. 그에게는 상처받을 수 있는 에고가 존재하지 않기 때문입니다.

영화 <리틀 부다(Little Buddha)>를 보면, 부처님을 향해 쏜 수천 개의 화살이 부처님 몸 가까이 와서 모두 꽃잎으로 변하는 장면이 있습니다. 부처님에게는 더 이상 에고가 없습니다. 그렇기 때문에, 그에게는 비난이나 칭찬이라는 화살에 맞아 상처받을 수 있는 마음자리가 더 이상 존재하지 않습니다.

그러므로 앞의 세 가지 유형의 우월함과 열등함에 대한 사랑을 교육받고 이를 체득한 학생은 우월감을 갖고 있는 사람에 대한 사랑을 교육받을 수 있습니다. 그 학생은 우월감에 사로잡혀 오만의 칼을 휘두르는 상대편을 측은한 마음으로 그리고 따뜻한 눈길로 바라보는 능력을 교육받습니다.

예를 들어서, 자신의 외모에 대해 우월감을 갖고 있는 어떤 사람 C가 뽐내는 마음으로 추한 외모를 가진 어떤 학생 A를 대한다고 가정해보도록 합시다. C가 학생 A의 추한 외모를 빈정거릴 경우, 선생님은 그 학생에게 이렇게 가르칩니다. 선생님은 C의 빈정거림이 학생 A의 마음에 일으키는 반향의 크기가 아직 학생 A의 마음속에 남아있는 에고의 크기라는 것을 가르칩니다.

학생 A가 자신의 마음속에 일어나는 출렁거림을 없애려고 하는 것이 아니라, 학생 A 자신이 갖고 있는 열등감과 우월감으로부터 해방되는 것이 요점임을, 선생님은 가르칩니다. 이것을 터득한 학생 A는 자신의 열등감과 우월감으로부터의 해방을 경험하면서, C의 빈정거림이 자신의 마음에 일으키는 물결이 작아짐을 경험합니다.

상대편의 빈정거림이 야기하는 마음의 상처가 작아질수록, 중요한 변화가 일어납니다. 상대편은 허공에다 주먹질을 하는 것과 같은 느낌을 경험합니다. 그리고 학생 A는 C를 측은한 눈길로 바라볼 수 있는 힘이 생기게 됩니다. C의 무례함을 용서하고, 그를 따뜻한 눈길로 바라볼 수 있게 됩니다. 이것은 상대편 C가 자신의 우월감의 감옥으로부터 해방되는 것을 돕습니다. 그래서 학생 A에게도 상대편 C에게도 고통은 없어지고, 사랑이 자라게 됩니다. 두 사람은 창조적인 관계를 형성하고, 행복한 삶을 영위할 수 있습니다.

3.1.12. 욕망 절제 능력을 키우는 교육

새로운 유토피아의 교육에서 선생님은 학생들에게 욕망 절제 능력을 교육합니다. 욕망 절제 교육의 요체는 욕망의 노예상태에서 벗어나 욕망을 적절히 즐길 수 있는 능력을 배양하는 것입니다. 선생님은 학생들에게 학생들 각자가 자신의 욕망을 훨씬 넘어서있는 존재임을 깨우쳐 줍니다.

새로운 유토피아인은 욕망 자체가 악은 아니며, 이것은 선악을 넘어선 인간 존재의 자연스런 일부라고 봅니다. 하지만 욕망을 추구하는데 몰입하는 것은 소중한 삶의 낭비라고 생각합니다. 그래서 새로운 유토피아의 교육에서는 욕망 절제 능력을 가르칩니다.

새로운 유토피아에서 욕망 절제 교육의 한 가지 방법은 욕망을 불러일으키는 대상을 멀리하는 것입니다. 과거 자본주의사회에서는 인터넷 게임, 포르노 사이트, 신상품에 대한 광고, 프로 스포츠 등 사람들은 너무 많은 자극에 노출되어 있었습니다. 현대인이 이런 것들과 대결해서 이기는 것은 쉬운 일이 아니었습니다. 그래서 새로운 유토피아사회에서는 학생들의 욕망을 자극할 수 있는 것들을 학생들로부터 격리시킵니다. 학생들의 삶의 환경을 단순하고 단조롭게 해서 욕망의 중독 상태에 빠지는 것을 막도록 노력합니다.

욕망 대상을 멀리하는 것이 욕망 절제 교육의 소극적인 방법이라면, 적극적인 교육 방법은 학생 각자가 빠져있는 욕망 중독 상태를 치유하는 교육입니다. 선생님은 학생들 각자에게 자신이 중독되어 있는 그래서 그것으로 인해 고통 받고 있는 욕망 중독을 한 가지씩 선택하도록 요구합니다. 그리고 학생들 각자가 선택한 욕망 중독을 대상으로 교육을 합니다.

예를 들어서, 너무 빈번한 자위행위로 고통 받고 있는 학생 A가 있다고 가정해 보도록 하지요. 선생님이 그 학생에게 제일 먼저 요구하는 것은 빈번한 자위행위의 중지입니다. 선생님은 학생 A에게 일주일에 한두 번 이내의 자위행위만 하도록 합니다. 그러고 나서 습관화된 자위행위에 대한 욕망이 마음에서 일어나는 것을 바라볼 것을 요구합니다.

이런 선생님과의 약속에 따라서 학생 A는 자위행위 횟수를 현저하게 줄이고, 자위행위에 대한 욕망과 빈번하게 만납니다. 자위행위에 대한 강한 욕망이 엄습할 때도 선생님과의 약속을 떠올리면서 자위행위를 하지 않고, 자위행위에 대한 욕망만을 만납니다. 자위행위에 대한 욕망과의 만남이 계속됨에 따라서 학생 A는 점차로 자위행위에 대한 자신의 욕망에 대해 측은한 마음을 경험하게 됩니다. 자위행위에 대한 습관적인 중독 상태에 빠져 고통 받고 있는 자신을 점점 가엽게 여기게 됩니다.

자위행위에 대한 욕망과 그런 욕망으로 인해 고통 받고 있는 자신을 따뜻한 눈길로 바라보게 되면서, 학생 A는 차츰 자위행위에 대한 욕망의 노예상태로부터 벗어나게 됩니다. 그래서 마침내 절제된 가운데 자위행위가 주는 쾌락을 즐길 수 있게 됩니다. 교육을 시작할 때는 대부분의 학생이 자신이 욕망을 절제할 수 있는 힘이 있다는 것을 믿지 못합니다. 하지만 교육이 계속되면서 학생들은 자신의 힘을 믿게 되고, 이에 따라서 교육은 빠른 속도로 효과를 거두게 됩니다.

이런 방식으로 학생들 각자는 선생님의 도움을 받으면서 자신이 중독되어 있는 욕망으로부터 벗어나는 교육을 받습니다. 그리고 자신이 선택한 욕망 중독을 치유한 경험은 다른 모든 욕망 중독 문제를 치유하는데 활용됩니다. 그래서 새로운 유토피아인은 욕망의 노예상태에서 벗어나 욕망의 주인이 되어 절제된 가운데 욕망을 즐기는 삶을 살아갑니다.

3.1.13. 자연과의 교감 능력을 키우는 교육

새로운 유토피아 교육의 하나는 자연과의 교감 능력을 키우는 것입니다. 자연과의 교감이란 자연을 사랑하는 것입니다. 새로운 유토피아에서 자연을 사랑하는 능력을 키우는 교육은 다양한 형태로 이루어집니다.

첫째는 자연과 접촉하는 교육입니다. 새로운 유토피아 교육에서 자연과의 접촉 교육은 다양한 형태로 이루어집니다. 일찍이 틱낫한 스님은 '나무 끌어안기 수행', '대지에 누워보기 수행' 등을 제시했었습니다. 이런 것들은 자연과의 접촉 교육의 전형입니다.

새로운 유토피아의 학생들은 생활의 일부로 농사일을 하는데, 농사일 역시 자연과의 접촉 교육의 중요한 장이 됩니다. 밭에 물을 주면서 어제보다 부쩍 키가 큰 채소들의 생명력을 느끼는 일이나 가축들을 들판에 데리고나가 돌보아주면서 자연과의 진정한 접촉이 이루어집니다. 또한 새로운 유토피아의 가족마을에는 토끼나 닭, 돼지, 염소 등과 같은 가축들이 방목됩니다. 겨울이 지나 예쁜 새끼 토끼를 데리고 자신의 옆에 와서 풀을 뜯어먹는 토끼를 쓰다듬어 주면서 자연과의 접촉이 이루어집니다.

둘째는 자연에 대해 깊은 관심을 기울이고 깊이 이해하는 교육입니다. 여기에서 선생님은 학생들에게 자연에 대해 관심을 갖고 깊이 들여다보는 것을 가르칩니다. 깊이 들여다봄을 통해, 학생들의 마음속에는 '자연과 내가 하나임' 에 대한 새로운 자각이 생겨납니다. 뿐만 아니라 학생들은 자연으로부터 많은 것을 배울 수 있습니다.

선생님은 학생들에게 '자연을 깊이 들여다보기'라는 과제를 줍니다. 그 대상은 다양합니다. 느티나무, 하늘, 구름, 복숭아, 바위, 시냇물 등 학생들을 둘러싸고 있는 자연물 모두가 교육의 대상이 될 수 있습니다.

예컨대, 선생님이 하늘에 떠있는 뭉게구름을 깊이 바라보라는 과제를 학생들에게 부과했다고 가정해 보겠습니다. 그러면 학생들은 바위에 걸터앉아 또는 두세 명이 함께 이야기를 나누며, 뭉게구름을 깊이 바라봅니다. 저 구름은 어디에서 온 것일까요? 저 구름은 언제부터 저기에 있었을까요? 내일이 되면 저 구름이 있을까요? 학생들은 뭉게구름을 깊이 들여다보면서 '분리된 자아'로서의 뭉게구름은 존재하지 않는다는 것을 깨우치게 됩니다. 그리고 뭉게구름 안에 내가, 어머니가, 할아버지가, 그리고 이 세상 모든 존재가 살고 있음을 알게 됩니다. 마침내 학생들은 뭉게구름이 바로 자기 자신과 하나임을 알게 됩니다. 관찰의 시간이 끝나면 학생들은 선생님과 함께 모여서 자신들이 발견한 것을 발표하고, 뭉게구름에 대한 이해를 깊게 해 나갑니다.

셋째는 자연의 아름다움을 느낄 수 있는 능력을 배양하는 교육입니다. 선생님은 학생들이 자연에 대한 심미적인 감각을 배양해서 자연의 아름다움을 느낄 수 있도록 도움을 줍니다. 비오는 소리 듣기, 봄바람이 피부에 와 닿는 감미로운 느낌을 즐기기, 초승달 바라보기, 새로 돋아난 어린 싹 바라보기, 라일락 향기 맡기, 시냇물에 발 담그기 등 자연에 대한 감수성을 키우는 교육은 다양한 형태로 이루어집니다. 학생들의 자연에 대한 감수성이 커갈수록, 자신에 대한 그리고 자신이 사랑하는 사람에 대한 감수성도 함께 커갑니다.

3.1.14. 나이 들어감에 대한 교육

새로운 유토피아 교육 내용의 한 가지는 나이 들어감에 대한 교육입니다. 새로운 유토피아인은 평균수명이 깁니다. 그래서 노년기를 어떻게 보내는

가 하는 것이 중요합니다. 그래서 나이 들어감에 대한 교육이 새로운 유토피아 교육의 중요한 일부가 되었습니다. 나이 들어감에 대한 교육은 '나이 들어감이란 무엇인가?' 에 대한 교육과 '어떻게 아름답고 행복하게 나이 들어갈 수 있는가?' 에 대한 교육으로 나누어집니다.

새로운 유토피아 교육에서 선생님은 학생들에게 '나이 들어감이란 무엇일까?' 에 대해 가르칩니다. 현대인은 '나이 들어감' 에 대해 지극히 비관적인 관점을 갖고 있었기 때문에 대부분의 노인들이 불행하고 고통스런 노년기를 보냈습니다. 하지만 새로운 유토피아에서 선생님은 학생들에게 '나이 들어감' 에 대한 창조적인 해석을 가르칩니다.

'나이 들어감' 이란 어떤 변화일까요? 한 편으로 그것은 개체로서의 생명체가 건강상태와 기능이 쇠퇴하는 변화를 뜻합니다. 그러나 다른 한 편으로 보면, '나이 들어감' 이란 영적인 성숙을 뜻합니다. 사실 전자의 측면에서 본 쇠퇴가 후자에서 말한 성숙의 계기가 되기도 합니다. 건강과 기능의 쇠퇴는 영적인 나의 발견이라는 측면에서 보자면, '분리된 자아' 의 짙은 구름이 열어지는 것을 뜻합니다. 그리고 엷어진 구름 사이로 찬란한 햇빛이 비춰 나옵니다.

그래서 우리가 '아름답고 행복하게 나이 들기' 를 선택한다면, 노년기가 되었을 때 우리는 더 아름답고 행복한 사람으로의 창조적인 변화를 겪을 수 있음을 새로운 유토피아의 학교에서는 가르칩니다. '나이 들어감' 이 이렇게 창조적인 과정이 될 수 있다고 했을 때, 그렇다면 구체적으로 어떻게 아름답고 행복하게 나이 들어갈 수 있을까요? 새로운 유토피아 교육에서 선생님은 학생들에게 아름답고 행복하게 나이 들어가는 방법을 가르칩니다.

'아름답고 행복한 나이 들기' 가 가능하다고 했을 때, 이것을 방해하는 핵심적인 장애물은 무엇일까요? 분리된 개체로서의 자아 관념입니다. 나는 내가 인생에서 성취한 어떤 것이라는 관념입니다. 어떤 것은 때로는 지식일 수도 있고, 외모일 수도 있으며, 소유나 소비일 수도 있고, 인기나 인정일 수도 있으며, 권력이나 명예일 수도 있습니다. 그것이 무엇이건, 노년기는 자신이 젊은 시절에 갖고 있었거나 성취한 것을 상실해가는 시기이기 때문에, 이런 자기 정체성을 갖고 있는 한, 그 사람은 아름답고 행복하게 나이 들어가는 것이 불가능합니다.

그러므로 '아름답고 행복한 나이 들기'의 핵심은 '나는 누구인가'에 대한 새로운 대답입니다. 이전에 '나'라고 생각해 왔던 모든 것들, 예컨대, 나의 성격, 외모, 건강, 재산, 직업, 가족, 재능, 지식, 인기, 생각, 이념, 감정, 욕망, 민족, 국가, 종교 등을 포함한 모든 것들이 사실은 진정한 '나'가 아니라 '나'에게 붙여진 이름표에 불과한 것이며, '진정한 나'라고 하는 태양을 가로막는 구름에 불과한 것임을 자각하는 것입니다.

찬란하게 빛나는 태양(도(道), 불(佛), 인(仁), 사랑)이 진정한 나임을 알게 되는 순간, '나'는 '나'를 상실할 수 없는 위대한 존재임을 알게 됩니다. 왜냐하면, 지금의 태양은 과거의 태양임과 동시에 미래의 태양이며, '나'의 태양은 동시에 '너'의 태양이기 때문입니다. 이런 '진정한 나'에 대한 자각이 깊어갈수록, '나'는 점점 더 평화로워지고, 행복해지며, 아름다워집니다. 그리고 나의 평화와 행복, 아름다움이 너에게로 전달되어, 너를 평화롭게 하고, 행복하게 하며, 아름답게 하는 존재가 됩니다. 노년기에 필연적으로 겪게 되는 상실은 망상으로서의 나를 벗어버리고, 진정한 나와의 만남을 이루는 좋은 기회를 제공해 줍니다.

3.1.15. 죽음교육[52)]

죽음교육은 새로운 유토피아 교육의 중요한 일부입니다. 죽음교육이 이렇게 중요한 까닭은 죽음이 자신과 우주만물의 근원적인 통일성을 자각할 수 있는 중요한 계기를 제공해 주기 때문입니다. 새로운 유토피아에서 죽음

---

52) 새로운 유토피아에서의 죽음교육에 대한 서술은 정재걸님의 「죽음교육에 대한 일 연구」, 『東洋社會思想』 제 13집(동양사회사상학회, 2006)과 「노인을 위한 죽음준비교육 프로그램 개발 연구」, 『東洋社會思想』 제 16집(동양사회사상학회, 2007)을 주로 참조했습니다.

교육은 어린 나이에서부터 시작하며, 실제로 죽음에 이를 때까지 계속됩니다. 새로운 유토피아의 죽음교육은 다음과 같은 내용을 포함합니다.

첫째, 선생님은 학생들에게 죽음을 분명하게 알려 줍니다. 선생님이나 주위 사람들은 어린 학생들에게 죽음을 은폐하지 않습니다. 아이들은 성장과정에서 늘 죽음을 만납니다. 죽음교육의 첫 걸음은 그들이 죽음을 직면하도록 하는 것입니다.

둘째, 선생님은 학생들에게 죽음의 의미를 가르칩니다. 죽는다는 것은 무엇일까요? 오직 죽을 수 있는 것은 '분리된 자아' 로서의 '나' 임을 가르칩니다. 그런데, '분리된 자아' 로서의 나는 실체로 존재하지 않음을 또한 가르칩니다. 그러므로 '우주적인 존재' 로서의 나에게 있어서, 궁극적으로는 태어남도 없고 죽음도 없음을 가르칩니다.

셋째, 선생님은 학생들에게 죽음이 마지막 성장의 기회임을 가르칩니다. 죽음은 '분리된 자아' 로서의 내가 궁극적으로 소멸하는 것을 의미합니다. 건강, 인기, 재화, 명예와 같은 것의 상실과 같은 부분적인 상실이 아니라 개체로서 나의 상실 즉 최종적인 상실인 것이지요. 그렇기에 죽음은 개아로서의 나를 넘어서는데 있어서 가장 소중한 공부의 재료가 될 수 있습니다. 선생님은 상상 속에서 죽음을 맞이하는 어린 학생에게 개체로서 나의 소멸인 죽음을 공부의 재료로 삼아 '우주적인 나' 가 깨어날 수 있도록 도움을 줍니다.

3.2. 실용 교육

새로운 유토피아의 학교에서는 살아가는데 필요한 지식과 기술도 가르칩니다. 실용 교육은 분석적으로는 사랑의 능력을 배양하는 교육과 구분됩니다. 하지만, 실제에 있어서는 이 두 가지 교육이 하나입니다. 왜냐하면 사랑의 능력 배양이 배제된 실용교육은 새로운 유토피아사회에서 존재하지 않기 때문입니다.

3.2.1. 텃밭 가꾸기 교육

새로운 유토피아인의 먹을거리의 대부분은 자신의 텃밭에서 수확한 것입니다. 그래서 새로운 유토피아인은 누구나 텃밭 농사에 참여합니다. 새로운 유토피아의 아이들은 어려서부터 텃밭에 나가 어른들이 일하는 모습을 지켜보고, 돕기도 하면서 자연스럽게 텃밭 가꾸기를 배웁니다.

새로운 유토피아인은 밭 갈기, 씨 뿌리기, 김 매기, 물 주기, 수확 등 텃밭 가꾸기의 전 과정을 습득합니다. 그래서 새로운 유토피아인에게 텃밭 가꾸기는 생활의 자연스런 일부입니다. 어른들은 아이들에게 세심하게 기술을 가르쳐줄 뿐만 아니라 텃밭 가꾸기의 즐거움을 알려줍니다. 아이들은 기술을 배울 뿐만 아니라 새싹과 열매에 대한 사랑과 함께 일하는 행복을 배웁니다.

3.2.2. 요리 교육

새로운 유토피아에서 요리는 더 이상 성인여성의 전유물이 아닙니다. 남녀노소 가릴 것 없이 요리에 참여하며, 이 과정에서 아이들은 자연스럽게 요리 기술과 요리하는 즐거움을 배웁니다. 요리는 그 자체가 즐거움을 느낄 수 있는 창조적인 활동이기도 하지만, 동시에 사랑하는 사람들에게 기쁨을 줄 수 있는 일이기도 합니다. 이 때문에, 많은 새로운 유토피아인이 요리에 깊은 관심을 갖고 있습니다.

요리 교육은 어려서부터 시작되며 죽음에 이를 때까지 계속됩니다. 사람들은 가족마을 어른들로부터 그 마을의 전통요리를 배웁니다. 또한 인터넷을 통해서 지구촌 곳곳의 요리문화를 둘러보고, 자신의 취향에 맞는 요리를 배웁니다. 때로는 여러 가지 요리를 조합해서 새로운 요리를 개발하고, 반응이 좋으면 주위에 알려줍니다. 그러므로 요리 교육의 경우는 선생님과 학생이 엄격하게 분리되어 있지 않으며, 때로는 선생님이 학생이 되기도 하고, 그 역도 성립합니다.

3.2.3. 집짓기와 집고치기 교육

새로운 유토피아사회에서 자신이 사는 집은 특별한 의미를 갖고 있습니다. 거기에는 조상의 숨결과 자신의 어린 시절 추억이 담겨 있습니다. 집짓기와 집고치기는 가족마을 내에서 이루어집니다. 그래서 새로운 유토피아인은 어린 시절부터 마을의 집짓기와 집고치기에 참여하면서, 자연스럽게 기술을 습득합니다.

가족마을의 뛰어난 집짓기 장인은 아이들에게 집짓기의 기초적인 지식부터 자세히 가르쳐줍니다. 그가 가르치는 것은 기술뿐이 아닙니다. 그는 아이들에게 마을 사람들이 편안하게 살 수 있는 집을 짓고 고치는 일의 즐거움을 가르쳐주고, 집에 대한 사랑을 일깨워줍니다.

가족마을 사람들은 장인을 통해 그 마을의 전통적인 집짓기와 집고치기 기술을 전수받을 뿐만 아니라 인터넷을 통해 새로운 기술을 습득합니다. 자신의 가족마을이 갖고 있는 지식과 기술을 지구촌 마을 곳곳에 보급하기도 하고, 다른 가족마을이 갖고 있는 지식과 기술을 전수받기도 합니다. 또한 새로운 유토피아인은 세계적인 건축가들이 개발한 친환경적이고 효율적인 새로운 기술을 습득해서 마을 공사에 활용합니다.

3.2.4. 옷 만들기와 수선 교육

새로운 유토피아에서는 가족마을 내에서 자신들이 입을 옷을 만들고 수선합니다. 가족마을에는 옷 만드는 분야의 기술자가 있으며, 그는 아이들에게 옷을 만들고 수선하는 방법을 교육합니다. 또한 그는 자신이 사랑하는 사람을 위해 옷을 만드는 기쁨과 옷을 만들어 선물했을 때 느끼는 행복을 가르칩니다. 또한 옷을 만들고 수선하는 일 자체의 즐거움을 가르칩니다.

가족마을 사람들은 가족마을 장인으로부터 전통적인 옷 만드는 기술을 배울 뿐만 아니라 인터넷을 통해 지구촌 가족마을의 다양한 옷 만들기 기술을 배웁니다. 세계적인 디자이너가 새로 개발한 옷 만들기 기술도 배웁니다. 또한 자신의 가족마을의 전통적인 의상이나 가족마을 내에서 새롭게 개발한 의상을 지구촌 가족마을에 보급하기도 합니다.

3.2.5. 예능 교육

새로운 유토피아인은 음악을 사랑합니다. 그들은 즐겨 아름다운 노래를 부르고, 몇이서 모여앉아 함께 악기를 연주합니다. 아이들은 어려서부터 그 가족마을에서 전해오는 민요를 배우고, 전통 악기 다루는 방법을 배웁니다. 그 가족마을의 전통춤도 배웁니다. 이런 과정에서 노래와 연주 그리고 춤추는 즐거움을 깨닫게 되고, 이에 대한 사랑을 학습합니다.

사람들은 인터넷을 통해서 다른 가족마을의 전통 춤, 민요, 전통 악기를 배우기도 하고, 현대 음악가가 작곡한 새로운 음악을 배우기도 합니다. 또한 자신의 가족마을의 전통 음악이나 새롭게 만들어진 음악을 지구촌 마을에 전파하기도 합니다.

새로운 유토피아인은 미술을 사랑합니다. 그들은 그림 그리기를 즐기고, 함께 도자기를 만들거나 조각을 하기도 합니다. 아이들은 어려서부터 그 가족마을에서 전래되어온 전통 미술을 배웁니다. 이런 학습 과정에서 아이들은 아름다움에 눈을 뜨게 되고, 아름다움을 표현하는 능력이 발전합니다. 또한 인터넷을 통해 지구촌 곳곳의 전통 미술을 배우며, 현대 미술가의 작품을 감상하기도 합니다. 특정 미술에 큰 매력을 느낀 청년들은 실제로 그 가족마을을 찾아가서 오랜 기간 머물면서 자신이 좋아하는 미술을 배우기도 합니다.

3.2.6. 의료 교육

새로운 유토피아사회에서 선생님은 학생들에게 어린아이 때부터 건강의 소중함과 건강을 유지하는 방법을 가르칩니다. 선생님은 규칙적인 식사와 수면 등의 좋은 생활습관을 가르치며, 건강을 증진시키는데 유익한 체조 등의 운동을 가르칩니다. 중국에서 유래한 태극권은 새로운 유토피아 지구촌 많은 사람들이 좋아하는 운동입니다. 태극권은 몸의 건강을 증진시킬 뿐만 아니라 마음의 운동이 되기도 하기 때문입니다.

새로운 유토피아에서 선생님은 학생들에게 우리 몸의 신비와 건강이란 것이 얼마나 좋은 것인가를 교육합니다. 새로운 유토피아의 아이들은 예방의학과 응급 처치 방법을 교육받습니다. 그래서 응급 상황에서 자신이나 이웃을 돌볼 수 있는 능력을 키웁니다.

3.2.7. 언어와 문자 교육

새로운 유토피아의 아이들은 어려서부터 두 개의 언어와 문자를 배웁니다. 하나는 자신이 속한 부족의 고유어와 문자이고, 다른 하나는 세계 공용어와 문자입니다. 아이들은 어려서부터 두 개의 언어와 문자를 동시에 접촉하고 습득합니다. 부족언어를 통해서는 자기 부족의 문화를 배우고, 세계 공용어를 통해서는 세계시민으로서 자신의 정체성을 키워갑니다. 또한 어른들은 아이들에게 언어와 문자에 대한 사랑을 가르칩니다.

4 어른교사에 의한 교육

새로운 유토피아에서는 가족마을의 어른들이 선생님이 됩니다. 그들 대부분은 노인들이며, 연륜과 더불어 삶을 깊이 이해하고 사랑하는 사람들입니다. 그들에게는 손자뻘 되는 아이들을 가르치고 함께 하는 시간이 가장 행복합니다.

노인 선생님들은 아이들에게 삶의 경이로움과 사랑을 가르칩니다. 또한 이미 사랑의 존재가 된 노인들은 자신의 일상적인 삶 자체가 아이들이 본받고 따라할 수 있는 삶의 본이 됩니다. 새로운 유토피아에서 선생님과 학생은 깊은 애정으로 결합해 있습니다. 교육의 장에는 열정이 있지만 또한 유머 공간이 풍부합니다.

정재걸님은 사랑의 교육에서 스승의 역할이 무엇인가를 다음과 같이 설명하고 있습니다.

> 스승은 바로 이런 암중모색에 있어서 안내자요, 등불이라고 할 수 있다. 스승의 현존 바로 그 자체가 자신이 나아가야 할 방향을 알려 주고 또 그것이 달성 가능한 것이라는 것을 분명하게 보여주기 때문이다.[53]

틱낫한 스님은 같은 내용을 다음과 같이 표현했습니다.

> 스승과 제자의 관계는 스승이 자기가 가르치는 바를 계속해서 실천해나가는 데서 비롯되는 신뢰에 근거해야 하는 것이다. 이것은 본보기, 즉 삶의 방식을 통한 가르침이다.[54]

새로운 유토피아사회에서는 학교가 따로 있는 것도 아니고 선생님이 따로 있는 것도 아닙니다. 일반적으로 아이들의 교육을 총괄적으로 책임지는 선생님은 그 아이들의 할아버지와 할머니입니다. 총괄 선생님은 아이를 사랑으로 보살피며 교육합니다.

선생님은 아이들이 충동에 사로잡히거나 잘못을 저지를 때도 그 아이들에 대한 믿음을 잃지 않습니다. 선생님은 아이들에게 간섭하거나 잔소리를 하지 않습니다. 선생님은 아이들이 자신의 도움을 필요로 할 때까지 끈기 있게 기다립니다. 그래서 도움을 줄 수 있는 때가 무르익었을 때, 선생님은 아이들에게 도움의 손길을 내밉니다.

총괄 선생님은 적당한 시기가 되면, 아이들을 문자 교육장으로 보냅니다. 그리고 옷 만들기, 집짓기, 텃밭 가꾸기, 건강 교육 등 대부분의 아이들이 공부하는 분야를 직접 지도하기도 하고, 필요하면 다른 선생님에게 위탁하기도 합니다. 그리고 아이들의 재능을 살펴 음악 선생님이나 미술 선생님 등 특별 분야의 선생님에게 가서 공부를 하도록 지도합니다.

---

53) 정재걸, 『만두모형의 교육관』(한국교육신문사, 2000), p. 22.

54) N. H. Thich, 진현종 옮김, 『아! 붓다』(반디미디어, 2004), p. 185.

5 교육이 이루어지는 장(場)

새로운 유토피아에서 교육활동이 이루어지는 장은 크게 보아서 세 가지입니다. 가족마을 내에서의 교육활동, 인터넷을 통한 교육활동, 편력을 통한 교육활동 등이 그것입니다.

5.1. 가족마을 내에서의 교육활동

새로운 유토피아에서 교육활동의 중심 장은 가족마을입니다. 아이들은 부모님과 조부모님, 그리고 마을 어른들에게 교육을 받습니다. 그들이 교육을 받는 곳은 때로는 텃밭일 수도 있고, 때로는 느티나무 그늘 아래일 수도 있습니다. 때로는 할아버지의 손을 잡고 아름다운 오솔길을 걸으며 교육이 이루어지고, 때로는 이웃집을 고치는 현장에서 교육을 받기도 합니다. 이웃집 어른의 안방에서 글씨를 배우기도 하고, 여름밤 반상 위에 누워 하늘의 별자리를 공부하기도 합니다.

5.2. 인터넷을 통한 교육활동

새로운 유토피아에서 인터넷은 사랑의 교육을 이루어가는 중요한 장입니다. 사람들은 인터넷을 접속해서, 세상에서 가장 훌륭한 사람들의 말씀을 듣고, 삶을 배웁니다. 지구 반대편의 다른 가족마을들의 삶과 문화를 접하고, 그들에 대한 깊은 이해와 사랑을 키웁니다. 다른 가족마을의 요리, 음악, 의복, 건축 등을 이해하고 배웁니다. 또한 어떤 분야에서건 그 분야 최고의 권위자에게서 직접 강의를 들을 수 있습니다. 예를 들어, 칸트 철학에 관심이 있는 사람은 칸트 철학의 최고 권위자에게서 칸트 철학 강의를 듣고 배울 수 있습니다.

이렇게 일방적으로 배우는 활동뿐만 아니라, 새로운 유토피아인은 인터넷을 통해 지구촌 곳곳의 친구들과 영상 대화를 나눕니다. 세계 공용어로 그들은 자연스럽게 소통합니다. 이런 대화를 통해, 그들은 서로에 대한 이해를 깊게 하고, 우정을 키워나갑니다.

5.3. 편력을 통한 교육

편력은 새로운 유토피아사회에서 교육의 중요한 형태입니다. 지구촌 모든 가족마을은 편력자를 위한 주거공간을 갖추고 있습니다. 많은 청년들은 자기가 원하는 마을에 가서 거기에 거주합니다. 기간은 대중이 없어서 짧게는 한두 달에서 길게는 5년 정도까지이고, 때로는 그곳에서 결혼을 하고 정주하는 경우도 있습니다. 자기가 살기를 원하는 여러 마을을 편력하면서, 그곳의 문화를 학습하고, 마을어른들로부터 많은 것을 배웁니다. 친구를 사귀고 이성교제도 합니다.

IX

새로운 유토피아의 정치

IX

새로운 유토피아의 정치

함이 없으니,
다스려지지 않는 바가 없습니다.[55)]

현대사회에서는 정치의 키워드가 권력이었습니다. 하지만, 새로운 유토피아사회에서 정치의 키워드는 사랑입니다. 새로운 유토피아사회의 정치는 사랑의 정치이며, 도가(道家)의 '무위지치(無爲之治)'에 가깝다는 점에서 '무위의 정치'입니다.

새로운 유토피아의 정치는 모든 구성원들이 사랑의 존재로 재탄생해서, 사랑의 즐거움을 누리는 사회를 추구합니다. 다시 말하자면, 새로운 정치의 목표는 평화롭고 사랑이 넘치는 세상을 만드는 것입니다. 새로운 유토피아사회에는 사건이나 해결해야할 문제가 거의 없으며, 대부분의 일들은 가족 마을 내에서 자체적으로 처리됩니다.

새로운 유토피아에서는 분리·독립된 정치단위로서의 국가는 더 이상 존재하지 않습니다. 세계정부가 구성되어 지구상의 모든 민족, 인종, 종교, 지역 등이 함께 어울리는 명실상부한 지구촌 시대가 열립니다. 직접민주주의

55) 『老子』, 3章, "無爲則無不治."

가 발달하여 가상공간에서 주요한 안건에 대해 활발한 토론을 하고 전자표결을 통해서 의사결정이 이루어집니다.

새로운 유토피아사회에서 모든 민족, 인종, 종교, 지역 등은 정치적으로 평등합니다. 어떤 집단도 타 집단 위에 군림하지 못하며, 그들이 소수라고 하더라도 각 집단의 입장이나 의견은 존중됩니다. 독재 정치는 지구상에서 완전히 자취를 감추고, 전쟁이나 테러가 없는 평화로운 세상이 도래했습니다. 군대나 대량살상무기도 사라졌습니다.

1 국가의 붕괴와 새로운 정치의 출현

현대사회에서 국가는 정치의 핵심 단위였습니다. 현대국가는 현대가 시작되던 무렵, 새로운 정치질서 수립의 중심 역할을 했습니다. 하지만 현대말에 이르러서, 국가는 새로운 시대의 몸에 맞지 않는 낡은 옷이 되어버렸습니다.

현대국가는 국적과 관련된 법률을 통해서 진정한 다문화사회의 도래를 가로막는 걸림돌이 되었습니다. 강대한 국가들은 약소국가 국민들의 자국으로의 이주를 차단했습니다. 또한 각 국가가 자국의 이익만을 경쟁적으로 추구하는 가운데, 국가이기주의라고 할 만한 상황이 전개되었습니다.

이리하여 국가는 현대사회가 고립적인 개인을 인간으로 인식했듯이, 국가란 차원에서 고립적인 국가가 되어갔습니다. 고립적인 개인 간의 관계가 그러했듯이, 국가 간에도 진정한 우애나 사랑의 관계를 건설하는 것은 불가능했습니다. 각 국가는 상대편 국가를 자신의 욕망 충족을 위해 이용, 지배, 착취해야할 수단과 도구로서만 바라보았습니다. 이로 인해서, 국가 간 분쟁이 늘 일어났고, 총성 없는 전쟁이 일상화되었습니다.

물리적인 의미에서 지역 간의 교류는 급속히 증가했고, 세계는 지구촌이라고 불릴 만큼 가까워졌지만, 국가는 새로운 시대의 흐름과 조화를 이루지 못했습니다. 환경문제와 같이 지구적인 차원에서 협력이 요구되는 일이 많아졌지만, 자국의 국익만을 앞세웠던 현대국가는 이런 시대의 요구에 부응하지 못했습니다. 각국이 부강한 국가건설을 추구하는 가운데 국가 간 불평등은 더욱 심각해졌고, 생태계 붕괴를 포함한 환경문제는 더욱 악화되었습니다.

새로운 의식의 각성이 이루어진 사람부터 현대국가가 더 이상 새로운 시대의 적합한 정치단위가 될 수 없다는 생각이 일어나기 시작했습니다. 현대 말 인류는 국가의 존재로 인해서 많은 고통을 겪고 있었습니다. 이 때문에, 많은 사람들이 이에 동조하기 시작했습니다.

국가를 해체하고 전 지구적인 차원에서 세계정부를 수립하기 위한 운동이 가시화되었습니다. 그리고 지난겨울의 도저히 녹지 않을 것 같은 큰 눈이 흔적도 없이 녹아버리듯이, 현대국가는 지구상에서 자취를 감추어버렸습니다. 그리고 지구상의 모든 민족, 인종, 지역, 종교, 문화가 평화롭게 공존하고, 진정으로 소통하며, 사랑으로 결합하는 새로운 정치체계가 출현하게 되었습니다.

2 새로운 정치사상

새로운 유토피아사회에는 사랑의 사회 건설을 궁극적인 목표로 삼는 새로운 정치사상이 확산되어 있습니다. 절대 평등사상, 새로운 자유사상, 새로운 평화사상, 겸(謙) 사상, 사랑의 사회사상 등이 그 내용입니다. 새로운 정치사상의 인간관적인 기초는 사랑의 존재로서의 인간입니다.

2.1. 절대 평등사상

새로운 유토피아사회에서는 인간과 자연만물을 포함해서 이 세상 모든 존재들이 절대적으로 평등하다고 봅니다. 왜냐하면 이 세상 모든 존재는 그것이 아무리 미물이라고 하더라도 대우주의 도(道)를 그 자신 안에 담고 있기 때문입니다. 그래서 평등은 불평등을 극복하고 쟁취해야할 목표가 아니라 깨우쳐야할 모든 존재의 자연스런 상태입니다.

새로운 유토피아인은 사랑의 존재로 재탄생을 경험하며, 이들은 이 세상 모든 존재의 절대 평등을 자각하고 있습니다. 그래서 새로운 유토피아인은 자신과 상대편에 대한 깊은 존경심을 갖고 있으며, 자신과 상대편을 공경하는 마음을 갖고 대합니다. 이리하여 절대 평등관은 새로운 유토피아사회내의 다양한 집단들이 평화로운 사회질서를 구축하는 기초가 됩니다.

2.2. 새로운 자유사상

새로운 유토피아사회에서 자유란 욕망과 집착으로부터의 자유 그리고 '분리된 자아'의 감옥으로부터의 해방을 의미합니다. 장자(莊子)의 소요유(逍遙遊)는 새로운 자유의 의미를 잘 보여줍니다. 새로운 유토피아는 바로 이런 의미에서 모든 사회구성원들이 자유를 누리는 사회입니다. 외적 속박으로부터의 해방을 뜻하는 현대사회에서의 자유는 새로운 유토피아에서 자유의 전제가 되며, 당연한 것으로 간주되지만, 더 이상 추구의 대상은 아닙니다.

현대사회에서의 자유는 자유를 속박하는 압제자들과의 투쟁을 통해 성장하는 것이었습니다. 하지만, 새로운 유토피아의 자유는 자기 자신에 대한 재발견과 사랑의 존재로의 재탄생을 통해서만 확충될 수 있는 것입니다. 그러므로 정치 지도자는 스스로 이런 자유로운 삶의 본을 보여줌으로써, 자유로운 사회를 만들어갑니다.

2.3. 새로운 평화사상

새로운 유토피아가 추구하는 세상은 평화로운 사회입니다. 새로운 유토피아사회에서 평화로운 사회 건설의 초석은 평화로운 마음입니다. 일찍이

토머스 홉스(Thomas Hobbes, 1588-1679)가 통찰했듯이, 사회평화를 교란하는 근본적인 요인은 행위 주체들의 무한한 욕망 추구입니다. 현대사회는 욕망을 추구하는 개인을 전제로 구성된 사회였습니다. 그러므로 현대사회에서 평화는 그것이 일시적으로 존재한다고 할지라도 잠정적인 것이었고, 불구적인 것이었습니다.

이에 반해서, 새로운 유토피아사회는 무아(無我)를 자각한 인간을 전제로 구성된 사회입니다. 그러므로 욕망 충돌로 인한 평화 교란은 더 이상 없습니다. 그러기에 새로운 유토피아사회의 평화는 영속적인 것이며, 창조적인 것입니다. 새로운 유토피아의 정치 지도자는 무아를 자각한 사랑의 존재이며, 감화를 통해 구성원들이 무아를 자각할 수 있도록 돕습니다.

새로운 유토피아에서는 모든 불화의 근원이 상대편에 대한 그릇된 이해에서 비롯됨을 알고 있습니다. 그래서 어떤 행위 주체 간에 불화가 발생하던 간에, 그들에게 요구되는 것은 상대편과 하나가 되어서, 그들이 느끼는 고통, 그들이 안고 있는 상처, 그들의 소망 등 그들의 마음을 깊이 이해하는 것입니다. 깊은 이해는 상대편에 대한 측은한 마음과 사랑을 낳으며, 불화는 해소되고 평화는 복구됩니다.

2.4. 겸(謙) 사상

새로운 유토피아가 추구하는 세상은 사람들이 서로 존중하고 예의를 지키는 사회입니다. 현대사회에서는 무례(無禮)라고하는 집단 정신병이 유행하고 있었습니다. 현대사회에 팽배해 있던 무례함의 세계관적인 근원은 '나와 너'를 하찮은 존재로 바라보는 현대 인간관입니다. 이에 반해서, 새로운 유토피아사회에서 사람들은 자신과 상대편을 깊이 공경하는 마음을 갖고 대합니다. 공경의 세계관적인 기초는 모든 존재가 아름답고 위대하다는 통일체적 세계관입니다.

자신을 공경하기 때문에 새로운 유토피아인은 야비하거나 비루한 행위를 하지 않습니다. 상대편을 공경하기 때문에 새로운 유토피아인은 늘 예의를 갖추어 상대를 대합니다. 그러므로 새로운 유토피아사회에는 평화가 지속되고, 사람들은 행복하며, 사랑의 꽃이 만발합니다.

2.5. 사랑의 사회사상

새로운 유토피아가 추구하는 궁극적인 이상은 모든 사회 주체들이 서로 사랑으로 하나가 되는 사랑의 사회입니다. 모든 행위 주체들을 결합시키는 원리는 더 이상 계약도 강제도 아니며 사랑입니다. 새로운 유토피아에서 행위 주체들은 상대편이 갖고 있는 단점이나 열등한 점을 더 이상 비난하거나 경멸하지 않습니다. 그들은 그런 것들을 측은하게 여기고, 따뜻한 시선으로 바라보며, 품어 줍니다. 그래서 상대편에게는 창조적인 변화가 일어나고, 나와 너는 사랑으로 결합하게 됩니다.

3 새로운 정치의 모습

'무위의 정치'가 행해지는 새로운 유토피아사회는 평화롭습니다. 집단 간의 분쟁은 더 이상 존재하지 않습니다. 사람들은 행복하며, 정치나 정치가의 존재 자체를 거의 의식하지 않고 살아갑니다. 여기에서는 새로운 유토피아의 정치 지도자상과 정치제도를 살펴보도록 하겠습니다.

3.1. 새로운 정치 지도자상

새로운 유토피아에서 정치 지도자는 비유하자면 태양이나 북극성과 같은 존재입니다. 그는 사랑의 존재로 재탄생한 사람이며, 어떻게 하고자하는 마음 없이 그냥 존재합니다. 그는 삶을 깊이 이해하고 있습니다. 그는 자신과 이 세계를 깊이 사랑하며, 또 사람들로부터 깊이 사랑받는 사람입니다.

새로운 유토피아의 정치 지도자는 평화를 사랑하고, 사람들의 잘못이나 실수를 용서하고 따뜻하게 품어주는 사람입니다. 그는 유머 감각을 갖고 있습니다. 그에게 심각한 일이란 없습니다. 그리고 그는 모든 사람들이 사랑의 존재로 재탄생할 수 있도록 돕고자 하는 소망을 갖고 있습니다. 새로운 유토피아의 정치 지도자는 열린 마음, 유연한 사고, 따뜻한 마음, 지혜를 갖고 있습니다.

새로운 유토피아에서는 그 사회의 어른이 정치 지도자가 됩니다. 사람들은 그를 존경하고, 그의 의견에 귀를 기울입니다. 그는 세계정부의 수반이라고 하더라도, 가족마을의 평범한 사람과 외양이나 살아가는 모습에 있어서 전혀 구분이 없습니다. 아무도 그를 미워하지 않고 해치고자 하지 않기 때문에, 그는 철책이 처진 성곽과 같은 집에서 거주하지 않으며, 사람들이 그를 경호할 필요도 없습니다. 새로운 유토피아의 정치 지도자는 마을 사람들과 똑같은 집에 살고, 똑같은 것을 먹으며, 텃밭을 가꾸며 평범하게 살아갑니다.

새로운 유토피아의 정치 지도자에게 권력은 아무런 가치도 없습니다. 그는 직권을 행사할 뿐 자신의 권력에 매료되는 일 따위는 없습니다. 오히려 그는 권력을 자신의 삶을 번거롭게 하는 귀찮은 것으로 여깁니다. 그를 정치 지도자의 자리에 머물게 하는 요인은 한 가지 밖에 없습니다. 그것은 이웃의 행복에 대한 깊은 관심이며, 그들에 대한 사랑입니다. 그러므로 새로운 유토피아에서 정치 지도자를 선출하는 과정도 경쟁 원리에 따르지 않습니다. 추대와 사양 그리고 간곡한 권유의 과정을 통해서 그들은 정치를 담당하게 됩니다.

3.2. 새로운 정치제도

새로운 유토피아사회에서는 권력 자체가 추구되지 않으므로 현대적인 권력균형 장치는 존재하지 않습니다. 국회는 존재하지 않으며, 지혜로운 어른들의 의견이 존중되는 가운데 직접민주주의의 방식으로 의사결정이 이루어집니다. 법률은 거의 사라져서, 새로운 유토피아인은 법률이 있는지조차 알지 못합니다. 새로운 유토피아사회는 윤리와 상식에 의거해서 사회가 운용됩니다. 따라서 독립된 사법부도 존재하지 않습니다.

삶에 대한 이해가 깊으며, 사랑의 존재로 재탄생한 존경받는 어른들의 집합체인 원로회의가 모든 정치단위에서 정치의 중심에 있습니다. 정치를 수행하기 위한 별도의 건물은 존재하지 않습니다. 원로들은 각자 자신의 가족마을에 거주하며, 인터넷을 통해 의견을 교환하고 수렴합니다.

4 새로운 정치 단위

새로운 유토피아에는 자국의 이익만을 추구하는 폐쇄적인 국가는 존재하지 않습니다. 가족 공동체, 마을 공동체, 소규모 지역 공동체, 중간 규모 지역 공동체, 대규모 지역 공동체, 거대 지역 공동체, 민족 공동체, 대륙 공동체, 그리고 궁극적으로는 모든 인류가 참여하는 인류 공동체가 동심원적으로 확대된 것이 새로운 정치 체제의 구조입니다. 모든 단위의 공동체들은 고도의 자율성과 독자성을 유지합니다. 하지만 동시에, 이들은 서로 유기적인 연관 관계를 형성하고 있습니다.

가족 공동체는 대략 15명 정도로 구성됩니다. 가족 성원으로는 직계 혈연과 방계 혈연, 사돈 집안사람들, 또는 아무런 혈연이 없지만 뜻을 함께하는 사람 등이 포함됩니다. 마을 공동체는 지역마다 차이가 있지만 대략 20개 가족, 3백 명 내외의 규모로 이루어집니다. 소규모 지역 공동체는 10개 내외의 마을 공동체로 구성되며, 인구는 3천 명 정도입니다. 중간 규모 지역 공동체는 10개 내외의 소규모 지역 공동체로 구성되며, 인구는 3만 명 정도입니다. 대규모 지역 공동체는 10개 내외의 중간 규모 지역 공동체로 구성되며, 인구는 30만 명 정도입니다. 거대 지역 공동체는 8개 내외의 대규모 지역 공동체로 구성되며, 인구는 240만 명 정도입니다. 민족 공동체는 같은 지역에서 같은 언어를 사용하는 거대 지역 공동체들을 포괄하며, 인구는 일정하지 않지만 대략 1천만 명 내외입니다. 대륙 공동체는 동아시아, 남아시아, 중동, 유럽, 북미, 중남미, 아프리카, 오세아니아 등 8개이며, 그 지역에 속하는 모든 민족 공동체가 성원이 됩니다. 인류 공동체는 8개의 대륙 공동체가 모두 소속되어 전 인류가 참여하는 공동체입니다.

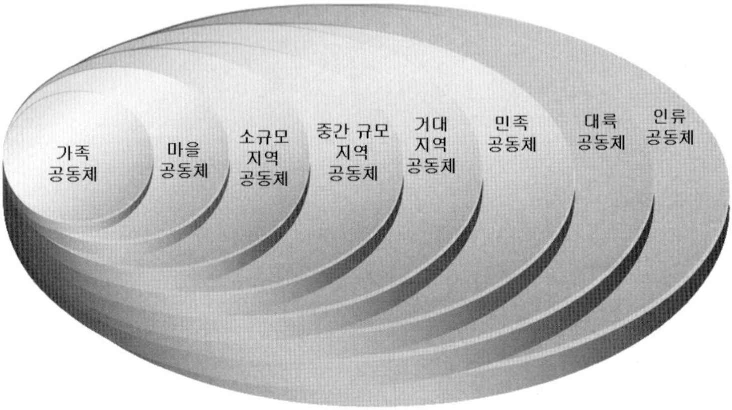

〈그림 5〉 새로운 유토피아의 정치 단위

작은 단위의 공동체에서는 직접 민주주의에 의해서 주요 안건들을 토의하고 결정합니다. 이 때, 지도자인 깨달음이 깊은 노인의 견해는 존중받습니다. 큰 정치 단위로 갈수록, 안건에 대한 토의는 하부 단위의 대표들에 의한 간접 민주주의 방식으로 이루어지고, 주요 안건에 대한 의결은 인터넷상에서 세계 공용어를 사용하여 직접 민주주의 방식으로 진행됩니다.

5 가족마을 정치

가족마을은 민주적인 의사 결정 구조를 갖고 있습니다. 그러나 그것이 소수자의 의견일지라도 누구의 의견이나 존중하며, 특히 깨달음이 깊은 어른의 견해를 경청합니다. 마을 내에서 구성원들 간의 관계는 평등하며, 각자는 자유롭습니다. 마을 내에서는 남녀 차별을 비롯해서 어떤 차별도 존재하지 않습니다. 각자의 개성이나 자율성은 존중받으며, 존중해야 합니다.

6 지구촌 정치

6.1. 지구촌 정치조직

지구촌을 관장하는 세계정부는 어떤 독립된 건물이나 공간도 갖고 있지 않습니다. 지구촌 수장을 포함한 모든 관리들은 자신이 속한 가족마을에 거주하면서 틈틈이 업무를 봅니다. 그들은 화상회의를 통해 서로 만나고 대화를 나누며 필요한 의사결정을 합니다.

6.2. 지구촌 정치기구

세계 정부의 최고 기관은 깨달음이 깊은 노인 8명으로 구성된 협의체입니다. 이들은 각자 자신의 가족마을에 거주하며, 화상회의를 통해 의사결정을 합니다. 협의체의 새로운 성원은 협의체 내에서의 추대에 의해 선출되며, 자발적으로 사퇴하지 않는 한 종신직입니다.

세계 정부의 주요 기구로는 구호 기구가 있습니다. 이 기구에서는 자연 재해 등으로 인해서 고통 받는 지역 실정을 모든 지역에 알리고, 다른 지역으로부터 의사와 구호물자 등을 동원하는 일 등을 담당합니다.

세계 정부에는 법률과 처벌이 존재하지 않습니다. 다만 사회적 부적응의 정도가 큰 사람들을 위한 교화기구가 있습니다. 교화원의 생활 여건은 바깥 사회와 동일합니다. 깨달음이 깊은 노인들이 이들의 삶의 고통에 귀를 기울이고, 그들의 상처를 어루만져 줍니다. 이들이 부적응자들을 바라보는 시선은 따뜻합니다. 이들은 부적응자들이 어떤 이유로건 상처받은 사람들이라고 인식하며, 그래서 그들을 측은하게 여깁니다.

X

새로운 유토피아의 경제

X

새로운 유토피아의 경제

새로운 유토피아에서 경제는 명분 없는 왕의 자리로부터 물러나서 자신의 본래 자리인 시녀로 돌아가 있습니다.

새로운 유토피아가 건설되면서, 아마도 가장 극적인 전환이 이루어진 영역이 경제일 것입니다. 새로운 유토피아에서 경제는 목적의 자리로부터 물러나서 수단의 자리로 돌아갔습니다. 새로운 유토피아사회에서는 최대 생산과 최대 소비를 추구하는 대신에, 적정 생산과 적정 소비라는 새로운 경제 원칙이 작용하게 되면서, 경제생활의 코페르니쿠스적인 전환이라고 할 만한 대전환이 일어났습니다.

1 자본주의체제의 붕괴와 새로운 유토피아 경제의 출현

현대인들은 자본주의체제가 마치 언제까지나 지속되리라는 환상을 갖고 있었습니다. 하지만 새로운 유토피아사회에는 과거 자본주의체제의 흔적조차도 찾을 수 없을 만큼 경제 영역에서 혁명적인 전환이 이루어졌습니다.

현대사회에서 생산력과 구매력 간의 불균형이 심화되면서, 세계 경제위기가 야기되었습니다. 이것이 자본주의체제 붕괴의 신호탄이었습니다. 기술혁신이 가속화되면서 생산력은 급진적으로 증가했습니다. 하지만, 자동화의 영향으로 노동력에 대한 수요는 오히려 감소했습니다.

이렇게 되자, 취업을 위한 경쟁이 심화되면서, 임금과 고용조건이 악화되었습니다. 기업의 수익은 증가했지만 분배는 자본과 노동에만 이루어졌기 때문에, 전 세계적인 차원에서 국가 내적인 그리고 국가 간의 경제적인 불평등이 심화되었습니다. 생산직과 사무직을 가리지 않고 일자리가 급속히 줄어들고, 소득이 줄어들면서 구매력이 약화되었습니다.

강화된 생산력과 약화된 구매력 간의 불균형은 필연적으로 세계적인 경제 위기를 촉발시켰습니다. 경제 위기를 근본적으로 해결할 수 있는 방안은 구매력을 증대시키는 것이었습니다. 20세기 초에 대공황이 닥쳤을 때도 공공사업을 일으켜 새로운 일자리를 창출했고 구매력이 회복됨으로써 자본주의체제 위기를 극복할 수 있었습니다. 하지만 21세기에 인류가 맞이한 경제 위기 해결은 이것보다 곤란한 일이었습니다.

구매력의 증대를 위해서 새로운 일자리를 창출하는 것은 자동화의 결과로 인해 한계가 있었습니다. 사회적으로 꼭 필요하지 않은 일자리를 만들어서 임금을 지불할 경우, 국가는 막대한 재원을 필요로 했고, 이것은 기업이 내는 세금으로 충당할 수밖에 없었습니다. 하지만 세금을 올리는 즉시 다국적기업들은 보다 세금이 낮은 국가로 옮겨가버리기 때문에, 현대국가는 더 세금을 올릴 수도 없는 상황이었습니다. 그러므로 현대국가는 새로운 일자리를 창출할 수 없었습니다.

구매력을 창출하는 또 다른 방법은 노동을 하지 않는 사람들에게도 돈을 나누어줌으로써, 구매력을 증대시키는 방법이었습니다. 하지만 이 방법 역시 일자리 창출과 똑같은 난관이 기다리고 있었습니다. 21세기에 1차 세계 경제 위기가 찾아왔을 때, 각국 정부는 후자의 방법을 사용해서 경제를 회생시키는데 성공했습니다. 하지만 이에 필요한 재원을 세금으로 거두어들일 수가 없었기 때문에, 세계 각국 정부들은 막대한 채무를 떠안게 되었고, 재정이 불건전해졌습니다.

이런 상황에서, 2차 세계 경제 위기가 찾아왔고, 마침내 최종적인 3차 세계 경제 위기가 덮쳤습니다. 2차 세계 경제 위기는 1차 세계 경제 위기보다 훨씬 오랜 기간 지속되었고, 깊은 상처를 남겼습니다. 2차 세계 경제 위기는 필연적인 것이었습니다. 1차 세계 경제 위기의 극복이 새로운 일자리 창출을 의미하는 것이 아니었기 때문에, 세계 경제의 회복은 생산력과 구매력 간 불균형의 심화를 의미하는 것이었습니다. 그러므로 세계 경제 회복이 가속화될수록, 불균형도 가속화되고, 이것은 다시 세계 경제 위기를 불러일으키는 악순환구조가 심화되었던 것입니다.

1차 세계 경제 위기가 닥쳤을 때와는 달리, 2차 세계 경제 위기가 왔을 때 이미 각국 정부의 재정은 불건전한 상태에 처해 있었습니다. 그러므로 1차 세계 경제 위기 때와 같이 신속하고 강력한 대응을 할 수 없었습니다. 몇몇 정부는 국가경제파산을 선언할 수밖에 없었습니다. 궁여지책으로 세계금융기구는 당시 기축통화를 담당하고 있었던 달러화를 엄청나게 발행해서 모든 정부에 무상 배분함으로써 근근이 경제 위기를 극복했습니다.

하지만 이것을 극복이라고 하기에는 너무 큰 후유증이 있었습니다. 통화의 남발로 인해서 세계적인 차원에서 엄청난 인플레이션이 일어났고, 연금생활자나 임금노동자를 포함해서 대부분의 사람들이 경제적인 파산상태가 되었습니다. 이제는 거의 아무도 상품을 구매할 수 없었고, 많은 사람들이 절대적인 빈곤에 빠졌습니다. 그리고 공장도 거의 모두 파산해버렸습니다. 이것이 세계 자본주의체제가 종말에 이른 간략한 과정입니다.

그러나 정말 다행스러운 일은, 인류가 세계 자본주의체제의 종말을 아무런 대책 없이 맞지 않았다는 점입니다. 1차 세계 경제 위기가 닥쳤을 때, 인류는 세계 자본주의체제에 대한 근본적인 반성을 시작했습니다. 그들은 분리 · 독립된 정치단위로서의 현대국가가 이미 새로운 시대와는 조화를 이룰 수 없는 낡은 것이 되어버렸다는 것을 자각하게 되었습니다. 그리고 전 인류가 함께 하는 세계 정부의 필요성을 느끼게 되었습니다.

뿐만 아니라, 당시 인류는 근본적인 질문을 제기하기 시작했습니다. '인간다운 삶을 영위하기 위해서 과연 우리는 얼마만큼의 물질이 필요한가?' '진정한 행복은 어디에서부터 오는 것일까?' '인간다운 삶이란 어떤 것일까?' '생산 노동은 정말 내재적인 가치가 있는 것일까?' '우리에게 주어진 시간을 어떻게 사용하는 것이 가장 창조적일까?'

당시 인류는 이런 문제에 대해 깊이 생각했고, 많은 토론이 이루어졌습니다. 지구촌에는 경제주의를 벗어난 새로운 가치와 삶의 물결이 일어났습니다. 그리고 세계 자본주의체제의 폐허 위에, 인류가 그 때까지 꿈꾸지 못했던 새로운 문명의 꽃이 피어났습니다. 새로운 유토피아의 경제도 이때부터 생겨나게 되었습니다.

2 새로운 경제 운용 원리

새로운 유토피아사회의 경제 운용 원리는 적정 생산과 소비이며, 또한 친환경적인 생산과 소비입니다. 새로운 유토피아에서는 '자본'이 삶의 궁극적인 목적이 된다는 의미에서의 '자본주의'는 완전히 종식되었습니다. 새로운 유토피아인은 현대 자본주의체제 아래서 많은 사람들이 '더 많은 돈을 벌어들이는 것'을 삶의 목적으로 삼았고, 그것을 위해 그들의 소중한 삶을 허비했었다는 사실을 도저히 믿을 수가 없습니다.

새로운 유토피아인은 자본의 노예 상태로부터 해방된 자유인입니다. 새로운 유토피아에서 경제는 명분 없는 왕의 자리로부터 물러나서 자신의 본래 자리인 시녀로 돌아가 있습니다. 경제는 삶과 문명의 목표의 자리에서 수단의 자리로 물러나 있습니다. 새로운 유토피아에서 삶과 문명을 평가하는 주된 잣대는 '돈을 얼마나 많이 벌고 잘 쓰는가?' 하는 것이 아니라, '얼마나 사랑의 존재가 되었으며 사랑의 즐거움을 누리는가?' 하는 것입니다.

새로운 유토피아에서 경제는 수단적인 활동입니다. 새로운 유토피아인은 더 이상 이윤을 추구하지 않습니다. 다만 필요를 위해서 생산 활동을 하며, 검소하게 소비합니다. 생산과 소비의 많은 부분은 가족마을을 단위로 자급

자족됩니다.

유통은 자신들의 잉여생산물을 필요로 하는 사람들의 필요에 부응하기 위해 이루어집니다. 새로운 유토피아에서 화폐는 존재하지만, 거의 사용되지 않습니다. 사람들은 상대편이 필요로 하는 물품을 기뻐하며 제공할 뿐 아무런 대가도 요구하지 않습니다.

3 새로운 분배 원칙

새로운 유토피아에는 임금 노동이 존재하지 않습니다. 새로운 유토피아에서 모든 형태의 생산 활동은 임금을 목표로 하는 것이 아니라 자발적으로 이루어집니다. 전체적인 생산량이 그렇게 많지 않을 뿐만 아니라 생산의 많은 부분은 자동화된 공장에서 이루어지기 때문에, 사회적으로 필요한 노동량도 그렇게 많지 않으며, 모든 노동은 자발적인 것입니다. 새로운 유토피아에서의 노동은 수행과 낙도로서의 노동입니다.

소비의 측면에서 볼 때, 새로운 유토피아인은 검소한 생활을 하기 때문에 물질적인 필요도 그렇게 크지 않습니다. 그들은 자신의 필요에 따라 가족이나 이웃이 생산한 것들을 사용합니다. 때로 필요하면 이웃 가족마을이나 멀리 떨어진 가족마을에 필요한 물품을 요청해서 그것을 사용합니다. 반대로, 이웃이나 이웃 가족마을 또는 멀리 떨어진 가족마을에서 자신들이 필요로 하는 물품을 요청해오면 기쁜 마음으로 그것을 전달합니다.

자동화된 공장에서 수요에 의거해 필요한 만큼만 물품을 생산합니다. 그리고 필요에 의해서 무상으로 배분됩니다. '능력에 따라 일하고 필요에 따라 소비한다.' 는 원칙은 현대사회에서는 가족이란 좁은 울타리 안에서만 부분적으로 작용했었지만, 새로운 유토피아에서는 보편적으로 이 원칙이 적용됩니다.

4 새로운 생산과 소비

현대사회에서는 생산과 소비의 극대화가 추구되었습니다. 하지만, 새로운 유토피아사회에서는 필요에 따라 적정한 양만을 생산하며 소비합니다. 또한 새로운 유토피아에는 '나의 소유' 라는 관념이 존재하지 않습니다.

4.1. 적정 생산

새로운 유토피아에서 생산은 실제적인 필요에 따른 적정 생산과 친환경적인 생산을 원칙으로 합니다. 새로운 유토피아에서 생산은 이윤을 목적으로 하지 않습니다. 생산의 목적은 '인간과 세상을 널리 이롭게 함' 입니다.

바로 이런 목적에 따라 새로운 유토피아에서, 생산을 결정하는 사람들은 '자신들이 무엇을 생산하는가?' 그리고 '자신들이 생산하고자 하는 것이 이 세상에 어떤 영향을 미칠까?' 를 깊이 생각하고 난 후에 생산 활동에 참여합니다. 결정의 과정에는 생산조직체내의 깨달음이 깊은 노인들이 주도적인 역할을 합니다. 새로운 유토피아에서 생산 활동은 다음과 같은 특징을 갖고 있습니다.

새로운 유토피아에서는 자신들이 필요로 하는 만큼 적정한 양만을 생산합니다. 현대사회에서는 무제한적인 생산 증대를 추구했었습니다. 하지만 새로운 유토피아에서는 적정한 소비 수준에 맞는 적정한 생산을 바람직하게 여깁니다. 이에 따라서, 새로운 유토피아에서 전체 생산량은 현대사회에 비해서 상당히 줄어들었습니다.

새로운 유토피아에서는 부적절한 생산이 멈추어졌습니다. 현대사회에서 경쟁적으로 이루어졌던 무기 생산은 그 전형적인 경우입니다. 마음에 탐욕, 분노, 고통을 초래하는 TV 프로그램, 오락 프로그램, 음악, 책, 신문 등의 생산은 사라졌습니다. 고급차나 명품이라 일컬어지는 사치품 생산 역시 중지되었습니다.

새로운 유토피아에서는 친환경적인 방식으로 생산합니다. 농작물 재배의 경우, 제초제나 살충제, 화학비료를 사용하지 않고 유기농법을 이용합니다. 공산품 생산의 경우도 이윤보다 환경오염 물질의 배출을 줄여나가는데 우선 점을 둡니다. 자동차의 경우, 대기 오염을 유발하지 않는 태양열이나 수소를 이용한 자동차를 생산합니다.

새로운 유토피아에서는 가족마을이 생산의 기본적인 주체가 됩니다. 특히, 채소 가꾸기, 곡물과 과수 재배, 가축 키우기, 의복 제작, 주거 공간 만들기 등과 같은 활동에서는 가족마을이 자신이 필요로 하는 것들을 직접 생산합니다.

새로운 유토피아에서는 생산의 자동화가 더욱 진전됩니다. 공업이나 서비스업에서 인간 노동의 참여는 최소한으로 줄어듭니다. 자동화된 기계가 인간이 담당했던 생산 활동의 많은 부문을 대신합니다. 새로운 유토피아는 고도 과학기술사회이기도 하지만, 과학과 기술은 더 이상 자기목적의 성격을 갖지 않습니다. 뿐만 아니라 과학과 기술은 개인이나 특정 집단의 이익에 봉사하지 않습니다.

인류와 지구상 모든 생명체들이 편안하고 행복한 삶을 영위해나가는데 도움을 주는 방향으로 과학기술은 개발되고 활용됩니다. 과학과 기술의 발달은 환경과 사회적 영향 평가위원회의 활동에 의해 규제되어지며, 과학자와 기술자에 대한 인문교육이 강화됩니다. 그래서 새로운 유토피아의 과학자와 기술자는 시인이기도 하고, 음악가이기도 하며, 인생과 삶을 깊이 이해하는 사람입니다. 새로운 유토피아에서 기술발달의 예를 들면, 산업폐기물들을 안전하게 분해하고 재활용하는 기술 개발을 통해서, 파괴된 순환구조를 회복시키는 것 등입니다.

4.2. 적정 소비

새로운 유토피아는 소비생활의 측면에서 금욕적인 사회는 아닙니다. 그렇다고 해서 소비가 인간다움의 척도가 되는 사회도 아닙니다. 새로운 유토피아인은 무언가를 소비할 때 자신이 무엇을 소비하는지를 분명하게 인식하고, 그 소비가 자신과 세계에 어떤 영향을 끼칠지에 대해서 깊이 생각합니다. 새로운 유토피아에서의 소비는 다음과 같은 특징을 갖고 있습니다.

새로운 유토피아인은 검소한 소비생활을 합니다. 그들은 과시적인 소비나 사치품의 소비를 하지 않습니다. 새로운 유토피아사회에는 유행이 존재하지 않기 때문에, 유행에 따른 소비 역시 존재하지 않습니다. 검소한 소비생활로 인해서, 새로운 유토피아인은 경제적인 요인의 지배를 받지 않습니다.

새로운 유토피아에서 소비는 친환경적인 방식으로 이루어집니다. 환경과 생태계에 나쁜 영향을 미치는 대량 소비는 억제됩니다. 새로운 유토피아에서는 가능한 한 자신과 환경에 유해하지 않은 제품을 소비합니다. 먹을거리의 경우 가족마을에서 친환경적인 방법으로 직접 생산한 것들을 소비합니다. 자동차는 다양한 형태의 소형차만을 소비하며, 이들 소형차들은 모두 태양열이나 수소를 에너지원으로 해서 움직입니다. 화장품 사용이 줄어들고, 집에서 만든 자연성분 화장품을 사용합니다. 남자들은 수염을 기르고, 거품[foam]을 사용하지 않습니다.

새로운 유토피아인은 소비의 노예 상태에서 벗어나 주인이 되어 소비합니다. 새로운 유토피아에서 사람들은 강박적인 소비를 하지 않습니다. 자신이 무엇을 소비하고 있는가를 분명하게 알고 있는 상태에서 능동적으로 소비합니다.

4.3. 소유

새로운 유토피아에서는 소유 개념이 없습니다. 자신이 살고 있는 집은 가족의 것이기는 하지만 소유 관념은 없습니다. 더군다나 집의 매매란 상상조차 할 수 없는 일입니다. 자신의 텃밭이나 자신이 사용하는 모든 물건들도 마찬가지입니다.

5 가족마을 내 경제생활

가족마을은 경제적인 측면에서 볼 때는 생산과 소비의 공동체이기도 합니다. 마을에서는 '능력에 따라 일하고 필요에 따라 소비한다.'는 공산주의 사회의 이상이 실현되어 있습니다. 마을 내에서 일어나는 생산과 소비 활동 역시 사랑의 삶의 일부입니다.

가족마을 내의 생산과 소비 활동은 적정 생산과 소비를 원칙으로 합니다. 필요한 만큼만 일하며, 사람들과 지구 생태계에 나쁜 영향을 미치는 것은 생산하지 않습니다. 현대사회가 주는 안락함을 즐기되, 환경이나 자신에게 나쁜 영향을 미치는 소비를 자제합니다.

가족마을은 자신들이 소비하는 것들 중에서 많은 부분을 스스로 생산해서 자급자족합니다. 식재료의 많은 부분들, 채소나 과일 등을 농사지어 거두어들입니다. 닭이나 소, 돼지와 같은 가축들도 들판에서 자유롭게 자랍니다. 관상수보다는 유실수를 많이 심어서, 학교 같은 데서도 학생들이 자유롭게 과일을 따먹을 수 있도록 합니다. 토끼나 새와 같은 야생동물들도 철저히 보호하고 먹이를 주어서, 사람들과 한데 어울립니다. 집이나 다른 가족마을 건축물들도 스스로 짓고 고칩니다. 의복도 마을에서 만들고 수선하는 경우가 많습니다. 에너지도 가족마을 자체 내에서 생산해 사용합니다. 그러나 동시에 지구촌 어느 곳에서 생산되는 것이건 자신들이 필요로 하면 이를 바로 공급받을 수 있습니다.

맺는 글

새로운 유토피아의 도래를 꿈꾸며

맺는 글

새로운 유토피아의 도래를 꿈꾸며

노아의 후손들이
하늘나라에 도달할 수 있는 유일한 방법은
자신 안에 있는 하늘나라를 발견함으로써 입니다.

『성경』「창세기」 11장에 보면, 바벨탑 이야기가 나옵니다. 대홍수가 휩쓸고 지나간 후 노아의 후손들은 다시 시날(바빌로니아) 땅에 정착하기 시작했습니다. 이곳에서 사람들은 꼭대기가 '하늘에 닿는' 탑을 세우기로 했습니다. 과연 그 사람들은 탑을 높이 쌓아서 하늘에 도달할 수 있었을까요? 물론 불가능했습니다. 이와 마찬가지로, 현대 문명의 탑을 더욱 높이 쌓아서 탈현대 새로운 유토피아의 하늘에 도달하는 것도 불가능한 일입니다.

현대 문명은 '분리된 자아'에 기반을 두고 건설된 문명입니다. 이에 반해서, 탈현대의 새로운 유토피아는 '무아(無我)의 자각'에 기반을 두고 건설된 문명입니다. '분리된 자아'를 보다 크고 완전하게 하려는 노력을 통해서 '무아의 자각'에 도달할 수 있을까요? 내 성격을 더욱 가다듬고, 외모를 더 준수하게 다듬으며, 돈을 더 많이 벌고, 더 많은 학식을 쌓으며, 더 많은 인기를 얻고, 더 큰 권력을 획득해서, 내가 사랑의 존재로의 재탄생을 이룰 수 있을까요? 물론 불가능합니다.

바벨탑을 높이 쌓아 올리는 것은 노아의 후손들이 하늘나라에 도달할 수 있는 길이 되지 못했습니다. 그들이 하늘나라에 도달할 수 있는 유일한 방법은 자신 안에 있는 하늘나라를 발견함으로써 입니다. 현대문명이 탈현대의 새로운 유토피아에 도달할 수 있는 방법도 마찬가지입니다. 그들이 다듬은 성격이나 외모, 축적한 지식, 돈, 인기, 권력 등은 '분리된 자아'의 껍질을 더 단단하게 만드는 것일 뿐입니다. 이것들은 모두 '무아의 자각'에 도달하는 데는 걸림돌이 될 따름입니다. 외적인 성취가 아니라 내적인 자각을 통해서만 새로운 유토피아에 도달할 수가 있는 것이지요.

문명의 기본적인 책무는 그 구성원들의 삶에 만족을 주는 것입니다. 그렇다면, 현대문명은 이미 역사 속에서 그 책무를 끝내고 이제는 역사의 뒤안길로 물러나야할 때가 되었습니다. 현대문명에 대한 구성원들의 불만족이 점점 고조되고 있기 때문이지요. 하지만 현실을 보면, 현대는 더욱 광폭한 힘을 갖고서, 인류와 지구상의 모든 생명체들을 더욱 깊은 어둠 속으로 몰아가고 있습니다.

깨어있는 눈으로 바라보면, 현재 지구에서 자행되고 있는 현대의 광기는 절망적인 느낌을 불러일으킵니다. 하지만 우리는 하루 중에서 어둠이 가장 깊은 시간이 여명이 밝아오기 직전의 시간임을 알고 있습니다. 또한, 깊은 절망의 바로 곁에는 새로운 희망이 엎드려 있음을 우리는 과거의 역사에서 거듭 경험했습니다.

현 인류가 겪고 있는 고통이 너무 크고 깊어서 우리는 거기에 압도됨을 느낍니다. 영원히 현대의 고통이 지속될 것 같은 느낌이 듭니다. 하지만, 우리는 현 인류가 겪고 있는 이 고통이 새로운 탄생을 위한 산통(産痛)임을 알고 있습니다. 이제 인류는 '분리된 자아'의 시대를 끝맺고, '무아'의 새로운 시대를 열어가야 합니다. 인간 의식과 문명의 획기적인 진화를 이루어내어야만 합니다. 이 책은 바로 이런 문제의식에 기반을 두고, 새로운 시대에 대한 비전을 제시하고자 집필되었습니다.

유토피아라는 말의 의미가 본래 그렇듯이, 이 책에서 서술한 새로운 유토피아는 영원히 도달할 수 없는 인류의 새로운 이상향입니다. 역사상 어떤 사람도 완전하게 '사랑의 존재'로 재탄생한 사람은 없습니다. 그것은 석가모니나 노자와 같은 인류의 대스승 역시 예외가 아닙니다. 하물며, 인류 전체가 완전하게 깨달은 존재가 된다는 것은 불가능한 일이지요.

그러므로 완전히 깨달은 사람들로만 구성된 새로운 유토피아는 실재할 수 없는 이상향일 따름입니다. 새로운 유토피아는 밤바다를 항해하는 사람들에게 북극성과 같은 것입니다. 우리는 결코 거기에 완전히 도달할 수 없습니다. 하지만, 새로운 유토피아는 우리의 삶과 문명이 나아가야할 방향을 분명하게 보여줄 수 있습니다.

통일체적 세계관의 관점에서 본다면, 현대는 거대한 망상의 세계를 구축했습니다. '분리된 자아'로서의 '내'가 실제의 '나'이며, '분리된 자아'로서의 '나'의 확장이 '내' 삶의 목표라는 전제 위에서, 현대는 욕망 충족적인 삶과 문명 달성을 위해 매진해 왔습니다. 그리고 오늘날에 이르러서, 이런 현대적인 삶과 문명의 목표를 달성하기 위한 맹목적인 노력이 인류에게도 그리고 우리와 더불어 살아가는 지구상의 많은 생명체들에게도 커다란 고통을 낳고 있습니다.

현 인류는 비유하자면 만삭이 된 자궁속의 아기와 같습니다. 우리 몸은 이제 너무 커져서, 더 이상 현대 세계관의 품속에서 편안하고 행복한 삶을 영위할 수 없습니다. 현 인류는 현대가 만들어놓은 거대한 망상의 커튼을 벗겨버려야만 합니다. 현대가 만들어놓은 거대한 매트릭스를 깨트려버렸을 때, 마치 짙은 안개가 걷히고 난 뒤와 같이 새로운 유토피아는 거기 우뚝 서 있을 것입니다.

현대 유토피아는 이성의 힘에 의존해서 도달할 수 있는 곳이었지만, 새로운 유토피아는 사랑의 힘을 통해서만 갈 수 있는 곳입니다. 이성은 단지 '사랑만이 거기에 도달할 수 있는 힘'임을 우리들에게 가르쳐줄 수 있을 뿐입니다. 이 책의 역할은 바로 이런 의미에서 이성에 의한 계몽입니다. 새로운 유토피아는 어떤 세상일까요?

새로운 유토피아는 통일체적 세계관의 바탕 위에 건립된 세상입니다. 새로운 유토피아인이 바라보는 세계의 모습은 부분과 전체, 순간과 영원이 끊임없이 상즉 · 상입하는 세계입니다. 모든 존재는 자신의 개성을 갖고 있고, 자신의 개성 실현을 통해 전체의 발전에 이바지합니다.

모든 존재는 영원한 시간과 무한한 공간과 맞닿아 있는 우주적인 존재이며, 그러므로 이 세상 모든 존재는 절대적으로 평등합니다. 인간은 우주적인 존재로서 자신과 세계를 자각할 수 있는 존재입니다. 나와 너는 서로를 포함하고 있고, 사랑으로 하나가 됩니다.

새로운 유토피아는 고도 과학기술에 기반하고 있는 사회입니다. 현대사회와는 달리, 과학기술적인 측면 그 자체가 새로운 유토피아사회의 핵심적인 특징은 아닙니다. 하지만 새로운 과학기술은 새로운 유토피아사회의 출현을 가능하게 했고, 또한 지속을 가능하게 하는 물질적인 기반을 제공해줍니다.

새로운 유토피아에서는 인간과 자연에 파괴적인 영향을 주는 과학기술은 자취를 감춥니다. 과학기술은 중앙에 집중되지 않으며, 누구나 자유롭게 이용할 수 있습니다. 새로운 유토피아의 과학기술자는 삶을 사랑하는 사람입니다.

새로운 유토피아는 새로운 삶과 문명의 목표를 갖고 있습니다. 새로운 유토피아인의 삶의 목표는 수행을 통해 '사랑의 존재로 재탄생' 하고 '사랑의 즐거움을 누리는 삶' 을 살아가는 것입니다. 그들은 자신과 세계를 깊이 사랑하고, 사랑받는 삶을 살아가고자 합니다. 새로운 유토피아의 문명의 목표는 사랑과 평화가 충만한 사회를 건설하는 것입니다.

새로운 유토피아사회에는 통일체적 세계상이 현실로 구현되어 있습니다. 거기에는 더 이상 분열과 갈등이 없습니다. 새로운 유토피아사회에서 개체는 자신만의 개성을 갖고 있으면서 동시에 전체를 자신 안에 품고 있습니다. 새로운 유토피아사회에는 중심이 따로 없는 탈중심적인 사회구조가 확립되어 있습니다. 새로운 유토피아사회는 모든 사회가 이웃에 활짝 열려있는 개방성을 특징으로 합니다.

새로운 유토피아는 '조화로운 다문화사회' 입니다. 새로운 유토피아인은 자신과 다른 상대편의 특징에 대해 깊은 존중의 마음을 갖습니다. 새로운 지구촌에는 다른 부족이나 민족 간의 소통을 위해 세계 공용어와 문자가 사용되며, 민족 간 협력을 위해 세계정부가 존재합니다. 이런 가운데 지구촌에는 다양한 문화가 평화롭게 공존하며 조화롭게 발전합니다.

새로운 유토피아는 '사랑의 사회' 입니다. 새로운 유토피아에서 모든 행위의 주체들은 사랑으로 결합합니다. 이들은 상대편과 하나가 되어 그들을 깊이 이해합니다. 이들은 상대편이 겪고 있는 고통, 상처, 기쁨을 자신 안에서 느낄 수 있습니다. 이들은 상대편을 따뜻한 시선으로 바라봅니다. 이들은 자신과 다른 상대편의 특징에 관용적이며, 함께 사랑의 즐거움을 누립니다.

새로운 유토피아는 '평화로운 사회' 입니다. 새로운 유토피아사회의 평화는 새로운 유토피아인의 평화로운 마음에서 비롯됩니다. 새로운 유토피아인의 마음에는 '지금' 아닌 어떤 것에 대한 갈구가 멈추었으며, 마음은 늘 평화롭습니다.

새로운 유토피아는 '평등한 사회' 입니다. 새로운 유토피아 사회의 평등은 절대 평등입니다. 새로운 유토피아에서는 이 세상 모든 존재 간에 일체 차별이 존재하지 않습니다. 새로운 유토피아인은 세상 모든 존재가 영원한 시간 · 무한한 공간과 맞닿아 있는 위대한 존재임을 자각하고 있기 때문입니다.

새로운 유토피아는 '자유로운 사회' 입니다. 새로운 유토피아인은 '분리된 자아의 감옥' 으로부터 해방된 자유인입니다. 새로운 유토피아인이 추구하는 자유는 무아(無我)의 자각에서 비롯되는 대자유입니다. 장자(莊子)가 말하는 '소요(逍遙)로서의 삶' 이 실현된 사회이지요.

새로운 유토피아는 '믿음의 사회' 입니다. 새로운 유토피아사회인은 자신과 상대편을 깊이 신뢰합니다. 새로운 유토피아인의 믿음은 '우주적인 자기' 차원에서의 믿음입니다. 그들은 믿을 수 없는 것에 대해서도 깊은 믿음을 잃지 않습니다.

새로운 유토피아인의 사회적 성격은 건강합니다. 새로운 유토피아인은 사랑의 의미를 깊이 이해하고 있습니다. 그들의 존재 자체가 사랑이 되어 삶을 살아갑니다. 그래서 그들은 삶의 모든 곳에서 행복을 발견하며, 그들의 존재는 사랑스럽습니다.

새로운 유토피아인은 겸손합니다. 새로운 유토피아인은 우월하거나 열등할 뿐 그것에 따르는 우월감이나 열등감을 갖고 있지 않습니다. 그래서 우월한 사람도 열등한 사람 앞에서 자신의 우월함을 뽐내지 않으며, 열등한 사람도 우월한 사람 앞에서 주눅 들지 않습니다. 왜냐하면 새로운 유토피아인은 자신이 열등함이나 우월함을 훨씬 넘어있는 위대한 존재임을 자각하고 있기 때문입니다.

새로운 유토피아인은 자유롭습니다. 새로운 유토피아인은 무엇에도 속박되지 않습니다. 그들은 '분리된 자아' 의 감옥을 벗어난 자유인이기 때문입니다. 새로운 유토피아인은 욕망에 대한 집착으로부터 자유로우며, 칭찬과 비난으로부터 자유롭습니다. 그들은 삶에서 겪는 실패나 좌절로부터도 자유롭습니다.

새로운 유토피아인은 늘 감사하는 마음을 느낍니다. 새로운 유토피아인은 '삶' 이 선물로 주어졌음에 늘 깊은 감사를 느낍니다. 불어오는 시원한 바람과 아름다운 가을 잎, 그리고 돌아보면 언제나 그 자리에 있는 아내의 존재에 감사하는 마음을 느낍니다.

새로운 유토피아인은 주변 사람들과 생명체들에게 도움을 줍니다. 꽃과 열매가 그러하듯이, 새로운 유토피아인의 삶은 그를 둘러싸고 있는 모든 존재에게 혜택을 줍니다. 그들에게 있어서는 나를 이롭게 함이 곧바로 너를 이롭게 함이며, 너를 이롭게 함이 또한 나를 이롭게 하는 것입니다.

새로운 유토피아인은 관용의 정신을 갖고 있습니다. 새로운 유토피아인은 진정한 힘을 갖고 있습니다. 그래서 그들은 따뜻한 눈으로 자신과 상대편의 잘못을 바라볼 수 있으며, 마음 깊은 곳에서부터 잘못을 용서합니다.

또한 새로운 유토피아인은 자신과 다른 상대편의 특징을 용인하고 존중합니다.

새로운 유토피아인은 진정한 용기를 갖고 있습니다. 그들은 이미 무아(無我)를 자각했기 때문에, 집착이 없습니다. 그래서 새로운 유토피아인은 두려움이 없습니다. 새로운 유토피아인이 주저함이 없이 자신의 잘못을 시인하고, 용서를 구할 때나, 추락하는 장면에서, 그들의 용감함이 빛을 발합니다.

새로운 유토피아인의 마음은 한가롭습니다. 그들에게는 지금 내딛는 발자국 하나하나가 모두 그들이 도달하고자 하는 목적지입니다. 이미 목적지에 도달한 그들에게 서두를 일이 무엇이 있겠습니까? 그들은 현재의 이 순간에 깊이 머물며, 시공간을 초월해서 모든 존재와 접촉합니다.

새로운 유토피아인의 마음은 유연합니다. 그들은 '자신이 틀릴 수 있다'는 생각을 갖고 있고, 그래서 늘 자신과 다른 의견에 귀를 기울입니다. 그들은 자신의 생각이나 주장을 고집하지 않습니다. 자신의 생각이나 주장이 분리된 자아의 것임을 자각하고 있기 때문입니다.

새로운 유토피아인의 일상생활은 어떤 것일까요? 그것은 한 마디로 '참된 자기'의 자연을 즐기는 삶을 살아가는 것이라고 할 수 있습니다. 새로운 유토피아에서 사람들은 한가롭고 평화로운 삶을 살아갑니다. 사람들의 표정은 밝고 아름답습니다. 입가에는 늘 아름다운 미소를 띠고 있습니다. 그들은 적당히 게으르며, 천천히 걷습니다. 새로운 유토피아에는 강제가 없습니다. 개인의 자유와 자율이 존중되며, 자신의 취향에 따라서 다양한 취미 활동을 합니다.

새로운 유토피아인은 어디서 무얼 하건 간에 쉼과 즐거움이 있습니다. 그들의 마음은 언제나 '지금 여기'에 머물러 있기 때문입니다. 그들은 언제나 마음의 주인이어서, 무엇에건 마음을 빼앗기지 않습니다. 그들은 지금 이 순간에 깊이 머물며 시공간적으로 모든 것과 소통하는 사랑의 삶을 살아갑니다.

새로운 유토피아인은 아름다운 자연을 사랑하며 이를 즐깁니다. 나이가 들수록, 새로운 유토피아인은 자연의 아름다움을 점점 더 깊이 느낄 수 있게 되고, 점점 더 자연과 하나가 되어갑니다. 새로운 유토피아인에게 가족생활은 참으로 행복합니다. 또한 텃밭 가꾸기는 일상생활의 빼놓을 수 없는 일부이자 즐거움의 원천입니다.

새로운 유토피아인은 '걷기'를 즐기며, 한가로움을 즐깁니다. 이밖에도 새로운 유토피아인의 일상생활에는 많은 즐거움이 있습니다. 사랑하는 사람들과의 즐거운 식사, 푹신한 안락의자에 누워 즐기는 낮잠, 대화의 즐거움, 교우관계의 즐거움, 가르침의 즐거움, 배움의 즐거움 등 그들이 누리는 즐거움은 헤아릴 수 없습니다.

문화 영역에서도 새로운 유토피아의 키워드는 '사랑'입니다. 새로운 유토피아에는 오래도록 전승된 각 민족문화가 잘 계승되고 발전함과 동시에 세계인이 공유하는 보편문화 역시 발달해 있습니다. 식생활문화, 의생활문화, 주생활문화 등과 같이 문화의 기초적인 영역을 포함해서, 모든 문화 영역에서 특수문화의 계승과 보편문화의 발전이 병존합니다.

새로운 유토피아의 문화적인 특징은 고통과 악에 대응하는 방법에서 잘 드러납니다. 현대사회에서 고통과 불행은 파괴적인 힘으로 작용할 따름이었으며, 이것은 더 큰 고통과 불행을 불러왔습니다. 하지만 새로운 유토피아사회에서는 고통과 불행은 사랑에 이르는 좋은 기회로 활용합니다. 고통과 불행이 창조적인 자기변화의 원동력이 되는 것이지요.

욕망에 대한 태도에 있어서도 새로운 유토피아는 독특한 문화적인 특징을 갖고 있습니다. 새로운 유토피아인은 욕망을 긍정하고 자유롭게 즐깁니다. 하지만 그들은 욕망을 궁극적인 추구의 대상으로 삼지 않으며, 욕망으로부터 자유롭습니다. 새로운 유토피아인의 욕망 충족에는 적당한 선에서 멈춤[知止]과 만족[知足]이 있습니다.

새로운 유토피아의 또 다른 문화적인 특징은 그곳이 웃음이 많은 사회라는 점입니다. 새로운 유토피아인은 미소 짓는 순간 자신이 자신의 주인이 된다는 사실을 잘 알고 있습니다. 그들은 웃음이 가져오는 창조적인 변화를 알고 있습니다. 그래서 새로운 유토피아인이 하는 말의 대부분은 유머입니다.

새로운 유토피아 교육은 사랑의 교육입니다. 새로운 유토피아에서 교육의 핵심은 피교육자가 '사랑의 존재'로 재탄생할 수 있도록 도움을 주는 것입니다. 새로운 유토피아에서는 교육활동 역시 가족마을을 중심으로 이루어집니다. 가족마을 내에서 어른들은 선생님이 되며, 아이들은 학생이 됩니다.

사랑의 능력을 배양하는 교육은 다양한 형태로 이루어집니다. 통일체적 세계관에 대한 교육, 존재의 경이로움에 대한 교육, 감사를 느낄 수 있는 능력을 키우는 교육, 시간을 창조적으로 사용할 수 있는 능력을 키우는 교육, 화를 다스리는 능력을 키우는 교육, 평화를 건설할 수 있는 능력을 키우는 교육, 깊은 이해에 이르는 능력을 키우는 교육, 자신의 열등함을 사랑하는 능력을 배양하는 교육, 상대편의 열등함을 사랑하는 능력을 배양하는 교육, 자신의 우월함을 사랑하는 능력을 키우는 교육, 상대편의 우월함을 사랑하는 능력을 키우는 교육, 욕망 절제 능력을 키우는 교육, 자연과의 교감 능력을 키우는 교육, 나이 들어감에 대한 교육, 죽음교육 등이 그 예입니다.

새로운 유토피아 정치는 무위의 정치입니다. 정치 영역에서도 키워드는 '사랑'입니다. 새로운 유토피아사회의 정치는 사랑의 정치이며, 도가(道家)의 무위지치(無爲之治)에 가깝다는 점에서 무위의 정치입니다. 새로운 유토피아의 정치는 모든 구성원들이 사랑의 존재로 재탄생해서, 사랑의 즐거움을 누리는 사회를 추구합니다.

새로운 유토피아에서는 분리 · 독립된 정치단위로서의 국가는 더 이상 존재하지 않습니다. 세계정부가 구성되어 지구상 모든 민족, 인종, 종교, 지역 등이 함께 어울리는 명실상부한 지구촌 시대가 열립니다. 모든 민족, 인종, 종교, 지역 등은 정치적으로 평등합니다.

새로운 유토피아에서 경제는 가장 극적인 전환이 이루어진 영역입니다. 새로운 유토피아에서 경제는 목적의 자리로부터 물러나서 수단의 자리로 돌아갑니다. 새로운 유토피아사회에서는 최대 생산과 최대 소비를 추구하는 대신에, 적정 생산과 적정 소비라는 새로운 경제 원칙이 작용합니다. 대부분의 경제생활이 가족마을 내에서 자급자족적인 형태로 영위됩니다.

이상은 이 책에서 그리고 있는 새로운 유토피아에 대한 요약입니다. 저는 힘닿는 데까지 인류가 지향해야할 새로운 삶과 문명의 목표를 그려보려고 노력했습니다. 스스로 생각해봐도 만족스런 부분도 있지만 아직 서툴고 부족한 부분이 많이 느껴집니다. 인류 문명의 새로운 좌표를 설정하고자 하는 이 작업은 제가 시작하는 작업이기는 하겠지만, 이 책으로 끝날 작업은 아니라고 봅니다. 저와는 생각을 달리하는 또는 저의 작업을 발전시킨 수많은 논의가 있어야할 것이며, 전 인류가 공감할 수 있는 새로운 유토피아에 대한 청사진을 마련해야할 것입니다. 그리고 인류는 마침내 과거에는 꿈꾸지도 못했던 새로운 유토피아에 첫 발을 디디게 될 것입니다. 인류의 희망찬 미래를 위해 꼭 필요한 이 거대한 작업에, 이 책은 첫 삽을 떴다는 사실에 만족해야한다고 봅니다.

참·고·문·헌

경전류

유가 경전

『周易』(影印本), 學民文化社, 1989

김석진, 『周易傳義大全』, 대유, 1996

김병효, 『亞山의 周易講義』, 소강, 2002

『論語』(影印本), 學民文化社, 1989

성백효 역주, 『論語集註』, 전통문화연구회, 1990

동양고전연구회, 『논어』, 지식산업사, 2002

『孟子』(影印本), 學民文化社, 1989

성백효 역주, 『孟子集註』, 전통문화연구회, 1991

『大學』(影印本), 學民文化社, 1989

박완식 편저, 『大學 · 大學或問 · 大學講語』, 이론과 실천, 1993

성백효 역주, 『大學 · 中庸集註』, 전통문화연구회, 1991

김병효, 『亞山의 大學講義』, 소강, 1996

『中庸』(影印本), 學民文化社, 1989

김병효, 『亞山의 中庸講義』, 소강, 1996

憨山, 오진탁 옮김, 『감산의 中庸 풀이』, 서광사, 1991

『張子全書 1』

朱熹, 『朱子語類』, 黎靖德(編), 王星賢(點校), 1994, 北京: 中華書局出版,

도가 경전

『老子』

남만성 옮김, 『老子道德經』, 을유문화사, 1970
王弼, 임채우 옮김, 『왕필의 노자』, 예문서원, 1997
憨山, 오진탁 옮김, 『감산의 老子 풀이』, 서광사, 1990
『莊子』
안동림 옮김, 『莊子』, 현암사, 1993
憨山, 오진탁 옮김, 『감산의 莊子 풀이』, 서광사, 1990
嚴遵, 『老子持歸』, 北京: 中華書局, 1994

불가경전

『한글대장경 華嚴經(六十卷本) 1 · 2 · 3』, 東國譯經院, 1989
『한글대장경 華嚴經(八十卷本) 1 · 2 · 3』, 東國譯經院, 1992
元曉, 『金剛三昧經論』
元曉, 은정희 · 송진현 역주, 『원효의 금강삼매경론』, 일지사, 2000
元曉, 조용길 · 정통규 옮김, 『금강삼매경론』 상 · 하, 동국대학교 출판부, 2002
대한불교조계종편, 『화엄종관행문』, 조계종출판사, 2001
法藏, 김무득 옮김, 『華嚴學體系(華嚴五敎章)』, 우리출판사, 1998

기독교경전

『베스트 성경』, 성서교재간행사, 1995

국내 단행본

김재범, 『주역사회학』, 예문서원, 2001
류시화, 『나는 왜 너가 아니고 나인가』, 김영사, 2003
이현지, 『동양사상과 탈현대의 발견』, 한국학술정보, 2009

정재걸, 『만두모형의 교육관』, 한국교육신문사, 2000
홍승표, 『깨달음의 사회학』, 예문서원, 2002
______, 『동양사상과 탈현대』, 예문서원, 2005
______, 『노인 혁명』, 예문서원, 2007

국내 논문류

정재걸, 「죽음교육에 대한 일 연구」, 『東洋社會思想』 제 13집: 205~230, 2006
______, 「노인을 위한 죽음준비교육 프로그램 개발 연구」, 『東洋社會思想』 제 16집: 197~236, 2007
홍승표, 「華嚴思想의 탈현대적 함의」, 『철학논총』 제 48집 2권: 407~425, 2007
______, 「동양사상과 대안사회의 구상」, 『東洋社會思想』 제 17집: 59~84, 2008
______, 「통일체적 세계관과 인간적 노동의 구현」, 『東洋社會思想』 제 19집: 5~20, 2009

중국 단행본

勞思光, 정인재 옮김, 『中國哲學史』, 탐구당, 1987
蒙培元, 『中國哲學主體思惟』, 北京: 東方出版社, 1993
吳經熊, 류시화 옮김, 『禪의 황금시대』, 경서원, 1986
陳鼓應, 최진석 옮김, 『老莊新論』, 소나무, 1997

서양 단행본

Blake, William, 김종철 옮김, 『天國과 地獄의 結婚』, 민음사, 1974

Bolen, Jean Shinoda, 이은봉 옮김, 『道와 人間心理』, 집문당, 1994

Eckhart, Meister, 이민재 옮김, 『마이스터 에크하르트 1 · 2』, 다산글방, 1994

Fromm, Erich, 김철수 옮김, 『자유로부터의 도피』, 계명대학교출판부, 1998

Kohn, Alfie, 성재상 옮김, 『경쟁을 넘어서』, 비봉출판사, 1995

Lin, Yu-tang, 원장화 옮김, 『생활의 발견』, 홍신문화사, 2006

Eliot, Thomas Stearns, 황동규 옮김, 『황무지』, 민음사, 2000

Thich, Nhat Hanh, Being Peace, Berkeley, California, Parallax Press, 1987

______, Anger, New York, Riverhead Books, 2001

______, 류시화 옮김, 』마음을 멈추고 다만 바라보라』, 꿈꾸는 들, 2002

______, 진우기 옮김, 『힘』, 명진출판, 2003

______, 박혜수 옮김, 『틱낫한의 사랑의 가르침』, 열림원, 2003

______, 진현종 옮김, 『아! 붓다』, 반디미디어, 2004

Tolle, Eckhart, 노혜숙 · 유영일 옮김, 『지금 이 순간을 살아라』, 양문, 2008a

______, 류시화 옮김, 『NOW - 행성의 미래를 생각하는 사람들에게』, 조화로운 삶, 2008b

기타

吉田兼好, 「쯔레즈레구사」, 유옥희 편역, 『일본중세수필』, 계명대학교출판

부, 1998

鴨長明,「호오죠오끼」, 유옥희 편역,『일본중세수필』, 계명대학교출판부, 1998

인터넷 사이트

세계의 전통의상:
http://kin.naver.com/detail/detail.php?d1id=6&dir_id=612&eid=yURTP2BoJeJuiHTyE+6QFE6qxOAnkNYB&qb=7IS46rOE7KCE7Ya17J2Y7IOB&enc=utf8

http://kin.naver.com/detail/detail.php?d1id=6&dir_id=60101&eid=0bMfKZuIBhgeIjy6ZmFfIY1q3UCNNzKN&qb=7ZWc6rWt7KCE7Ya17J2Y7IOB&enc=utf8

인드라망생명공동체 홈페이지: http://www.indramang.org

동양사상의

새로운 유토피아

초판 인쇄 2010년 2월 12일
초판 발행 2010년 2월 17일

지은이 **홍 승 표**
펴낸이 **신 일 희**
펴낸곳 계명대학교 출판부
(704-701) 대구광역시 달서구 달구벌대로 2800
TEL: (053)580-6233
FAX: (053)583-5213
홈페이지: www.kmupress.com
출판등록: (제347-1998-1호)

ISBN - 978-89-7585-498-9 93150 정가 16,000원
*잘못된 책은 교환하여 드립니다.